映画に学ぶ
経営管理論

松山一紀[著]　第3版

Business management theory:
Learn from the movies

中央経済社

まえがき

　経営管理論はすぐれて実践的な学問です。その学問をまだ働いたことのない学生たちにどうやって教えれば良いのか。それが，そもそもの筆者の問題意識でした。何を隠そう筆者自身が，大学生の頃は企業の経営などにほとんど興味をもたない，ごく一般的な学生だったからです。

　そこで，どうすれば興味をもってもらえるかを一番に考えました。大学の講義はとかく理論や知識先行で臨場感に欠けます。特に経営学は実践的な学問であるのに，臨場感がなければその醍醐味は伝わりません。ある程度経営学を身につけたうえで，より高度な専門領域に分け入っていくというのであればその必要もないのかもしれませんが，導入段階ではやはり興味関心と，「な〜んだ，私でもわかるやん」という感覚が必要なのです。そこで，映画を素材として利用することにしました。

　映画は総合芸術であるといわれます。脚本があり，役者の演技があり，音楽があります。小説と違って映画は，我々観る者の視覚と聴覚を刺激します。そこには人間の様々な営みが巧みに描きこまれ，我々観る者をいつしかその作品世界のなかへと包み込んでしまいます。優れた作品は観る者を飽きさせることがありません。

　また，小説と違って，映画はたくさんの人たちとともに，同時に鑑賞することができます。我々は，その世界を共有することができるのです。経営管理を学ぶうえで，これほど最適な教材はありません。ある意味では，この教授法もケースメソッドと呼んでいいのではないでしょうか。今回取り上げる映画のなかでは経営管理を学ぶうえにおいて，重要なシーンがいくつも登場します。

　本書では，こうしたシーンを取り上げ，経営管理論を用いて解説していきます。確かに，映画を貫くストーリーはフィクションかもしれません。しかし，筆者が見る限り，映画の製作者は様々な事例を参考に作り込んでいますので，ケースとしての価値は十分にあると思っています。何より重要なのは，映画を通じて得られる様々な情報や経験を，読者と共有することなのです。

　このように，メディアを用いて学問を習得することを目的とした類書は，こ

れまでにもいくつか出版されています。ビデオを通じて社会学を学ぶというものもあれば，漫画を通じてキャリアについて学ぶというものもあります。そして，私の恩師である京都大学名誉教授の田尾雅夫先生は，小説を通じて組織について学ぶための本をお書きになっています。しかし，経営管理論を学ぶために映画を用いた本格的なテキストは，これが初めてなのではないでしょうか。

　本書では，経営管理論を学ぶうえで，重要であると思われるテーマを7つ取り上げています。そして，これらのテーマについての理解を深めるために，10本の映画を参考にしています。これら10本の映画は，どれも優れた作品であり，経営管理論を学ぶという視点で観るだけではなく，純粋に作品自体を楽しんでもらえるものばかりです。
　各章は大まかにいうと，3つのパートに分かれています。
　まず，経営管理論について学ぶ前に，映画の紹介を行っています。当然，それぞれの映画は，経営管理論を学ぶという目的のために作られているわけではありません。それぞれの映画には，それらが作られた目的やメッセージがあります。そこで，まずはそれぞれの作品の概要について簡単な紹介を行っています。そのうえで，映画を見る際に，経営管理論的視点を意識しながら観てもらうために，いくつかの留意点を示しています。ですから，できれば，まずは紹介された映画を観ておくことをお勧めします。
　その後，経営管理論の各テーマの解説へと移ります。いわば本論です。本論の執筆にあたっては，映画の内容を取り込みながら解説を行うことも考えましたが，映画を観ない読者でも理解が可能になるようにしたほうが良いと判断し，映画の内容には触れていません。ですから，映画を観る時間のない忙しい読者は，この部分だけを読んでください。
　最後のパートでは，章の最初に提示した留意点に基づいて，取り上げられた映画のシーンの解説を経営管理論の視点から行っています。ただしここで示されている解釈は，あくまでも筆者個人のものですので，もっと多様な見方をすることができるかもしれません。
　実際，これまでも，私の講義を受講している学生から，異なる解釈を教えられたことがありました。ですから読者の皆さんには，本書に示されていない独

自の解釈をひねり出してほしいと思います。

　さて，本書は数々の素晴らしい映画のおかげで成り立っています。これらの映画を世に送り出してくださった映画関係者の皆様に感謝申し上げます。また，本書の本論部分は，経営管理論にまつわる多くの参考文献から成り立っています。参考にさせて頂いた先輩諸兄にも感謝申し上げます。

　今回は，第2章と第3章，そして第6章を中心に改訂しました。第2版を発行してから，あまり時間が経過していないにもかかわらず快く引き受けて下さった中央経済社と，こちらの要望を真摯に受けとめて下さった浜田匡氏にお礼申し上げたいと思います。

　最後に，いつも自然体の自分でいさせてくれる家族と仲間，そして職場の同僚にも感謝の気持ちを伝えたいと思います。

2019年9月

古の都奈良にて

松山　一紀

CONTENTS

第1章

「ノーマ・レイ」と「スーパーの女」に学ぶ
経営管理の原則 …………………………………………… 1
   1．フォードの大量生産システム ……………………………… 5
   2．テイラーの科学的管理法 …………………………………… 7
   3．ファヨールの管理思想 ……………………………………… 10
   4．その他の管理原則 …………………………………………… 15

   ★**映画に学ぶ**　17
   1．「ノーマ・レイ」に学ぶ科学的管理 ……………………… 17
   2．「スーパーの女」に学ぶ経営管理の原則 ………………… 19

第2章

「モダン・タイムス」と「陽はまた昇る」に学ぶ
モチベーション論 ………………………………………… 23
   1．モチベーションとは何か …………………………………… 26
   2．モチベーション論前史：典型的な労働者像 ……………… 27
      1）経済人モデル（仮説）：科学的管理法と大量生産システム
        ………………………………………………………………… 28
      2）社会人モデル（仮説）：感情と人間関係の発見
        ──ホーソン工場の実験 …………………………………… 30
      3）自己実現人モデル（仮説）：欲求の高度化
        ──行動科学の隆盛 ………………………………………… 41

3．モチベーション理論 ……………………………………… 47

　1）マグレガーのX理論・Y理論 …………………………… 47

　2）ハーズバーグの「動機付け―衛生理論」………………… 49

　3）期待理論 ………………………………………………… 52

　4）目標設定理論 …………………………………………… 53

　5）公平理論 ………………………………………………… 55

　6）内発的動機付け理論 …………………………………… 56

　7）ワーク・エンゲイジメント …………………………… 58

★映画に学ぶ　60

　1．「モダン・タイムス」に学ぶ労働疎外 ………………… 60

　2．「陽はまた昇る」に学ぶモチベーション論 …………… 62

第3章

「踊る大捜査線　THE MOVIE 2　レインボーブリッジを封鎖せよ！」に学ぶ
リーダーシップ論 …………………………………………… 67

1．リーダーシップとは何か ………………………………… 69

2．リーダーシップ理論の変遷 ……………………………… 72

　1）特性理論 ………………………………………………… 72

　2）行動理論 ………………………………………………… 73

　3）条件適合（コンティンジェンシー）理論 …………… 76

　4）1970年代以降のリーダーシップ理論 ………………… 79

3．現代のリーダーシップ …………………………………… 88

　1）仕事のスピード化と組織のフラット化 ……………… 89

　2）プレイング・マネジャー化 …………………………… 91

　3）リーダーシップ神話 …………………………………… 93

CONTENTS 3

★**映画に学ぶ** 99

1. 「踊る大捜査線　THE MOVIE 2 レインボーブリッジを
封鎖せよ！」に学ぶリーダーシップ論 ………………………… 99

2. 「陽はまた昇る」に学ぶ変革型リーダーシップ論 ………… 101

第4章

「生きる」に学ぶ
経営組織論 …………………………………………………… 105

1. 組織とは何か ……………………………………………… 107

  1）分業と協働 ……………………………………………… 107

  2）協働を促進する方法 …………………………………… 108

  3）官僚制組織 ……………………………………………… 109

  4）組織のライフサイクル ………………………………… 111

2. 組織は戦略に従う ………………………………………… 113

  1）組織構造 ………………………………………………… 113

  2）オープン・システム論 ………………………………… 114

  3）コンティンジェンシー理論（条件適合理論） ………… 117

  4）組織は戦略に従う ……………………………………… 119

★**映画に学ぶ** 126

1. 「生きる」に学ぶ官僚制組織 …………………………………… 126

2. 「スーパーの女」に学ぶ組織論 ……………………………… 129

3. 「陽はまた昇る」に学ぶ事業部制組織 ……………………… 131

第5章

「メッセンジャー」に学ぶ
経営戦略論 ·· 135

1．経営戦略論の登場 ·· 137
2．経営戦略とは ·· 138
　1）　経営戦略の定義 ·· 138
　2）　多角化戦略の意義 ······································ 140
　3）　企業ドメイン ·· 142
　4）　経営理念 ·· 144
3．様々な経営戦略論および手法 ······················· 148
　1）　戦略策定 ·· 148
　2）　資源配分とPPM ·· 149
　3）　競争戦略論 ·· 150

★映画に学ぶ　156
　1．「メッセンジャー」に学ぶ経営戦略論 ···················· 156
　2．「スーパーの女」に学ぶ競争戦略論 ···················· 158
　3．「陽はまた昇る」に学ぶオープン戦略 ·················· 159

第6章

「県庁の星」に学ぶ
キャリア論 ·· 163

1．キャリアとは ·· 165
　1）　キャリアの定義 ·· 165
　2）　キャリアに含意される4つの意味 ······················ 166
2．キャリア理論 ·· 167
　1）　エドガー・シャイン（Edgar H. Schein）の理論 ·········· 167
　2）　ドナルド・スーパー（Donald E. Super）のキャリア論 ···· 176

CONTENTS 5

　　　3） 金井のキャリア・デザイン論 ・・・・・・・・・・・・・・・・・・・・・・・・・・・・・・・・・・ 182
　　3．キャリア・プロセスの各段階における
　　　様々な概念および研究 ・・ 185
　　　1） 職業選択 ・・・ 185
　　　2） 組織社会化 ・・・ 187

　　★映画に学ぶ　197
　　　1．「県庁の星」に学ぶキャリア論 ・・・・・・・・・・・・・・・・・・・・・・・・・・・・ 197
　　　2．「生きる」に学ぶキャリア論 ・・・・・・・・・・・・・・・・・・・・・・・・・・・・・・・ 199

第7章

「ウォール街」と「金融腐蝕列島〈呪縛〉」に学ぶ
企業統治・倫理論 ・・・・・・・・・・・・・・・・・・・・・・・・・・・・・・・・・・・・・・・ 203
　1．企業は誰のものか ・・ 206
　　　1） 企業の形態 ・・ 206
　　　2） 私企業の分類 ・・・ 207
　2．株式会社とは何か ・・ 209
　　　1） 株式会社とは ・・・ 209
　　　2） 株式会社の特徴 ・・ 210
　　　3） 株式会社の起源 ・・ 212
　　　4） 所有と経営の分離（株式会社は株主のもの？）・・・・・・・・・・ 212
　　　5） 株主と経営者の関係 ・・・・・・・・・・・・・・・・・・・・・・・・・・・・・・・・・・・・ 213
　　　6） 株主総会 ・・ 215
　3．企業統治 ・・ 216
　　　1） コーポレートガバナンスとは ・・・・・・・・・・・・・・・・・・・・・・・・・・・ 216
　　　2） ワールドのガバナンス改革 ・・・・・・・・・・・・・・・・・・・・・・・・・・・・・ 217
　4．環境適応 ・・ 219
　5．CSRとは何か ・・・ 222

1) 消極的なCSR：コンプライアンス ……………………………… 223

2) 積極的なCSR：社会貢献 …………………………………………… 229

★映画に学ぶ　231

1.「ウォール街」に学ぶ企業統治論 ………………………………… 231

2.「金融腐蝕列島〈呪縛〉」に学ぶ企業倫理論 ………………… 233

参考文献 ………………………………………………………………… 237

索　引 …………………………………………………………………… 243

第1章

「ノーマ・レイ」と「スーパーの女」に学ぶ
経営管理の原則

　本章では，経営管理について考えます。日本を代表する経営学者である野中郁次郎の著書『経営管理』では，「経営管理とは，個人が単独ではできない結果を達成するために，他人の活動を調整する1人ないしそれ以上の人々のとる活動（10頁）」もしくは，「求める目的に向かって効率的に動くために，資源を統合し，調整することである」と定義されています。営利目的の有無を問わず，組織体が活動を継続して行っていくためには，様々な資源をうまく管理しなくてはなりません。一般的に経営の3大資源といえば，ヒト・モノ・カネを指します。また，4大資源といえば，先の3つに知恵や情報が加わり，5大資源といえばさらに時間が加わります。組織はこうした様々な資源を，組織目標達成のために上手に管理することによって存続を図るのです。本章では，経営管理がどういった概念であるのか，また経営管理が必要とされるようになった背景，伝統的管理論の考え方，そして主要な管理原則について学びます。

　では，まず映画「ノーマ・レイ」を見てみることにしましょう。「ノーマ・レイ」は次頁のあらすじにもあるように，米国のある片田舎の紡績工場に勤めている，それまでは何の生きがいもなかった1人の女性が，工場に労働組合を結成するために会社に対して立ち向かい，組織の中で孤軍奮闘するという映画です。日本には歴史的に企業内労働組合と呼ばれる社会制度があります。つまり，各企業のなかに，それぞれの労働組合が存在しているのです。例えば，トヨタ自動車にはトヨタ労働組合が，パナソニックにはパナソニック労働組合があるという具合です。

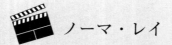

ノーマ・レイ

☆発売元	フォックス・ホーム・エンターテインメント・ジャパン
☆監督	マーティン・リット
☆脚本	アービング・ラベッチ
☆劇場公開	1979年
☆出演	サリー・フィールド，ボー・ブリッジス，ロン・リーブマン
☆あらすじ	米国南部の片田舎，厳しい労働を強いる紡績工場に勤めるノーマ・レイ。教養がなく，3人いる子供の父親が全員違う男という，だらしない人生と，日々ただ過酷な労働に耐えるだけの自分に何の希望も誇りも持てずにいた。ところが，ある日労働組合から派遣されたルーベンという活動家と出会い，彼に協力するうち，次第に彼女のなかに自己の意識と生きるエネルギーが湧き出てくる。しかし，組合の結成を阻止しようとする会社側はありとあらゆる手を使って，ノーマを潰そうとするのだった。

(1979年度アカデミー賞主演女優賞受賞作品)

　しかし米国には，各企業に労働組合が初めからあるわけではありません。業界ごとに産業別労働組合と呼ばれる組合があり，企業に勤める労働者は個人でそうした組合に加入します。また，組合には活動家と呼ばれる人たちがおり，彼や彼女たちがそれぞれの企業や工場に出向いて支部を結成することもあるようです。この映画は，米国繊維労働組合の活動家であるルーベンという男性が，ノーマの勤めている紡績工場に組合支部を結成するために町にやってくるところから始まります。映画の見所は，組合結成を阻もうとする会社に対してノーマがどのように立ち向かっていくかという点にあります。ただし，そうしたストーリーのなかであわせて見てほしいのは，米国の片田舎で働き場所が工場しかない労働者たちの貧しさと，経営に対する立場の弱さ，そして労働者の結束力です。特に，労働者たちの仲間意識がとても強いことが見て取れることでしょう。この点については後の事例編で，経営管理の歴史をより深く理解する

第1章 「ノーマ・レイ」と「スーパーの女」に学ぶ経営管理の原則　　3

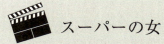
スーパーの女

☆配給	東宝株式会社
☆監督・脚本	伊丹十三
☆劇場公開	1996年
☆出演者	宮本信子，津川雅彦，伊東四朗ほか
☆あらすじ	舞台は「正直屋」という名の中堅スーパー。店のオーナーでもある五郎は最近とみに仕事に対する意欲を失っている。ライバル店「安売り大魔王」の進出がそれに追い討ちをかけているようだ。ある日，安売り大魔王に調査に出かけた五郎は，幼なじみの花子に偶然出会う。花子は主婦の視点で，スーパーの面白さについて熱く五郎に語りかける。五郎はそんな花子の能力を見込んで，正直屋のレジ部チーフとして採用することに。レジとして働き始めた花子であったが，客からの苦情を毎日のように受け，正直屋の経営改革が必要であることを痛感する。しかし，職人連中がネックになり思うように進まない。それでも花子は少しずつ成功事例を積み重ね，正直屋を変えていく。

ために取り上げることにします。さて，ちなみに労働組合とは，「労働者が労働生活の諸条件を維持・改善することを目的とする恒久的団体であり，労働者が使用者と対等の立場を確保し，主体的・自主的に労働条件の改善，経済的地位の向上を図ることを目的として組織する団体または連合体」を指しています。

　次に見る映画は「スーパーの女」です。伊丹十三監督の，いわゆる女シリーズのスーパーマーケット版といえばいいでしょうか。もしかすると，スーパーウーマンといった意味もかけているのかもしれません。この映画は，まさに経営学を学ぶために作られたような映画です。この映画を見れば，経営学における様々なテーマがふんだんにちりばめられていることがわかるでしょう。したがって後の章でも，ところどころで顔を出しますので，しっかりと見ておいてほしいと思います。この映画の見所は，なんといっても，主人公の井上花子が

小林五郎の経営するスーパー正直屋をいかに再建していくかという点にあります。井上花子はスーパー以外のほとんどの小売業でレジを経験したことがあるという，スーパー主婦です。しかし，そもそもスーパーとは何でしょうか？映画のなかで，幾度か花子が五郎に問いかけるシーンがあります。この問いに答えるためには，経営とは何かについて，しっかりと考えてみなくてはなりません。映画を見るときに，正直屋はスーパーといえるのかどうか，そんなことを考えながら見てみてください。そしてあわせて，この正直屋にはルールや原則と呼べるようなものがあるのかどうか。その点についても注意して見てほしいと思います。では，映画を見る前に経営管理について学んでおきましょう。

そもそも「経営」という言葉の語源を紐解くと，「ものごとを広くおさめること」といった説明がなされていることに気づかされます。また「管理」という言葉については，「一定の体系のもとに行動・現象を統轄すること」といった説明がなされます。つまり，経営も管理もその意味は非常に似通ったものだということです。

では，行動や現象を一定の体系のもとにまとめたり，おさめたりするためにはどのようなことが必要なのでしょうか。そのキーワードの１つが「標準」です。経営管理という概念が意識されるようになったのは，おそらく19世紀の後半ごろからであると思われますが，そのころに交通革命という現象が生じます。鉄道の普及です。特に米国においては，大量の物資の輸送などに大活躍しました。その鉄道が標準化および管理という思想の重要性を喚起したと考えられています。

鉄道は物資を輸送するだけでなく，人間をも運んでくれる便利な道具です。しかし，その扱い方をひとたび誤ると，途方もない大惨事を巻き起こしてしまいます。2005年に起こったJR福知山線脱線事故はまだ記憶に新しいところです。あの事故は列車が標準速度を逸脱して走行したために起こりました。標準はものごとの基準であり，遵守すべき規則にもなります。理由はともかく，事故を起こした運転士は規則を守らなかったともいえるのです。

鉄道において必要な標準は速度だけではありません。一本一本のレールも，その長さや幅などが標準化されている必要があります。もちろん材質などの品

質もそうでしょう。レールに不具合があれば，これもまた事故の元になります。また，時間も標準化する必要があります。時間は速度とセットとして考えられますが，たくさんの人々によって移動手段として鉄道が利用されるためには，発着の時刻が標準化されていなければなりません。現代のようにたくさんのダイヤが錯綜していればなおのことでしょう。19世紀後半の米国においても，鉄道のおかげで人々は時間の観念をもつようになったといわれています。時間遵守の観念は管理という概念にも大きな影響を有しています。

さて，こうした標準化の思想が重要視されるようになったのは，鉄道の影響ばかりではありません。鉄道を可能にした産業革命と，何より大衆の登場がその背景にあったのです。スペインの社会学者であるオルテガ・イ・ガセットは，大衆が登場したのは，ヨーロッパの場合19世紀から約1世紀の間であると考えています。オルテガによれば，6世紀にヨーロッパの歴史が始まってから1800年までの間，ヨーロッパの人口が1億8,000万人を上回ることなどなかったにもかかわらず，1800年から1914年までのわずか1世紀余りで，実に1億8,000万人から4億6,000万人にまで増加したといいます。米国も，わずか1世紀のあいだに1億人の人口に達しています。大衆はこうした爆発的な人口増加によってもたらされました。

いうまでもなく人口の増加およびそれに伴う大衆の登場は，市場の拡大をも意味していました。そしてそのニーズに応えるためには，生産を大規模化しなければならなかったのです。18世紀から20世紀初頭にかけて工場はどんどん大きくなっていきました。大量生産と大量消費時代が始まろうとしていたのです。標準化の思想はその大量生産にとって必要不可欠なものでした。

1．フォードの大量生産システム

徹底した分業と標準化などによって大量生産を実現したのは，フォード自動車の創業者であるヘンリー・フォード（1863-1947）であるといわれています。フォードは移動組立法と呼ばれる生産ラインによって大量生産を実現させましたが，こうした発想はもともとフォードのものではありません。

徹底した分業は18世紀の後半に，英国の北西部に建設された工場で実践され

ていましたし，組立ラインは1870年代の米国において，食品加工業ですでに用いられていました。1906年に開業した通信販売のパイオニアであるシアーズ・ローバックでも，一種の流れ作業の組立ラインが導入されていたといいます。しかし，フォードはそのいずれよりも華々しく大量生産に成功し，その圧倒的な生産量によってその名をとどめるに至ったのです。

　フォードは，1890年に発明王エジソンの経営するデトロイト照明会社で技師として働き始めますが，電気よりも内燃機関に関心をもっていたために，自動車づくりに没頭し，1896年に最初の自動車をつくることに成功しています。1899年に自動車づくりに専念するためにエジソンの照明会社を辞め，1903年にフォード自動車会社を設立します。40歳でした。そして，Ａ型からアルファベット順に試作を重ね，1908年にＴ型フォードを発表するのです。

　Ｔ型フォードは実用性と大衆性を兼ね備えた自動車でした。悪路に強く，壊れにくいうえに修理が簡単でした。また，価格が安く，当時のサラリーパーソンがもらう月給の２ヶ月分で購入することができました。フォードはまさにそれまで「金持ちの遊び道具」であった自動車を「大衆の足」として位置づけ，大衆自動車市場を創造したのでした。フォードのハイランド・パーク工場は1910年10月に操業を始め，18年間で1,546万台ものＴ型フォードを生産しています。

　組立ラインは，人々が最も効率的に１つの行為を行うために厳格に業務を分割した究極のシステムでした。細分化・標準化・限定化がキーワードであったといえます。例えば1913年のハイランド・パーク工場では，１つの発電機の生産に20分かかっていました。１人の作業者が最初から最後まで作業を行っていたのです。そこでフォードは組立ラインを29の作業に分割しました。多数の労働者がおのおのの作業を行う組立ラインが導入されると，組立時間は13分10秒にまで減少したのです。フォードは常に労働者には２つ以上のステップを担当させないように気をつけていたといわれています。

　分業は作業を単純化します。単純化された作業は習熟するための時間をあまり必要としません。作業の効率化が実現されるというわけです。また，作業に習熟すると同時に作業の質も高まっていくでしょう。さらには作業に要する時間や，作業の品質が標準化していくことになるのです。フォードは徹底した分

業によって様々なメリットを実現したといえます。

大量生産は自動車1台の価格を劇的に下げることに成功しました。1909年に950ドルだったT型フォードは，1916年には360ドルにまで値下がりしたのです。また，従業員の賃金は1時間当たり0.25ドルだったのが，一時は0.6ドルにまで引き上げられました。まさに大量生産のもたらした恩恵でした。

こうした成功は市場の独占という形でも現れました。1914年，フォード自動車会社では1万3,000人の従業員が26万7,720台の車を生産していました。一方，そのほかの299社の米国の自動車会社では，6万6,350人の従業員でたった28万6,770台の車しか生産していませんでした。フォードは米国自動車市場の実に48％を握っていたのです。

またフォードの大量生産は大量消費社会を創出し，あわせて新たな交通革命をもたらすことになりました。まさに大衆の足となった自動車は鉄道にとって代わり，輸送および交通の手段として市民権を得るようになっていきました。そしてそれに伴い，鉄道の通る便利なところにしか住まなかった人々が郊外に移り住むようになり，生活スタイルも変化し始めたのです。

このように，様々な影響を与えたフォードの生産システムですが，とりわけ従業員に与える影響は大きかったといわれています。大量生産システムは機械と大量の従業員によって成立します。効率性を維持するためには大量の従業員をコントロールする必要があり，そのためには厳格な規律が必要でした。標準化思想による生産の管理だけでなく，規律や規則による従業員の管理も必要だったのです。フォード・システムにおいて組織は機械であり，従業員は機械の歯車のようでした。フォードと従業員との関係は必ずしも良好ではなかったようです。しかし，フォード・システムがもたらした管理の思想は管理の基本であることには違いないのです。

2．テイラーの科学的管理法

大量生産システムに対する貢献として，忘れてはならないのがフレデリック・ウィンスロー・テイラーの開発した科学的管理法でしょう。米国の経営学者であるピーター・ドラッカーによれば，フォードの開発した組立ラインは，科学的管理法の簡単な論理的拡張にすぎません。ここでは，生産活動に管理の

概念を初めて導入したテイラーの科学的管理法について考えてみましょう。

　テイラーによれば，「管理の主な目的は，使用者の最大繁栄とあわせて，従業員の最大繁栄をもたらすこと」にあります。そして，その繁栄は個々人が最高度の能率を発揮することによって実現するとしています。先ほどのフォードの例を見ればよく理解できるでしょう。作業を標準化，細分化することによって，作業時間は格段に短くなりました。つまり能率が向上したのです。そのことによって自動車の販売価格は下がり，フォード自動車会社は市場の48％を占めるに至りました。これは使用者の繁栄ということになるのでしょうが，それと同時に，労働者が得る賃金も上昇したことを忘れてはなりません。使用者の繁栄と従業員の繁栄はともにあるということなのです。

　テイラーは，能率が繁栄を生むという原理ほど明らかなことはないといっています。しかし，テイラーがミッドベール・スチール社やマニュファクチュアリング・インベストメント社で働いていた19世紀末から20世紀初頭にかけての米国や英国では，その原理とは全く正反対の現象が生じていたのです。

　工場で働く工員たちは，全力をあげて最大限度の仕事をしようとはせず，むしろとがめられない程度になるべく仕事を少なくしようとしていました。すなわち当然できることよりも，はるかに少しにとどめておこうとするわけです。多くの者は当然なすべき1日の分量の3分の1または2分の1ぐらいにとどめようとしていました。もし全力を尽くして1日分最高の生産をなすようなことがあれば，仲間から相当の非難を受けることになったというのです。

　テイラーはこの現象を組織的怠業と呼びました。人間が生まれつきの傾向として楽をしたがるのを自然的怠業とすれば，この組織的怠業は，他人との関係からいろいろ細かい思慮をめぐらした結果として怠けるものだからです。

　テイラーによればこうした組織的怠業の原因は3つあります。1つ目は，能率を上げると仲間の工員が失業に追い込まれてしまうと考えられていたということです。これは古くからの誤解だとテイラーはいっていますが，今もなお労働者のなかにある観念なのではないでしょうか。後で，映画「ノーマ・レイ」を参考に，この点について考えてみたいと思います。

　2つ目の原因は不完全な管理法にあります。管理者が作業の所要時間を知らないので，指導をすることができず，工員たちも，よく働いても働かなくても

第1章 「ノーマ・レイ」と「スーパーの女」に学ぶ経営管理の原則　　**9**

支払われる給料が変わらないため，働くだけ損だという意識をもってしまっているというのです。テイラーは，ある勤勉な工員が自宅から工場までの通勤では1時間に3〜4マイルのペースで歩くのに，工場に入ったとたんにそれが1マイルになるというエピソードを，自著のなかで紹介しています。

　3つ目の原因は非能率的な目分量方式にあります。テイラーによれば，各仕事に用いられている方法や道具のなかで，最も速くてよい方法および道具はたった1つしかないはずです。それなのに工員たちは，仕事の仕方や道具については周囲の人々を見習うしかないために，仕事の方法が数百通りにまでなってしまいます。しかし，先ほども述べたように，管理者も指導することはできません。管理者が指導する，仕事に関する方法も管理者の数だけあるからです。これがテイラーのいう，目分量という意味なのです。

　テイラーによれば，近代科学的管理法において最も大切なことは課業観念です。組織的怠業を克服するために，テイラーは数々の観察および調査を行い，課業の重要性を認識するようになったのです。では，科学的管理法の主だった内容について，少し触れておくことにしましょう。

①　課業設定の原理：第1に課業を明確に設定することが必要です。ここで課業とは1日の公正な仕事量を指し，作業研究によって設定されます。

②　作業研究：課業設定のために作業の内容と量を決定する研究のことで，時間研究と動作研究があります。時間研究では，一連の作業を細かい要素に分解し，個々の作業要素にかかる時間をストップ・ウォッチなどで測定し，標準時間を決定する研究のことです。動作研究とは個々の作業がどのような動作から成るかを分析し，無駄な動作を省いたり新しい効率的な作業方法を見出す研究を指しています。

③　標準的条件の原理：次に作業の条件や方法を標準化しなければなりません。標準的な道具，時間，作業方法のすべてがマニュアル化されて指図票に明記されなければならないのです。

④　差別的出来高給：率を異にした出来高払いと呼ばれることもあります。**図表1−1**は単純出来高払いとの違いを表しています。横軸に作業量，縦軸に賃金（報酬）をとりグラフ化したものです。単純出来高給では作業量の増加にともない，単純比例的に賃金も上昇します。したがって，単純な

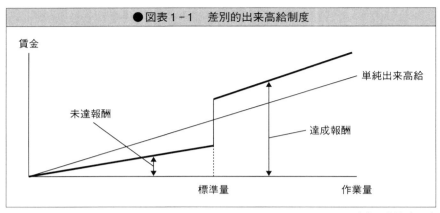

出典：井原 (2000)

右肩上がりの直線として描かれます。しかし，差別的出来高給では，標準量を境にして傾きが変化していることに気づくでしょう。従業員は標準量を超えなければ相当に低い賃金で我慢しなければなりません。しかし，標準量を超えれば，単純出来高払いのときよりも高額の賃金を手にすることができるのです。いかにテイラーが標準量を重視していたかがわかります。

3．ファヨールの管理思想

　これまで，管理について「標準」という概念を中心に考えてきました。それは経営管理のなかでも，特に生産管理に視点を置いたものであったといえます。次に取り上げたいのは，アンリ・ファヨールの管理思想です。フランス人であるファヨールは30年間にわたりトップとして会社経営に携わり，体系的な管理論を私たちに残してくれました。経営管理の父と呼ばれる所以がここにあります。ではファヨールの考え方に触れてみることにしましょう。

　まずファヨールは企業の提起する活動はすべて図表1-2に挙げた6集団に分類されるとして，管理活動を他の活動とは独立した活動であると位置づけました。

第1章 「ノーマ・レイ」と「スーパーの女」に学ぶ経営管理の原則　　11

```
●図表1-2　企業活動

　技術活動：生産，製造，加工
　商業活動：購入，販売，交換
　財務活動：資本の調達と管理
　保全活動：財産および人員の保護
　会計活動：財産目録，貸借対照表，原価，統計等
　管理活動：予測，組織，命令，調整，統制
```

次にファヨールは管理活動を**図表1-3**のように整理しています。

```
●図表1-3　管理活動

　予測すること：将来を精査し，活動計画を作成すること
　組織すること：経営の物的，社会的な二元的組織体を構成すること
　命令すること：人員を機能せしめること
　調整すること：あらゆる行為並びにあらゆる努力を結集し，統一し，調和すること
　統制すること：樹立された規則，与えられた秩序に従い，推移する事情を何事によ
　　　　　　　　らず監視すること
```

さらにファヨールは管理の原則を次のように整理しました。

①　分　業

　ファヨールは管理原則の最初に分業を掲げました。これまでフォードやテイラーの考え方を参考にしてきましたが，やはり経営管理の基本は分業であることがわかります。ファヨールは「分業は同一の努力をもって，より多く，より良く生産することを目的としている」と述べています。また，分業は注意と努力が向けられるべき対象の数を減ずることができるため，機能の専門化と権限の分散化を生じさせるとも述べています。

②　権威と責任

　ファヨールは「権威とは命令権，服従せしめる権限である」と述べています。そしてまた，「権威が行使される所では，いかなる所でも責任が生ずる」とし

ています。権威もしくは権限と責任は表裏一体の関係にあることを強調しているのです。

③ 規　律

規律とは服従，勤勉，活動および敬意の外的表現を対象とする規約を尊重することであるとされています。そしてこれを樹立し，維持する最も有効な方法は，まずあらゆる階層によき責任者を置くこと，そして可能な限り明瞭で公平な規約を樹立すること，さらには科罰（勧告，戒告，罰金など）を正しく適用することであるとしています。

④ 命令の統一

担当者は，なんらかの行動に対し，ただ1人の責任者から命令を受けなければならないという原則です。命令一元化の原則と呼ばれることもあります。時間の節約などの理由から，直接の上司を経由せずに，上司の上司が担当者に命令を下すことをファヨールは厳に戒めています。また，職能や機能間の境界が曖昧であると，こうした二元命令が生じやすいとも述べています。

⑤ 指揮の統一

同一目的をめざす諸活動の全体には，ただ1人の責任者とただ1つの計画が必要であるというものです。ファヨールはこれを前述の命令の統一と区別する必要性を説いています。命令の統一は指揮の統一がなくては存在できないが，指揮の統一は命令の統一から生ずることはないとしています。

⑥ 個人的利益を一般的利益へ従属させること

日本企業においても，よく「無私の精神」として重視されている考え方です。ファヨールはこの原則を実現させる方法として，まず責任者が剛毅さと良き模範を示すこと，可能な限り公平な規約，そして注意深い監督を挙げています。

⑦ 人員の報償

遂行された職能の価格であり，公平で，可能な限り従業員にも，企業にも経

第1章 「ノーマ・レイ」と「スーパーの女」に学ぶ経営管理の原則　　**13**

営者にも満足を与えるものでなくてはならないとしています。また，報償の率は，生活水準，人員数の多寡，事業の一般状態，経済事情などをまず勘案すべきであることが述べられています。そして，報償の様式として求められることとして，公平な報償を保証すること，有効な努力に報いることにより，熱意を鼓舞激励すること，合理的限界を超える過度な報償へ導くことはできないことなどを挙げています。

⑧　集　中

　集中は分業と同様に自然的秩序の所産であるとされています。また，追求すべき目標は，全人員の諸能力を可能な限り最善に活用することであるとも述べられています。そして，その活用における最善の能率こそが集中と分散の問題なのです。「従業員の役割の重要性を増加することは，みな，分散に属し，この役割の重要性を減少することは，みな，集中に属する」とファヨールは説明しています。

⑨　階　層

　階層とは，上級権威から下級担当者へ至る責任者の系列のことです。そして階層的経路とは，トップからボトムへ（指示命令），もしくはボトムからトップへ（報告）と意思が伝達される経路を指しています。ファヨールは，この経路には伝達確実性と命令統一の要求が強く要請されるとしています。また，大企業や国家では，あまりに階層が多いため，この経路が非常に長くなってしまい，意思伝達の迅速性と階層的経路の尊重とを調整する必要が生じるとも述べています。そしてファヨールは，この問題を解決するために，**図表1-4**のような架橋による解決策を提案しています。

　今，AからGおよびQまでといった7階層の組織を想定してみましょう。ここで職能Fと職能Pを業務上関係させる必要性が生じたとします。階層経路を尊重するのであれば，Fの意思は直属の上司であるE，そしてDといったように伝達され，Aまで昇りつめたところで，今度は逆にLそしてMといったように直属の部下へと順次伝達されなければなりません。しかし，前述のとおり，これでは意思伝達の迅速性が損なわれてしまいます。そこでファヨールはFと

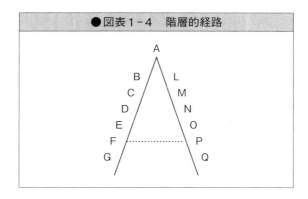

Pの間に架橋を渡し，両者に直接の関係をもたせることを提案するのです。もちろん，この場合，FはEにPはOにその了解を得，報告をすることが前提です。これは一種の権限委譲と理解できますが，ファヨールは経営者の不十分な管理能力ゆえに，このような解決策がなかなか採用されないと指摘しています。

⑩ 秩 序

適材適所，適所適材の重要性が説かれています。一般的利益をないがしろにして，野望，えこひいき，情実や無知から簡単に無用なポストを増やしたり，無能な担当者を組織にとって必要なポストにつけた場合には，秩序が著しく損なわれるとしています。また，組織図などによって，図表に表すことは秩序の樹立と統制を極めて容易にするとも述べられています。

⑪ 公 平

従業員が職能を遂行する場合，完全な善意と可能な限りの献身とをもたらすように激励されるには，親切に扱われなければならないとし，公平は親切と正義との結合から生じると述べられています。

⑫ 人員の安定

企業には様々な不安定要因が存在します。退職などによって人員が交替することも組織の構成を不安定にさせるでしょう。新しい職能に就く場合には，人

第1章 「ノーマ・レイ」と「スーパーの女」に学ぶ経営管理の原則　　15

や仕事内容などを知るために，また，活動計画を立案できるようになるために，さらには自信をもち他人の信頼を得るために多くの時間が必要となります。このようなことを勘案して，人員の安定に努めることが大切であるとファヨールは述べています。

⑬　創　意

計画を考え，それを実施することの可能性を創意と定義づけています。そして，あらゆる階層において，担当者の熱意と活動は創意によって増加します。したがって，権威と規律を尊重する範囲内で，全員の創意を刺激し維持することが企業の総合力になるとも述べています。そのためには，ときには責任者が自らの自負心を犠牲にすることや多くの機転と徳望が必要であるとしています。

⑭　人員の団結

団結は力をつくるという格言について，経営者はよく考えなければなりません。しかし，人員の団結を阻害する事態が企業内には多々見られるとしています。そしてそれを回避する策として，まずは「人員を分割してはならない」と，諸関係の調和に努める必要性が取り上げられています。次に，「通信文書の濫用」を防ぐ必要性についても述べられています。後者については，命令など意思伝達の場合に，文書によるよりも口頭で処理するほうが単純で迅速であるとしています。書面であれば生じてしまう衝突や誤解が，面接であればあまり生じないというのです。これによって前述の調和が維持されるとも述べています。

4．その他の管理原則

これまでファヨールの述べている14の管理原則について見てきました。ここで，これまで触れられなかった重要な管理原則についてもう少し取り上げておきたいと思います。

①　管理の幅

1人の長が有効に指揮監督できる直接の部下の数には，一定の限界が存在するという原則です。例えば「仕事が相互に交錯し合っている部下については，

6人以上直接に指揮してはいけない」とされています。管理の幅に影響を与える要因としては，職務内容，部下の能力，コミュニケーションの難易，スタッフの利用度合い，成果の測定の有無などが挙げられます。

②　権限委譲

前述のように，管理者が1人で効果的に監督し，意思決定を行える部下の数には限界がありますので，権限を部下に委譲し割り当てた職務の範囲内で意思決定を行わせる必要があります。これによって，組織の効率化が図られ，同時に部下の育成も可能となります。また権限を委譲する場合は，どのような権限を管理者のもとに留保させ，どのような権限を部下に委譲するのかを明確にしておかなければなりません。そして，責任までは委譲してはならないというのが重要な原則です。近代管理論の創始者であるバーナードは，部下が上司の指揮命令を受け入れ，そのとおりの行動を行った場合に，その上司の権限が成立すると考えました。したがって，権限を委譲するといっても，部下がその権限を受容できなければ委譲も成立しないということになります。また，あまりに大きな権限が付与されたために，部下による怠慢や重大な過誤などが生じてしまうことを，オーバーデリゲーションと呼びます。

③　例外原理

経営管理者は日常の定型的な業務の処理を下位者に委譲し，判断業務や戦略および計画立案など非定型的な事項における決定権または統制権のみを保留し，それに専念する必要があります。それが例外原理と呼ばれるものです。したがって，日常的に部下が上司を煩わせることのないように，また，例外的事項に注意が向くように，部下からの報告様式を工夫することなどが必要となるのです。

映画に学ぶ

1.「ノーマ・レイ」に学ぶ科学的管理

　では，映画に学ぶことにしましょう。主人公のノーマは米国南部の片田舎で，紡績工場に勤務する子持ちのシングル・マザーです。そんなノーマの住む町に，米国繊維労働組合の活動家ルーベンがやってくるところから，この物語は始まります。おそらく町には，これほど大きな工場が他にはないのでしょう。町の住民の多くがこの工場で働いているようです。しかし，工場内の労働環境は，とても良いとはいえそうにありません。機械から生じる騒音は，労働者の耳を壊してしまいそうです。そして，労働者に支払われている賃金はかなり低く抑えられています。そのような劣悪な労働環境を改善するために，ルーベンはやってきたのです。ただ，工場の労働者たちは，なかなか幹部たちに立ち向かうことができません。それはそうでしょう。この工場以外に働き場所がないのですから，幹部に目をつけられでもすれば，仕事を失うことになってしまいます。

　にもかかわらず，どうやらノーマだけは，幹部たちに対して労働環境の改善を訴えているようです。そこで工場長は，彼女を黙らせるために，彼女を昇進させることにします。そのシーンからがポイントです。ノーマは能率点検係に任命されました。時給が1ドル50セント上がるようです。彼女は，皆に憎まれるのではないかと不安に感じながらも，その話を引き受けてしまいます。さて，その後のノーマの行動と他の労働者の態度はどうでしょうか。ノーマの仕事は，他の労働者の作業が標準時間もしくは目標時間内に行われているかどうかを点検するというものです。本論で学んだように，ノーマが勤務する紡績工場でも，テイラーの科学的管理法が実践されていることがわかります。製造業において課業，つまり単位時間当たりの標準的な作業とは，経営管理の根幹をなすものです。そもそもノーマが作業能率を点検できるのも，1つひとつの細分化された作業が課業とし

て捉えられ，それらの作業に係る標準時間が事前に明らかにされているからなのです。

　しかし，ノーマが作業能率の点検を行っている間の，他の労働者の態度はどうでしょうか？　すべての労働者が実に嫌そうな顔をしているではありませんか。ノーマは自分の父親にも，もう少し早くならないかといって，父親の不興を買います。そして遂には，職場の労働者全員がノーマと口さえきいてくれなくなります。極めつけは，ビリー・ジョーが発した「スパイ」という言葉でしょう。この言葉を耳にしたノーマは，すぐさま工場管理室に行き，工場長に能率点検係を辞めると告げます。その後，元の職場に戻ったノーマは同僚たちに温かく迎え入れられます。「おかえり」といわんばかりに。これらのシーンは何を物語っているでしょうか。映画のなかでは詳しい説明がありませんが，おそらく能率の悪い労働者が解雇されたのか，もしくは減給でもされたのでしょう。ビリー・ジョーの発した言葉は，それを匂わせています。まさに，テイラーが科学的管理法を導入する以前の，労働現場の状態が窺い知れるというものです。

　科学的管理法が提唱された20世紀初頭には，管理者と労働者とが相互に不信感を抱いていた，と考えられています。その１つには，能率を上げると解雇されるという不安があったということは，すでに述べたとおりです。テイラーは誤解だといっていますが，あながちそうもいい切れないのではないでしょうか。このようなことがあるからこそ，労働者は組織的怠業という手段で抵抗をしていたわけです。しかし，ノーマの時代は20世紀初頭ではありません。すでに科学的管理法が導入された後の話ですから，労働者たちが組織的怠業という手段をとることはありません。ここで，注目してほしいのは，彼らの仲間意識なのです。このシーンでは，特に自分たちのオピニオン・リーダー的存在であったノーマが，工場側についたということが，さらに事態を深刻にしたといえるでしょう。他の労働者たちは，裏切られたと感じたのです。それほどに結束力が強いということです。労働者は弱い立場にあります。個々人で経営側と対峙するのは困難といわざるを得ません。ですから，団結するのです。組織的怠業は，労働者による

自治の現れでもあります。自分たちで生産スピードを統制するという点ではそうでしょう。そして，それが管理者に対する対抗手段となるのです。

　テイラーは双方の不信感を払拭するために，標準思想を導入することで，見えないものを「見える化」し，透明性を高めることでそれを実現しようとしました。このことは，少しは労働者の結束力を弱めることになったはずです。しかしこの映画からわかるように，労働者の立場が弱いままであると，こうした結束力はそれ以上には弱まらないのです。この点にこそ，労働組合結成の意味があるのでしょう。こうした，労働者が形成する自発的集団による影響力については，後の章でまた考えてみましょう。

　最後に，この映画の主人公の名前ノーマはnormaと綴ります。これをラテン文字として読むと，半強制的に与えられた労働の基準量を指す言葉になります。ノルマという言葉を耳にしたことはないでしょうか。日本でも一般的に使用されている言葉です。目標とする量を表す言葉といってもいいでしょう。定かではありませんが，この映画の製作者は意図的に主人公の名前をこのようにしたのかもしれません。

2.「スーパーの女」に学ぶ経営管理の原則

　次に映画「スーパーの女」に学ぶことにしましょう。本章で特に注目してほしいシーンは，「卵騒動」と呼ばれている場面です。花子が正直屋にやってきて数日が経ったある日，花子はその日のチラシを見てしきりに感心します。「今日はえらく安く卵を売るのねえ」と。しかしそのとき，そのチラシを作成した担当者が慌てふためきます。なぜなら，卵1パック88円と記載すべきところを28円と記載してしまい，おまけに先着1,000名様限りの文字が抜け落ちていたからです。2人は大慌てで，正直屋のオーナーである五郎のオフィスに向かいます。五郎のもとにやってきた2人は今回のミスについて説明し，その後花子は卵の追加注文の必要性を訴えます。28円の卵を無制限に売り続けるということになれば，あっという間に品切れが起きてしまうのは目に見えています。しかし，卵を求めてやってくるお客さんに，卵のないスーパーと思われるのだけは避けたい。そんな思いが花子を動かしたのでした。五郎は，花子の提案を受け入れ，卵を追

加発注するように指示します。さて，指示を受けた花子とチラシの担当者は，その足で店長のもとへ向かいます。卵の追加発注の許可を，店長にもとっておこうということなのでしょう。しかし，店長は野菜の入った段ボール箱を抱えて歩きながら，花子のいうことに耳を貸そうとはしません。卵がなくなってしまえば，チラシのミスだったと謝るだけでいい。だから追加の発注は必要ないというのです。それに対して花子は，この件に関しては専務が自分に一任してくれたといって食い下がります。結局，卵の追加発注は行われ，なんとか事態は収拾されることになります。

　さて，このシーンを経営管理の原則に当てはめてみると，どんなことがいえるでしょうか。花子や五郎，そして店長のとった行動は適切だったといえるでしょうか。まずは，花子のとった行動から考えてみましょう。花子は，チラシの担当者とともに五郎のところへ赴き，卵の追加発注を提案します。さて，この行動は経営管理の原則に沿った行動といえるでしょうか。例えば，ファヨールのいう「権威と責任」または，「権限と責任の原則」に照らして考えてみるとどうなるでしょう。この原則では，権限と責任は表裏一体の関係にあるとしています。ファヨールは明確には述べていませんが，これらは職位とも密接に結びついていなければなりません。ここで，権限を「組織の目的を達成するために職務を遂行するのに必要な影響力として，各職位にフォーマルに割り当てられたもの」として定義するなら，花子のとった行動はこの原則に反しているといわなければなりません。なぜなら，花子の職位はレジ係のチーフであって，チラシの作成は彼女の職務ではないからです。先に学んだように，組織においては権限委譲が図られます。権限が委譲されるからこそ，花子はレジを打ち，レジ係の担当者を管理することができるのです。この権限は店長から委譲されたと考えられます。にもかかわらず花子は，与えられた権限を逸脱した行動をとっています。

　では，この行動は間違っているのでしょうか。この場面では，彼女の機転が利いて，なんとか事なきを得ることになります。結果だけを見れば，彼女のとった行動は組織の目的を達成したということになります。ただ，

第1章 「ノーマ・レイ」と「スーパーの女」に学ぶ経営管理の原則　21

花子の行動は少々出しゃばっているようにも感じられますし，チラシ担当者の権限がないがしろにされているようにも見受けられます。この事例からわかるように，必ずしも経営管理の原則は絶対的なものではありません。あくまでも原則なのです。時には原則から外れた行動をとらなければ，うまく経営管理ができないということもあるのです。また，経営管理には完全な正解などない，ということもいえるのかもしれません。

　次に，五郎の行動について考えてみましょう。花子の提案を受け入れて，卵の追加発注を指示した五郎の行動は，経営管理の原則に沿っていたといえるでしょうか。ここで適用されるのは，ファヨールのいう「命令の統一」もしくは「命令一元化の原則」です。先にも述べたように，ファヨールは上司の上司が担当者に命令を下すことを厳に戒めています。まさにこの場面では，それが行われてしまっているのです。本来，卵の追加発注の指示は直属の上司である店長が行わなくてはなりません。なぜなら，指示命令を下す上司が複数いると，組織が混乱してしまうからです。また，先ほどの権限委譲の原則に照らして考えてみると，五郎は店長に対して，チーフへの指示命令権限を委譲しているわけですから，この原則からも逸脱していることになります。本来であれば，五郎はまず店長に対して追加発注の指示命令を下さなくてはならなかったのです。このように考えると，花子のとった行動にも問題があったことが理解できます。部下が直属の上司1人から指示命令を受けなくてはならないとするなら，花子はまず店長に報告をして相談をすべきです。しかし，花子はそうはしませんでした。それは，何よりも早急に意思決定をし，解決のための行動をとる必要があったからでしょう。開店が迫っている正直屋の前には，卵を買い求めてやってきたたくさんのお客さんが待ち構えていました。卵の追加発注という対応に間違いはないと信じて疑わない花子とすれば，早急に上司の了解を取り付けたかったに違いありません。結果，なんとか事態は収拾されるわけですから，花子と五郎のとった行動は間違っていなかったということになるのかもしれません。しかし，指示命令系統から疎外されてしまった店長の立場はどうなるのでしょうか。このような行動は組織の秩序を乱す

ことにはならないのでしょうか。

　では，最後に店長の行動について考えてみましょう。花子は五郎のお墨付きを胸に店長のもとに行き，専務の一任はとりつけてあるからといって，卵の追加発注を認めてもらおうとします。しかしそれに対して，店長はとりつくしまがありません。この行動は経営管理の原則に沿った行動といえるでしょうか。この事例については，「例外原理」もしくは「例外の原則」に照らして考えてみましょう。店長は管理職の地位にあります。例外原理によれば，管理者は日常の定型的な業務の処理を下位者に委譲し，判断業務などの例外的な事項に専念する必要があります。にもかかわらず店長は，野菜の運搬といった，本来青果係の担当者が行うような定型業務を行い，緊急事態の収拾といった例外的な事項に専念しようとはしていません。もちろん，店長が担当者の仕事をサポートするというのは，時には必要なことでしょう。しかし，このような緊急事態が発生しているときに，優先すべきは何でしょうか。経営管理の原則は，管理者が何をすべきか，優先すべきは何かという判断の指針ともなるのです。

　以上，３つの事例について考えてみました。これらの原則が経営管理を実践していくうえで，つまりは，経営管理者が業務を遂行するうえで，何らかの判断基準になっているということについては理解できたと思います。しかし，実際の経営においては，これらの原則が適用できないケースも少なからずあるということもわかりました。そしてまた，完全な正解がないこともしかりです。経営管理は状況に応じて行われるべきなのかもしれません。

第2章

「モダン・タイムス」と「陽はまた昇る」に学ぶ
モチベーション論

　第2章では労働者の働く意欲について考えます。現代は組織の時代だといわれます。経済が一定水準以上の国では，過半数の勤労者が組織に所属しています。わが国においても，実に8割以上の勤労者が組織に属しています。つまり，自らで事業を営み生計を立てているのではなく，他者に雇用され賃金を得ている人が8割以上であることを意味しています。本章ではそのように大多数を占める，組織で働く人々の意欲について学びます。

　ただし，働く意欲といっても，2つの視点が考えられます。1つは，働く人が自らの意欲を高めるにはどのようにすればよいのかという視点であり，いま1つは，働く人の意欲を他者が高めるにはどのようにすればよいのかという視点です。組織活動の現場では，その内部の構造がいかなるものであれ，リーダーとフォロワーが必ず存在します。例えば一般的な企業組織では上司（管理者）と呼ばれるリーダーと部下（従業員）と呼ばれるフォロワーが必ずいるものです。本書では，主にリーダーがフォロワーの働く意欲を高める，もしくは組織や経営主体が従業員のモチベーションを高めるにはどのようにすればよいのかという視点で考えます。つまり，モチベーションを経営管理の視点で捉えるということです。

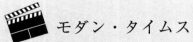

モダン・タイムス

☆発売元	東和
☆監督	チャールズ・チャップリン
☆脚本	チャールズ・チャップリン
☆劇場公開	1938年
☆出演	チャールズ・チャップリン, ポーレット・ゴダード
☆あらすじ	機械化と失業の時代を迎えた1930年代の米国。工場で働くチャーリーは，来る日も来る日もベルトコンベヤーの前でネジを締めていた。トイレで一服することもできないくらいの監視体制。絶え間なく運ばれてくる部品。チャーリーに異変が訪れる。

　さて，本章ではまず，映画「モダン・タイムス」を見てみることにしましょう。機械文明を痛烈に風刺した作品で，チャップリン喜劇の頂点に位置するともいわれている，まさに古典的名作です。この映画でチャップリンは，ベルトコンベヤーの前で延々と単純作業を繰り返す，労働者の1人を演じています。社長は社長室の中から，工場のあちこちが映し出されるモニターを見て，通信機器を用いて指示を出すだけで，ほとんどの時間をパズルに費やしているようです。社長から指示を受けた監督者らしい男性労働者は，命じられるままにベルトコンベヤーの速度を上げるため，労働者たちはその速度に合わせようと必死です。作業は交代制のようで，チャップリンは少し一服しようと，トイレに入りタバコを取り出して火をつけますが，その途端，トイレの壁一面に社長の顔が映し出されます。社長はトイレのなかまで監視していたようで，チャップリンはこっぴどく社長に叱られ，トイレを後にします。職場に戻って，また単純作業を繰り返すチャップリン。そのうち彼は次第に精神を病んでいきます。流れているベルトコンベヤーの上に体をうつぶせにして，大きな歯車がひしめき合う生産設備の内部へと入っていってしまうのです。彼はそのなかでもネジを締めることを忘れません。まさに，人間が歯車の1つとなり，生産設備の一部になったことを象徴づける場面といえます。チャップリンがなぜ働く意欲を

陽はまた昇る

☆発売元	東映ビデオ
☆監督	佐々部 清
☆脚本	西岡琢也,佐々部 清
☆原作	佐藤正明著『映像メディアの世紀:ビデオ・男たちの産業史』日経BP社/文春文庫
☆劇場公開	2002年
☆出演	西田敏行,渡辺 謙,緒方直人,真野響子,篠原涼子ほか
☆あらすじ	1970年代前半の日本,右肩上がりの成長を続けてきた経済が戦後初めてマイナス成長に陥った。そんなころ,カラーテレビを普及させた家電メーカーの次なる目標は家庭用VTRの開発だと思われていた。その新商品開発に最も力を注いでいたのが家電メーカーの雄・ソニーである。一方,業界8位の日本ビクターのVTR事業は赤字続きで,会社はこの部門の縮小・合理化を決定,事業部長の加賀谷には大幅な人員整理を断行せよという厳命が下った。「部下を守り抜くには新型家庭用VTRを開発するしかない」,加賀谷は本社に極秘でリストラ寸前の部下たちと共に自らの存亡を賭けた開発プロジェクトチームを結成する。

失っていったのかに注目しながら見てほしいと思います。

　次に見る映画は「陽はまた昇る」です。史実に基づいて描かれています。かつて,NHKで放映されていたお化け番組「プロジェクトX」でも紹介された感動物語です。主人公は,気は弱いけれども人一倍部下を大切にする男,加賀谷静男。電機メーカーであるビクターの本社研究室で室長をしていたのですが,突然,ビデオ事業部への異動を命じられ,事業部長として赴任するところから映画はスタートします。加賀谷は着任早々から,この事業部が抱える様々な問題に直面することになります。大久保次長と平井課長に迎えられ,工場内に入り,さあ自らの席に着こうかという加賀谷の前に,本社からの退職勧奨を受けて,それに応じたとされる3人の従業員が険しい顔をしてやってきます。どう

やら，3人とも退職を希望したわけではなさそうです。そして特に，新田と呼ばれている青年のことで，他の2人は会社に対してかなり憤っていることが窺えます。一体この事業部には，どのような問題が内在しているのでしょう。まずは，この場面における加賀谷の対応に注目をしてほしいと思います。

　次に，新田の母親が亡くなるシーンです。加賀谷はすぐさま新田を見舞いに行きます。なぜ仕事中であるにもかかわらず，加賀谷はこのような行動をとったのでしょうか。加賀谷の行動は正しいといえるでしょうか。また，加賀谷がビデオ事業部に赴任して間もなく，本社の研究室でともに働いていた部下が配置転換されてやってきます。そのなかには，向上心の強い江口もいました。さて，ビデオ事業部に来てからの江口の働く意欲は，皆さんの目にはどのように映っているでしょうか。さらに遂に，加賀谷は江口に技術営業の仕事を命じることになりますが，そのときの江口の態度にも注目をしてほしいと思います。なお，この映画も「スーパーの女」同様，経営学を学ぶうえにおいて，必要な要素がたくさんちりばめられた映画になっています。後の章でも再三登場しますので，しっかりと見ておいてほしいと思います。では次に，モチベーション論について学んでみましょう。

1．モチベーションとは何か

　改めていうまでもなく，組織にとってメンバーのモチベーションは重要な管理項目の1つです。やる気のないメンバーばかりの組織が長生きできるとは思えません。組織は人の集団です。人は城，人は石垣といった言葉もあります。経営の3大資源のなかでも人は最重要資源といっても過言ではありません。しかし，だからといって有象無象の集合体では何の意味もありません。人を集めれば良いというものではないのです。組織を構成する人々が意欲ややる気を発揮してこそ，組織は活気づき，組織の成果が上がっていくのだといえるでしょう。

　ある個人が生み出す成果は，その個人の能力と意欲，そしてその個人が置かれている環境や条件を組み合わせた関数によって表すことができるといわれます（$P = A \times M \times O$：$P =$ performance，$A =$ ability，$M =$ motivation，$O =$ opportunity）。意欲は能力同様に，成果を左右する要因であることがわかりま

す。ですから，組織としてはメンバーの能力だけでなく，働く意欲にも配慮を
した経営管理を心がける必要があるのです。

　モチベーションという言葉は，ラテン語のmovereにその由来があるといわ
れています。つまり，moveが語源ということになります。静的な何かではな
く，動的なものをイメージさせる言葉です。モチベーションは日本語では動機
付けとも訳されます。自動車のエンジンにたとえられることもしばしばありま
す。人を駆り立て，動かす何かという意味合いが込められているのでしょう。
では，少し専門的にモチベーションの定義を見てみることにしましょう。

　田尾（1993）では，「何か目標とするものがあって，それに向けて，行動を
立ち上げ，方向付け，支える力」と定義づけられています。また，井出（2004）
は仕事に対する意欲を「行動を生じさせて一定の方向に向かわせるエネル
ギー」としています。ここで目標とは，その人の外にあるもので，欲しいと思
わせるものを指しています。心理学の用語では誘因と呼ばれます。

　しかし，この誘因だけではモチベーションは発動しません。欲しいという気
持ち，つまり欲求や願望がその人の内になければならないのです。これを心理
学用語で動因といいます。たとえ，お腹がすいていても，食べ物がなければ食
べようという行動は起こりません。同様に，近くのテーブルにおいしそうな食
べ物があったとしても，お腹がすいていなければ食べようとはしないでしょう。
このように，モチベーションとは動因と誘因の組み合わせによって生じるとい
うことがわかります。ですから，もし組織がメンバーの働く意欲を高めたいの
であれば，メンバーの内なる動因である欲求をよく理解し，それに見合った誘
因（インセンティブ）としての報酬を与えなければならないということになる
のです。

2．モチベーション論前史：典型的な労働者像

　人々の働く意欲に対して関心がもたれるようになったのはいつごろからのこ
とでしょうか。その時期がいつであるかは定かではありませんが，少なくとも
企業の経営活動が近代化していく過程において，その意識が高まったことは間
違いないでしょう。19世紀から20世紀にかけて，時代は大きな転換期を経験し
たといっても過言ではありません。最も大きな変化の１つに，第１章で述べた

先進国における大衆の登場が挙げられます。

人口の増加そしてそれに伴う大衆の登場は，市場の拡大をも意味していました。そのニーズに応えるためには，生産を大規模化する必要がありました。そして19世紀から20世紀初頭にかけて工場は拡大と進化を遂げていったのです。当然，組織自体も大きくなり，その内部機構は複雑化していくことになります。いわゆる経営の近代化が進行したのだといえます。近代化する経営組織において，精緻な経営管理が必要とされるようになるのは時間の問題でした。モチベーション論につながる萌芽もまた，このころから芽生えたのだと考えられます。

20世紀になり，本格的な経営管理の歴史が始まってからも時代状況は様々に変化を遂げてきました。機械文明の進展，経済の発展，生活水準の上昇，労働に対する価値観の変化など枚挙に暇がありません。そしてこうした時代状況の変化の過程で，労働者の意欲の構造も同様に変化してきたのだといえます。前述したように，モチベーションは動因と誘因の組み合わせによって生じます。どのような動因を有し，何を誘因として意識するかは個々人によって異なります。しかし，経営管理を実践する際に，個々人に対応するだけのきめ細かさは求められません。大多数の労働者に共通とされる特徴を指針とするしかないのです。経営管理の歴史は，時代状況の変化がこうした労働者の特徴を変容させていったことを，私たちに教えてくれます。つまり，組織は典型的な労働者像をモデルとして，それが有するであろう動因と，それが関心を向けるであろう誘因を想定して施策を実施し，労働意欲を高めようとしてきたのです。この労働者像の変遷は経営管理における人間観もしくは人間仮説の変遷と呼ばれます。ここでは，この人間観の変遷に焦点を絞り，経営管理の指針である労働者像が浮き彫りになってきた背景について見ていくことにしましょう。

1) 経済人モデル（仮説）：科学的管理法と大量生産システム

第1章で見たように，フォードによる大量生産システムが華々しい成功を収めたことで，20世紀初頭は大量生産・大量消費時代の幕開けとなりました。大衆にターゲットを定めることによって，近代的なビジネスモデルが構築されたのです。そして経営管理の本格的な歴史もこのころからスタートしたとされま

す。それは，モチベーションという言葉こそ用いられてはいなかったものの，労働者の働く意欲について注目され始めたころでもありました。

フォードに理論的影響を与えたのは，テイラーの科学的管理法だったといわれます。当時の労働現場では，組織的怠業によって労働者が経営者や管理者に対して抵抗を続けていました。能率を上げたからといって賃金が上がるわけでもなく，むしろ仲間が解雇されるというような事態を招くこともあったため，労働者は自分たちで仕事のペースを定め，とがめられない程度に，また仲間が解雇されない程度に仕事をしていたのです。当然，生産性は上がりません。経営者は労働者に対して不信感を抱きました。しかし，それは仕事の割り当てや評価に関する基準を設けず，勘や経験に依存した管理を行っていた経営側の責任でもあったのです。労働者もまた経営者に対して不信感を抱いていました。つまり，経営側と労働側は相互不信に陥っていたといえます。

このような状況を目の当たりにしたテイラーは，標準や基準といった概念がないことにその原因を見出します。そこで，1日のうちに遂行されるべき仕事量を割り出し，それを標準仕事量とするなど，標準化の思想を徹底させていくのです。この思想がフォードに影響を与えたと考えられます。

なかでも最もモチベーション論と関係が深いと考えられるのは，差別的出来高給制度と呼ばれる報酬システムでしょう。テイラーはそれぞれの作業の標準量を設定し，その量に達しなかった場合と超えた場合において，賃率を変える報酬制度を考案したのです。労働者にとっては標準量をクリアすることが至上命題になるわけです。この報酬システムの背景には，金銭的報酬を強調することによってそれを誘因と位置づけ，動因である労働者の金銭的欲求を満足させようという発想があります。現代の成果主義に近い考え方ともいえるでしょう。

しかしこの考え方は，ともすると金銭的欲求さえ満たせば労働者は働くのだという安易な管理論に陥ってしまいます。後にシャインなどの研究者たちは，労働者に対するこうした人間観を「経済人モデル（仮説）」と名づけましたが，金銭という刺激にただ反応するだけの機械のような存在として人間を捉えているようにも見受けられるため，別名「機械人モデル（仮説）」とも呼ばれているのです。

フォードの有する人間観がまさに，経済人モデルであり，機械人モデルで

あったと考えられます。第1章で学んだように，フォードの確立した大量生産システムには，大量の従業員をコントロールするための厳格な規律が必要でした。フォードはこういっています。「我々は労働者に，いわれたことをやることを期待している。組織は非常に専門化されて，1つの部署はほかの部署と関連しているので，従業員が独自の方法で何かをやることを一瞬たりとも許さない」と。まさに従業員は機械の歯車として，没個性的に作業しなければならなかったのです。

　そこで，先にも述べたように，この時代の経営管理が前提としている人間観は経済人仮説と呼ばれる一方で，「機械人仮説」とも呼ばれるのです。テイラーの科学的管理法は一連の作業を細かく分解することによって，標準化を図ろうとしました。しかし，この方法がいかにも人間個人を部品に分解するかのごとくに捉えられたのです。また，機械文明の進展は工場内の機械化をも推し進めました。労働者たちは生産ラインに張り付いて仕事をします。そして，いつの間にか彼や彼女たちは，生産設備を動かす機械のスピードに合わせて仕事をするようになっていました。まさに機械の歯車のようにです。こうしたことが原因となり，労働者たちは心身ともに疲弊していきました。いわゆる労働疎外と呼ばれる問題が生じたのでした。彼や彼女たちは自らに人間性を感じることができないようになり，意欲を減退させていきました。経済人モデルを基礎とした管理施策だけでは，労働者の意欲を高めることができなくなりつつあったのです。新たな人間観が必要とされ始めていたのでした。

2）　社会人モデル（仮説）：感情と人間関係の発見
―ホーソン工場の実験

　経営管理の前提となる新たな人間観は，テイラーが科学的管理法を提唱してから20年程度経過した米国において生まれました。それは，10年近くにわたる壮大な実験の成果でした。その実験はホーソン工場の実験と呼ばれています。ホーソン工場とは，米国の大手電機メーカーであるウエスタン・エレクトリック社の工場を指しています。ウエスタン・エレクトリック社は当時，ベル電信電話会社の電話・電信機器を供給する最大メーカーで，従業員4万人を有していました。そのうちホーソン工場には3万人近い従業員がいたといいます。

第2章　「モダン・タイムス」と「陽はまた昇る」に学ぶモチベーション論　　31

①　照明実験（ホーソン第1実験）

　ホーソン工場での第1実験である照明実験とは，1924年11月から1927年4月にかけて行われた実験で，目的は「照明の質・量と従業員の作業能率との関係」を究明し，能率増進方法を発見することでした。この実験は，国家学術調査審議会との共同研究として実施されており，このときハーバード大学はまだ関与していませんでした。

　実験は工場のコイル巻部門の従業員を対象に実施されました。照明の量が関係していることを明らかにするために，コイル巻部門の従業員をテストグループ（照明度が変化する）と，コントロールグループ（照明度が一定）に分けて実験を行いました。異なる環境で，どのように生産量が異なるかを見ようとしたのです。

　まず，テストグループについては，照明の強度を24燭光，46燭光，76燭光と3段階に上げていきました。すると，テストグループの生産高が上昇したことが確認されました。しかし，一方のコントロールグループについても，生産高の上昇が認められたのです。つまり，照明の強度と作業量との間には明確な相関関係を見出すことができなかったのです。

　そこで次に，テストグループの照明度を次第に下げていくことにしたところ，それでも，生産量は依然として上昇を続けました。照明度が一定のコントロールグループでも生産量は増大しました。その後，照明は0.06燭光という，月光程度の明るさにまで下げられたにもかかわらず，ほとんど作業量は低下しなかったといいます。

　これらの事実から，当初の目的は達成されなかったことになります。しかし作業能率が，照明という物理的要因以外の何かによって影響を受ける可能性があることに気づかせた点で，この実験は大きな役割を果たしたのです。

②　継電器（リレー）組立作業実験室の調査（ホーソン第2実験）

　続いて1927年4月から1932年5月まで，継電器組立作業実験室で調査が行われました。この調査はハーバード経営大学院の研究者エルトン・メイヨーを指導者として実施されました。調査目的は，照明以外の作業条件が作業能率に影響を及ぼしているという仮説を検証することでした。

継電器組立作業とは，コイルなど35個の部品を４個の機械ネジで締めつけて継電器に組み立てるもので，作業には約１分を要しました。担当した作業員は６人の女工で，まず互いに仲の良い２人の熟練工を選び，彼女たちに残りの４人を選ばせるという方法で選抜しました。

実験室では作業条件を様々に変化させ，それらと生産量との関係について調べました。しかし，労働条件の変化と生産量とは無関係であることが明らかとなりました。つまり当初設定された，(1)実験室の労働条件（部屋の温度や湿度の適正化，また軽食サービスの導入）・作業方法の改善，(2)労働時間短縮と休憩による疲労の軽減，(3)休憩による単調感の軽減，(4)刺激的賃金支払制（集団的出来高払制）の導入，(5)監督方法の変化，が生産増の原因であるという仮説のうち，(1)，(2)，(3)は支持されませんでした。また，1928年から1930年にかけて実施された雲母はぎ作業集団実験室での調査から，刺激的賃金も無関係であることが明らかとなり，最終的に仮説(5)に注目が集まることとなったのです。

そこで，メイヨーたちは実験室の状況や監督方法について，女工たちの会話などから分析し，次のような特徴を導き出しました。

> (1) 選抜方法から明らかなように，女工たちの間には当初から良好な人間関係が形成されていた。
> (2) こうした親密な人間関係のために，相互に助け合いながら作業を進めていた。
> (3) 女工たちは実験の目的や内容を予め教えられており，意見を求められたり，協力を要請されていた。３万人近くを擁する工場内で，このような特別扱いを受けていたのは彼女たちだけであり，重要な実験に関わっているという事実が，彼女たちの存在価値を高め，それが誇りや責任感，満足感へとつながっていた。
> (4) 普段の職場とは異なり，監督者の代わりに観察者が彼女たちの作業を見守っていた。観察者との間に好意的な縦の人間関係が形成されていた。

③　面接調査

生産量の増大には物理的要因ではなく，労働者の精神的要因が関係している可能性が高まったため，さらにより深く従業員の態度や感情を知る必要が生じ

てきました。そこで，実施されたのが面接調査です。この調査の実施にはメイヨーの働きかけが重要な役割を果たしたといわれていますが，ホーソン工場自体の事情もありました。というのも，この時期に従業員の数がほぼ倍増しており（1927年：21,929名⇒1929年：40,272名），これにともなって第一線監督者を中心に監督者の増員を行わなければならず，新しい監督者の育成が喫緊の課題となったからです。一般従業員の声を監督者育成に反映させるという思惑が生じたのです。調査は1928年から1930年までの約1年7ヶ月の間に，実に21,126名の従業員を対象に行われました。

　当初は，職務内容・労働条件・監督方式に関する指示された質問に対して「好き・嫌い」もしくは「イエス・ノー」で回答する方法で行われていました。しかしこの方法では，従業員たちが自分たちに有利な事柄や関心の強い問題にしか答えないこと，さらには，従業員自身がそれら以外のことについても語りたがっていることがわかったため，非指示的面接（non-directive method）が導入されることになったのです。この新しい方法では，面接者は相手に好きなように，思うように話をさせることに主眼を置きました。新方法への変更はメイヨーによって指導され，レスリスバーガーが肉付けをしたとされています。スイスの心理学者ピアジェの提唱していた，子供に対する面接理論をモデルにしたものでした。

　面接の結果，37項目・約8万件のコメントが得られました。37項目は以下のとおりです。欠勤，昇進，側廊，能率基準，クラブ活動，汚れ，疲労，床，調度・備品，病院，時間，興味，面接計画，照明，ロッカー，材料，単調，騒音，給与，配置，食堂，安全・保健，衛生設備，煙と臭，社交，安定した仕事，監督，温度，節倹，道具と機械，輸送，休暇，通風，洗面所，福祉，作業空間，その他一般です。これらの項目に対して，満足が約4万件，不満も約4万件ありました。不満というコメントは，工場作業条件に関連したものに多かったようです。ところが，これらのコメントを関係者で分析したところ，状況のよい場合には満足というコメントを述べずに，悪い場合にのみ不満というコメントを述べる者の多いことがわかってきました。悪くない場合は，当然の状況と捉えられ，満足というコメントには至らないのです。これらのことは，従業員のコメントが必ずしも事実を反映したものとはいえないことを示唆していました。

つまり，従業員たちの不平・不満は事実に基づくものと，そうでないものとに分けられることがわかってきたのです。そこでレスリスバーガーらは従業員の不満を仔細に検討し，質的に異なる3つの不満が存在することを発見しました。

⑴　知覚することのできる，客観的事実に立脚した不満。
　（例，「扉が壊れている」「機械が故障している」）
⑵　知覚することのできるものではあるが，客観的裏付けのない不満。
　（例，「職場が汚れている」「部屋が暑い」「仕事が危険だ」）
⑶　知覚することもできないし，客観的裏付けもない不満。話者の希望や恐れが含まれている。
　（例，「賃率が低すぎる」「収入が勤続に見合っていない」）

　こうして，従業員に対する面接調査で明らかになったことは，調査の結果が事実そのものを示しているというよりは，従業員の感情を示しているということでした。事実に基づかない不満が，従業員個人の感情に起因するものであったというだけでなく，事実に基づく不満であると見られるような場合でさえも，従業員個人の感情が影響を及ぼしている可能性があったのです。さらに，従業員のこうした人間感情に根ざす不満は，その人の置かれている人間的あるいは社会的な情況を考慮して初めて正しく理解できると研究者たちは考えました。
　すなわち，メイヨーたちは従業員の感情を全体的状況のなかで理解することが必要であることを理解し始めていたのです。ここでいう全体的状況とは，個人的経歴と職場の社会的情況を指しており，メイヨーたちは個人の感情がこうした社会的な脈絡のなかに現れてくることを見出したのです。そして生産性や作業能率などに影響を与えるのは，労働者の感情であり，それは社会的集団を通じて形成されるという新しい考えに辿りついたのでした。まさに，感情の発見です。
　それではここで，**図表2-1**をもとに，これまでの実験の変遷を整理しておきましょう。ホーソン実験は照明実験から始まりました。このときの仮説はテイラーの科学的管理法に象徴されるように，単純な図式で表されます。照明などの作業条件が変化すれば，それに応じて労働者の生産性も変化すると考えられたのです。それは初期の継電器組立作業実験についても同様でした。

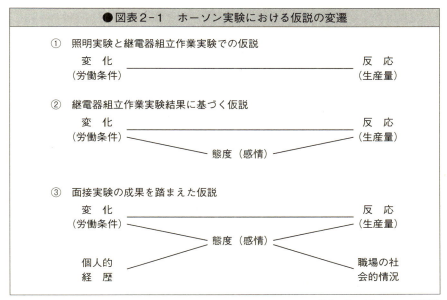

出典：Roethlisberger (1941)

　継電器組立実験で当初の仮説が支持されなかったため，メイヨーたちは労働者の感情や態度に注目します。それが②の仮説です。労働者集団のなかには一体感があり，高いモラール（士気）が形成されていることがわかったのです。そしてさらに，面接実験の結果から，こうした感情や態度が個人の生活歴や職場の状況を背景としていると考えるにいたりました。それが③の仮説です。
　さて，ここまでの調査は主に，個人に焦点を合わせたものでした。次に紹介するバンク配線作業観察室の調査では，集団に主眼が置かれることになりました。

④　バンク配線作業観察室の調査（非公式組織の発見）
　1931年11月から1932年5月まで実施されたのが，バンク（差込式電話交換台）配線作業観察室での調査です。調査の目的は人間関係や職場状況つまりは，社会的集団をより深く探ることにありました。観察室では，9名の配線工，3名のハンダ工，2名の検査工の計14名の男子工員が作業を行っていました。

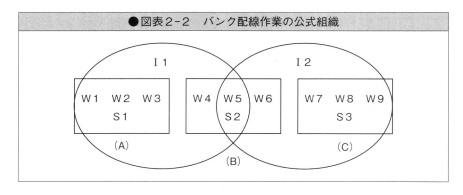

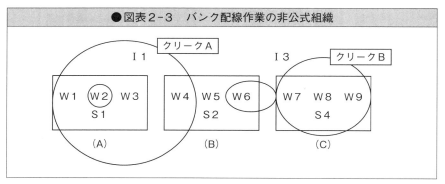

出典:Roethlisberger & Dickson (1939)

　図表2-2はバンク配線作業の公式組織を図示しています。Wが配線工，Sがハンダ工，Iが検査工をそれぞれ表しています。A，B，Cの長方形はハンダ付けユニットを表しており，ハンダ付けに関しては，ハンダ工1人と配線工3人が1つの公式組織を形成していることが理解できます。

　さらに，2つの楕円は，検査に関する公式組織を表しています。I1はW1～W5およびS1とS2の作業について検査を行い，I2はW5～W9およびS2とS3の検査を行うのです。W5とS2の検査についてはI1とI2が交替で行います。1日の作業時間を8時間とすれば，前半4時間はI1がW5とS2の検査を行い，後半4時間はI2がW5とS2の検査を行うのです。

　また，彼らは集団出来高払賃金制のもとで作業を行っていました。集団出来

高払賃金制とは，経験年数に基づく個人別時間賃率に労働時間をかけた基本給のほかに，集団全体の生産高に応じた割増給が支給されるというものでした。そこでメイヨーたちは観察室の集団は互いに協力し合って生産高を上げようとするであろうと予想していたのです。

しかし，観察の結果，従業員たちは総生産高に関心を示さないばかりか，生産高をできるだけ一定に保とうと努力していました。集団のなかには，ゲーム，仕事の相互援助，友情関係などを通じて形成された2つのクリーク（派閥）がありました。それが**図表2-3**に示されています。

検査工はI2からI3に，ハンダ工がS3からS4に交替しています。クリークはAとBの2つです。W2は仕事がよくできる人物でしたが，協調性に欠けるところがあったようです。他の従業員との付き合いを拒み，彼らを軽蔑する態度を示していたといいます。彼の生産高の高さはグループ感情の無視を表明していました。このような理由からW2はクリークAには含まれていませんでした。また，W6はクリークBに属してはいますが，様々な理由でアウトサイダーの立場においやられていました。効率良く働くため「スピード王」のタイトルを与えられており，グループではリーダーの立場を望んでいました。しかし，グループの誰からも認められなかったようです。I3は年齢が40歳と，他の従業員よりも高く，ものの考え方や生活態度に差があったとされます。しかも彼は唯一の高学歴者であったため，他の従業員と打ち解けることができませんでした。さらには，彼自身が受けた嫌がらせを労務課に告発したため，他の従業員から裏切者呼ばわりされるようになり孤立を余儀なくされたようです。W5は仲間の方針違反を密告したこと，S2は人柄の良い人物ではあったものの，ユーゴー生まれで当時日常会話がまだうまくできなかったということなど，それぞれの理由でクリークに属していないことが図示されています。

さて調査の結果，クリーク内の基準は1日の生産量が6,000個と決められていました。集団のなかには個人の経済的事情などから，なるべく生産量を増やしたいと考えている労働者もいたようですが，仲間の間に次のような者を排除するという暗黙の了解事項があり，様々な面で行動は規制されていました。

(1) がっつき者：働きすぎてはいけない。より多くの作業ができるとわかれば作業量を増やされてしまう。
(2) さぼり屋：怠けすぎてもいけない。他の者に迷惑がかかる。
(3) 裏切者：仲間の誰かが迷惑するようなことを上司に告げ口してはならない。
(4) 偉そうぶる者：偉そうにしたり，お節介をやいてはいけない。

　この調査を通じてメイヨーたちは，職場集団内に，公式組織とは別に労働者の相互接触によるグループ＝非公式組織が存在することを発見しました。そして，この非公式組織は公式組織とは異なる行動基準を有しており，それが個々の労働者を拘束していることが明らかにされたのです。

　集団の統制力が生産性を疎外するという問題は，テイラーが注目した組織的怠業にも見られるように古くからある問題でした。ただ，テイラーが仕事をより公式化，合理化することで，その問題を解決しようとしたのに対して，メイヨーたちは合理的な側面ではなく，労働者の感情や非公式組織といった非合理的な側面に注目して問題を解決しようとした点が異なるといえるでしょう。

　非公式組織は，経営者によって考えられた組織内の配置をベースに形成される人間集団ではありません。公式組織では人間関係はあくまでも，職務や権限に規定されたものです。例えば，上司と部下の関係がそうであり，職務上役割を分担している場合の各担当者間の関係がそうでしょう。しかし，非公式組織とはそうした公式組織のなかにあって，自然に発生してくる人間集団を指しています。職制上の関係とは別に，また，職制上は関係がなくても，互いに好意を抱き合って生じる友好関係を基礎にした仲間です。そこには感情の論理が貫徹し，各個人は，仲間の一員であることによって，安定感や一体感を得ることができます。それが，職場内のモラールを形成するのです（モラールについて厳密な定義はありませんが，士気や勤労意欲と訳されることが多いようです。後に取り上げるモチベーションと区別するために，ここでは特に集団の勤労意欲としておきましょう）。

　レスリスバーガーは社会的組織において，これら両者が互いに依存し，補完し合うことによって，調和がもたらされた場合に，組織は健全な姿となり生産性も向上すると考えました。組織がどれだけ巧みに設計されても，組織内のモ

ラールが低ければそれは機能しないのです。集団感情を無視して，効率を上げようとしてもうまくはいかないのです。

⑤　社会人モデルと人間関係管理

　これまで見てきたように，ホーソン工場での実験は私たちに様々なことを教えてくれました。労働者も感情を有する人間であり，組織に対して温かい血の通った関係を求めていたのです。いわゆるテイラー流の経済人モデルに基づく経営管理が人間性疎外の問題を生み出してきたのは当然のことであったといえるでしょう。労働者を経済人とみなす人間観は，「人間は極めて論理的な要因によって動機付けられるものである」と捉えることを意味していました。しかし，実際のところ労働者は感情や心理といった非論理的な要因によっても動機付けられていることが明らかとなったのです。このような人間観を後の研究者は「社会人モデル」もしくは「社会人仮説」と呼びました。

　社会人モデルに照らせば，労働者は職場でも社会的欲求を充たそうとします。それゆえに，労働者は非公式組織を形成しようとするのです（もちろん，自然に発生するという側面もありますが）。そして，非公式組織は労働者たちに好感情をもたらし，社会的欲求を充たしてくれます。それが，職場のモラールを高めるのです。

　さて，組織に働く個々人のこうした参加意欲を刺激し，集団としての一体感を醸成するといった，非公式組織や感情に配慮した経営管理の技法を人間関係管理と呼びます。米国では1940年代から1950年代にかけて，日本では1950年代に普及し始めたといわれています。主要な施策としては次のようなものがあります。

(1)　職場懇談会

　職場の意思疎通を図ることを目的としている。経営に関する事項や，職場の課題について話し合うことが多い。重要な点は，トップダウンによる一方的なコミュニケーションにならないようにすることである。普段とは異なり，率直に何でもいえるような場でなくては意味がない。

　事例：ソフトウエア・サービス事業に従事する日立ソリューションズでは，課内の飲み会を「職場懇談会」，役職を超えて集まる飲み会を「段飛び懇談会」

「段々飛び懇談会」として制度化している。「職場懇談会」では社員1人につき1,000円，「段飛び・段々飛び」には3,000円を補助する。社員にインセンティブを与えて懇談会を開催させようとしているのである（日経産業新聞2012年2月3日）。

(2)　**提案制度**

　商品開発，管理方式，作業条件や方法などに関するアイデアや改善意見を従業員から提案させ，その提案を評価する。評価によって賞金を出す場合が多い。提案が実用化されることによって組織成果を向上させることも重要だが，本来の目的は，提案することを通じて，従業員の参加意欲を刺激し充足させることである。公式組織において一般の従業員は自らの意見をいう場があまりない。そのため参加しているという実感がもてないのである。提案制度はボトムアップの手法なのだといえる。

　事例：金型メーカーである東洋ガラス機械には，「チョコ提案」という制度がある。チョコっとした小さな提案という意味らしい。若い社員からの提案が少ないことから，「上司が否定しない」，「数値による改善効果を求めない」ことを徹底したことにより，部下からの提案が増えたという（日経産業新聞2017年8月28日）。

(3)　**モラールサーベイ**

　従業員態度調査，従業員意識調査などとも呼ばれる。従業員の態度や意識を探ることが目的である。ホーソン実験のなかで行われた面接計画からもわかるように，仕事を通じてのコミュニケーションだけでは，従業員の意識や意見を吸い上げることは難しい。そこで，質問紙を使ったり，従業員の行動を観察したり，面接をして，従業員の態度を把握するのである。わが国では厚生労働省や民間シンクタンクによって考案された様々な調査方法があるが，企業によっては，独自に開発し実践しているところも多い。

　事例：製薬メーカーのファイザーでは，グローバル・サーベイと称して，「コリーグ・エンゲージメント」調査が実施されている。サーベイをコンサルティングしたのは，Hewitt Associates社で，当時，1,300社，従業員数にして350万人分のデータを保有していたとされる。「コリーグ・エンゲージメント」はSay（発言する），Stay（勤続する），Strive（努力する）という3つの観点

から測定される（社内資料：2005年）。

(4) 社内報

組織内部で企画，作成，発行される雑誌や新聞のことである。社内情報の流通を図ることが目的である。組織が肥大化すると，ともすれば組織の方針や制度の内容など，重要事項が伝わりにくくなる。それを補完するのが社内報の役割である。慶弔関連の情報なども盛りこまれることが多く，読む人々の間で仲間意識や一体感が醸成される。

事例：コンビニエンスストア大手のファミリーマートでは，女性が活躍できるように社内風土を改革すべく，女性フレンドリーな制度を充実させるとともに，それらを従業員に知ってもらおうと，社内サイトに専用ページを開設している。また，社内報を活用したり，月に2回，メールを配信することで，情報を共有化しようとしている（日経産業新聞2018年6月6日）。

(5) レクリエーション（体育・文化行事）

組織内の親睦を深め，コミュニケーションを円滑にするために，様々な職場行事が行われる。運動会，スポーツ大会，慰安旅行，音楽会，文化祭など多岐にわたる。行事だけでなく，親睦を深めるための施設も重要で，敷地内にスポーツジムやプールを設けたり，外部に保養所を有する企業も多い。

事例：ソフトウエア開発のサイボウズには，「人事部感動課」という部署が存在する。仕事の中身は「社員を感動させること」である。例えばサイボウズでは，年に一度，社員の投票で，その年最も頑張った社員を表彰する「サイボウズ・オブ・ザ・イヤー」というイベントが実施されている。JTBコミュニケーションデザインの調査によると，2016年の時点で，表彰式や社内運動会に参加した経験のある社員の割合は約6割であり，54%の回答者が，イベント実施後に，「職場のコミュニケーションが増えた」と感じていた（日本経済新聞2016年9月20日）。

3) 自己実現人モデル（仮説）：欲求の高度化─行動科学の隆盛

第二次世界大戦が終わり，20世紀も後半にさしかかると，米国をはじめとする経済先進国では新たな変化が生じていました。経済の進展は人々の生活を豊かにし，それに伴い，教育水準が高まりました。大学への進学率は格段に上昇

し，高学歴化が進みました。企業組織においてはホワイトカラーと呼ばれる労働者の割合が増大しました。多くの労働者が労働に対して高度な欲求を抱くようになるのは必然でした。以前のように食べることさえできれば一生懸命仕事をするという時代ではなくなったのです。経営管理の前提となる新たな人間観が求められていたのでした。そのような折に，にわかに活発化したのが行動科学と呼ばれる学際的な研究でした。当時は，物理科学と生物科学に並ぶ科学研究として一般に承認されていたといいます。

　行動科学は，一口でいうと人間研究の科学であり，人間の行動を支配する要因を探究し，それによって行動の変化を予測し，ひいては人間に望ましい行動をとらせるにはどうしたらよいかについて，科学的に研究することを目的としています。そして特に生物学的なプロセスによって影響を受けてきたといわれています。経営学との接点に限っていえば，ホーソン実験がその始まりであるとされていますが，「行動科学」の名が市民権を得て一般に使用されるようになるのは，それから20年余り後の1951年のことです。

　1951年とは，フォード財団が「個人行動と人間関係」(Individual Behavior and Human Relations) という研究計画および数百万ドルの資金援助を発表した年です。「行動科学」とは，当時の人々がその名称を省略して「行動科学計画」(Behavioral Science Program) と呼び，以後それが一般に使われるようになって定着した言葉であるといわれています。

　この行動科学に多大な影響を与えたとされるのが，人格心理学者アブラハム・H・マズローです。彼の唱える欲求理論，なかでも，自己実現概念は行動科学のみならず，経営管理論に対しても大きな影響力を有しました。1950年代までの労働者は経済的欲求や社会的欲求を充たすために働くと考えられてきましたが，ここにきて，これらの欲求を充たすだけでは，満足できない労働者が増えてきたのです。労働者は自らが潜在的に有している能力を存分に発揮して，成長したいという欲求を有している。これが自己実現欲求であり，こうした欲求を充たすために働く労働者を自己実現人と呼ぶのです。では，ここでマズローの欲求理論について触れておきましょう。

①　マズローの欲求理論

　行動科学の中心に位置していた人物として，米国の心理学者であるアブラハ
ム・H・マズローを挙げることができます。彼は1954年に著した『人間性の心
理学（Motivation & Personality）』のなかで欲求理論を体系化し，様々な研究
者に影響を与えてきました。マズローはそれまでの心理学において大きな潮流
とされていた行動主義心理学と精神分析学に辟易し，新たな心理学を構築しよ
うとして，人間性心理学もしくは人間学的心理学と呼ばれる一分野を確立した
とされています。

　行動主義心理学は，パブロフの犬で有名な条件反射の理論を応用した考え方
をベースにしており，人間を刺激と反応の連鎖で捉えようとするところが特徴
的です。テイラーの科学的管理法にも見られた，「人間を機械視する」捉え方
がマズローには受け入れられなかったのでしょう。一方，精神分析学はフロイ
トによって見出された「無意識」に着目し，そうした精神の深層と関係のある
行動やパーソナリティについて，観察と分析を行うことによって体系化された
領域です。神経症などを治癒するという臨床的功績は大きいものの，心の闇の
部分にばかり着目する消極的な心理学としてマズローは退けたのでした。

　つまりマズローは，人間を機械のように扱うのでも，その消極的な側面に着
目するのでもなく，もっと人間の本質的かつ積極的な側面に光を当てようとし
たのです。そこでは人間の生きる意味や価値が重要視され，自己実現や創造的
人間が扱われることになります。そして，その自己実現がマズローの欲求理論
のなかで最も重要な概念なのです。

　マズローの欲求理論の特徴は，欲求を階層的に捉えている点にあります。そ
してその欲求階層論は大きく２つの考え方によって成り立っています。１つは，
「人間というものは，相対的にあるいは一段階ずつ段階を踏んでしか満足しな
いもの」であるという人間観です。人間が満足を求める生き物であることはい
うまでもないことですが，だからといって人間がむやみやたらと様々な満足を
追求しているかというとそうではありません。人間というのは，少しずつしか
満足できないというのがマズローの考え方なのです。

　いま１つは，「いろいろな欲求間には一種の優先序列の階層が存在する」と
いう考え方です。満足を得たいという人間の心のあり様を欲求という言葉で表

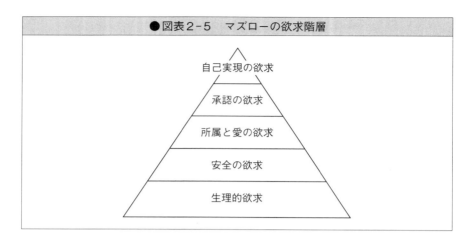

現したうえで、様々な欲求が無秩序に存在するわけではないという前提をマズローは置いています。そして、漸次的にしか満足できない人間の欲求構造は、階層化されているというのが基本的な考え方となっているのです。

ここで欲求の階層とは、低次のものから、食欲や睡眠欲を満たしたいという「生理的欲求」、安全・安定・保護を求めようとする「安全の欲求」、家族・子供・恋人などを求めようとする「所属と愛の欲求（社会的欲求）」、自己尊厳や他者からの承認などを得たいと願う「承認の欲求」、そして「自己実現の欲求」といった5つの欲求によって構成されています。

これらの欲求は充足されることによってその姿を消し、代わって新たな高次欲求が姿を現します。当然のことながら、低次欲求が常に優勢であり、十分充たされなければ、消失することはありません。その場合、いつまでも人間は低次欲求に支配されることになり、高次欲求が姿を現すことは不可能になります。人間の基本的欲求はその相対的優勢さによりその階層を構成しているのです（図表2-5）。

さて、この欲求ヒエラルキーの頂点にある自己実現欲求については、マズロー自身の言葉に耳を傾けることにしましょう。マズローは自己実現欲求を次のように説明しています。「この言葉は、人の自己充足への願望、すなわちその人が潜在的にもっているものを実現しようとする傾向をさしている。この傾

向は，よりいっそう自分自身であろうとし，自分がなりうるすべてのものになろうとする願望といえるであろう」したがって，「人は自分に適していることをしていないかぎり，すぐに（いつもではないにしても）新しい不満が生じ落ち着かなくなってくる」のであり，それゆえ「人は，自分自身の本性に忠実でなければならない」と。

一般的に，自己実現の欲求は成長欲求に，生理，安全，社会的欲求は欠乏欲求に分類されます。欠乏欲求とは，欠乏しているために生じる欲求です。食べたいという欲求は空腹によって生じます。欠乏を補おうとして生じるのです。そして，満腹になれば食べたいという欲求は消失し，それ以上食べようとは思いません。欠乏欲求には限りがあるといえます。一方，成長欲求には一定の状態が前提としてあるわけではありません。成長したいという欲求には際限がないのです。したがって，成長したな～と実感したのも束の間，また新たな成長を求めようとします。それが成長欲求なのです。ここで，承認欲求については研究者によって見解が異なるようです。成長欲求に含める考え方もあれば，欠乏欲求に含める考え方もあります。

② 自己実現人モデルを基礎とする人材マネジメント

1960年代にもなると，日本の企業社会においても行動科学が影響力をもつようになっていきました。マズローの考え方が広まるにつれ，労働組織は従業員の自己実現欲求に配慮するようになっていったのです。その証拠に，多くの企業が人材マネジメントの理念や方針として従業員の「自己実現」を標榜するようになりました。**図表2-6**は日本的経営の代表格とされた松下電器産業の人事方針の一部です。自己実現は社員個人にとっての目標として位置づけられています。そして，それは会社目標を達成しようとするなかで得られることが望ましいと考えられています。個人の目標と組織の目標が一致すれば，強固な集団が形成されることになるのです。

●図表2-6　松下電器の人事方針（1988年制定）　要旨
Ⅰ．人事の基本 　①　経営方針を体した人材の育成 　②　挑戦意欲の重視 　③　社員の自己実現を目標に（⇒会社の目標と一致するような，強固でしかも人 　　を大切にする心豊かな人間集団ができる）

　自己実現人をモデルとした管理施策も数多く考案されました。そのいくつか
を紹介しておきましょう。これらの施策はどれも，従業員の自主性や自発性を
尊重しているという点で共通しています。

(1)　自己申告制度

　従業員自身に自己の職務内容，職務遂行状況，能力開発への希望，転職希望
などについて，原則として所属長を通して人事部門などに申告させる制度であ
る。退職金前払い制度や勤務地限定社員制度などもこの制度の一種と考えられ
る。

(2)　社内公募制度

　どこかの部署で欠員が生じたり，増員の必要があるとき，組織が社外から新
規採用によって補充するのではなく，社内に公募する制度をいう。組織は，そ
の職位に必要な教育，職務経験，技能を掲示し，職務等級や勤務場所を示して，
社内公募する。この制度により，各人は自分の配置転換や昇進，昇格に主体的
なイニシアチブと自己責任をもつ。能力の自己啓発を促進する効果は大きい。

(3)　目標管理制度

　企業その他組織体の構成員が各自担当の職務について具体的な達成目標を設
定し，その実現に努力し，その成果を自己評価することを通して，組織の目的
達成に役立てるとともに，働く人々を動機付けるシステムである。この目標の
設定は，企業の構成員が企業の目的と目的達成のための方針の範囲内で，各自
が参加し，自律的に行うところに特色がある。

(4)　ZD（Zero Defectives）

　職場における従業員の自主管理の一つの定型的な方法ないし運動である。製
品や部品の品質不良をゼロにするのが究極の目的であるが，それを小集団の自

主管理を通じて行うところに特徴がある。数人の従業員で小集団をつくり，各集団は自主的に目標を立て，その目標を達成するためのアイデアや工夫についてブレイン・ストーミングを行う。QC（Quality Control）サークルという名称をとっている企業も多い。

3．モチベーション理論

　では，ここからは様々なモチベーション理論に触れていくことにしましょう。先進国において個人主義化が進むなかで，勤労意欲を捉えるポイントも，集団から個人へと移行してきたように思われます。ホーソン実験で見出された職場のモラールは，いつしか個々の従業員のモチベーションに取って代わられるようになったのです。さて，モチベーションの基礎理論は2つに大別することができます。一方は，内容理論もしくは欲求理論と呼ばれています。人は何によって働くように動機づけられるのか，モチベーションの源泉は何かという，まさにその内容に注目する理論です。マズローの思想や理論はまさにこの内容理論に大きな影響を及ぼしたと考えられます。基礎理論のもう一方は，過程理論もしくは文脈理論と呼ばれます。人はどのように動機づけられるのか，その過程や背景について考える理論であるといえます。後に紹介する期待理論がその代表的な理論です。では，まず内容理論から紹介していくことにしましょう。これらの理論は，マズローの欲求理論，なかでも，自己実現概念の影響を強く受けています。

1）　マグレガーのX理論・Y理論

　マズローの人間論的な欲求理論を取り上げて，産業界に適用した経営学者にダグラス・マグレガーがいます。彼もまた，「人間は絶えず欲求をもつ動物」であるという，マズローと同じ人間観を有していました。そして，承認や自己実現といった成長欲求を重視し，経営管理論へと応用したのです。

　マグレガーは時代状況に応じた管理の必要性を唱えました。彼が『企業の人間的側面』を著した1960年代の米国はすでに高度な消費文明を享受しており，労働者の就業意識も高いものでした。マズローの欲求階層論でいえば，すでに低次元の欲求は充足されつつあったわけです。にもかかわらず，多くの経営者

および管理者が伝統的管理論を用い，労働者の真の能力を引き出していないとマグレガーは考えたのです。

テイラーが科学的管理法を提唱していた時代を思い起こしてください。労働者は組織的怠業によって経営者に抵抗し，自分たちのペースで働こうとしていました。経営者に対して不信感を抱き，経営者もまた労働者に対して不信感を抱いていたのです。経営者から見れば，労働者はパンと雇用の安定のみを欲する怠け者にすぎなかったに違いありません。

一方，労働者も貧困から抜け出せない状況にあり，不信感を抱きつつも経営者に依存せざるを得なかったのです。このように労働者の経営に対する依存の程度が強い場合，経営者は権限に任せるだけで労働者を働かせることができたとマグレガーは考えました。いわゆる「アメとムチ」による管理です。こうした伝統的な管理法のベースとなる考え方を彼はX理論と名づけました。

そして多くの経営者がいまだにこのX理論をベースにした管理を行っていると，マグレガーはいうのです。では，彼はどのような人間観に基づいて管理を行うべきだと考えたのでしょう。それがY理論と名づけられた人間観です。X理論では，労働者は怠惰な人間であり，労働に喜びを感じないとしていますが，Y理論ではそうではありません。労働者も仕事に喜びを見出すことができるし，またそれを望んでいます。そして，仕事を通じて成長したいと願っているのです。したがって，Y理論をベースにすれば，X理論のときとは異なり，権限のみを頼りにはできません。「アメとムチ」だけでは，労働者は従ってはくれないのです。また，テイラーの時代と異なり，もはや経済状況は変化し，人々は豊かになってきています。仕事も多様化し，かつてのように仕事のない時代ではなくなっているのです（**図表2-7**）。

つまり労働者も，以前ほどには経営に対して依存しなくても良い時代になったのです。マグレガーはこれを「部分依存関係」と呼んでいます。奴隷制度のような極端なケースを「完全依存関係」とするなら，現代は「部分依存関係」の時代であり，さらに今後は「相互依存関係」へと変化していくというのがマグレガーの考えです。経営者と労働者は支配―服従の関係から持ちつ持たれつの関係へと変化しつつあるのだといえます。したがって，これまでのように強権的な働きかけでは労働者は動いてくれません。説得や専門的な支援のほうが

●図表2-7　X理論・Y理論	
X 理 論	Y 理 論
①　普通の人間は本来仕事がきらいで，できることなら仕事はしたくないと思っている。 ②　仕事はきらいだという特性があるために，たいていの人間は，強制されたり，統制されたり，命令されたり，処罰するぞと脅されたりしなければ，企業目標を達成するために一分な力を出さないものである。 ③　普通の人間は命令されるほうが好きで，責任を回避したがり，あまり野心をもたず，何よりもまず安全を望んでいるものである。	①　仕事で心身を使うのはごくあたりまえのことであり，遊びや休憩の場合と変わりはない。 ②　外から統制したりおどかしたりすることだけが，企業目標達成に努力させる手段ではない。人は自分が進んで身を委ねた目標のためには自ら自分にムチ打って働くものである。 ③　献身的に目標達成につくすかどうかは，それを達成して得る報酬次第である。 ④　普通の人間は，条件次第では責任を引き受けるばかりか，自ら進んで責任をとろうとする。 ⑤　企業内の問題を解決しようと比較的高度の想像力を駆使し，手練をつくし，創意工夫をこらす能力は，たいていの人に備わっているものであり，一部の人だけのものではない。 ⑥　現代の企業においては，日常，従業員の知的能力はほんの一部しか生かされていない。

出典：McGregor（1960）

有効なのです。

　マグレガーはY理論に基づき，こうした労働者個々人の成長欲求の充足と組織目標の達成とを，同時に実現する管理を目指すべきだと主張します。それが「統合と自己統制による管理」であり，ドラッカーによって提唱された「目標管理（Management by Objectives：MBO）」に理論的基礎を与えたとされます。

2）　ハーズバーグの「動機付け―衛生理論」

　次に，同じくマズローから大きな影響を受けたと思われる，米国の心理学者フレデリック・ハーズバーグの理論を取り上げましょう。ハーズバーグを中心とする研究者たちが1959年に著した『作業動機の心理学』のなかで報告されて

いる動機付け―衛生理論，または2要因理論と呼ばれる理論です。

彼らは，ピッツバーグ市内の企業に勤務する203人の技師および会計士に対して，職務態度に関する個別面接を実施し，その結果を詳細に分析することによってこの理論を抽出しました。質問は次のようなものです。「あなたの仕事について，特に良かったと感じたときのことを詳細に述べてください。」「あなたの仕事について，特に悪かったと感じたときのことを詳細に述べてください。」

回答結果は**図表2-8**のようにまとめられました。列挙されている項目は，各回答者が叙述した「客観的」事象を要約したものです。0をはさんで右側は職務満足を，左側は職務不満を表しています。また各棒の長さは，述べられた事象にそれらの要因が現れた度数を表しています。棒の幅は，良い職務態度もしくは悪い職務態度が持続した期間を表示しています。

図を見て明らかなように，職務満足に働きかける要因と職務不満に働きかけ

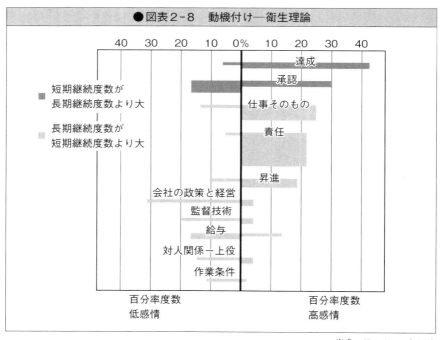

出典：Herzberg (1966)

る要因は異なるものです。職務満足に関わる要因は「達成」,「承認」,「仕事そのもの」,「責任」,「昇進」であり,職務不満に関わる要因は,「会社の政策と経営」,「監督技術」,「給与」,「対人関係」,「作業条件」であるとしています。

つまり,満足要因と不満要因は一元的に捉えられません。極端にいえば,満足要因が不満要医になることも,その逆もないということなのです。例えば,昇進することは満足要因になりますが,昇進しないからといって,それが不満要因になることはあまりないというのです。

そこでハーズバーグは,これらの要因群がそれぞれ分離したテーマをもっていると考えました。図の右側の要因はすべて「彼が行っているもの」＝職務・課業への関係づけを表しています。「課業における達成」,「課業達成に与えられる承認」,「職務の内容・課業の性質」,「課業に対する責任」,「専門的昇進・課業能力の向上」といったように,すべてが職務や課業それ自体と深く関わっています。ハーズバーグは,これらの要因によって仕事への意欲が高まると考え,これら満足要因を「動機付け要因」と名づけました。動機付け要因が不十分であっても,あまり不満足になることはありません。

一方,図の左側は「職務遂行中に受ける経営と監督の種類」,「職務を取り巻く対人関係や作業条件の性質」など,彼が行っているものへの関係づけを表すのではなく,むしろ,彼がそのなかで職務に従事している脈絡ないし環境への彼の関係づけを表しています。職務それ自体ではなく,職務の周辺や環境に関わっているのです。

ハーズバーグはこれらの要因が職務不満を防止する機能があるとして,「衛生要因」と名づけました。「衛生」が医学的に「予防と環境」を意味することにならったものです。例えば図の０の地点が身体的な健康を表していると考えてみるとわかりやすいでしょう。衛生面に不備があると,健康を害します。したがって,衛生面への配慮は必要です。しかし,ひとたび健康な状態が実現すれば,それ以上健康に配慮してもらっても満足感は得られないでしょう。健康に関して重要なことは予防なのです。つまり,人間にとって健康は当たり前の状態だということなのです。衛生要因は労働者にとって,インフラのようなものであり,整備されていて当然のものなのだといえます。

ハーズバーグの動機付け理論は,「職務充実」と呼ばれる管理方法に結実し

ました。職務充実とは，職務の再構成によって，各人が創意を発揮し，達成感と責任感をもち，豊かな，意義のある職務内容に変えていくことによって，モチベーションと生産性を高めていく方法を指しています。作業計画，進行計画などの計画職能，作業の割り当てなどの組織職能，品質管理や生産実績の自主管理などのコントロール職能を加えることによって職務が充実するとされます。

3） 期待理論

　期待理論はモチベーション理論のなかでも最も正当性が認められた理論の1つであるといわれています。期待理論は，ある報酬に対して感じる魅力と，その報酬を得る可能性とによってモチベーションの大きさが決まるという考え方から成り立っています。ある少年が空腹時に，台所のテーブルの上にりんごを1個見つけたとしましょう。

　そして，そのりんごを手にするには，母親の許可がいるとしましょう。そしてさらに母親は，宿題を済ませてしまうことを彼に要求したとします。宿題はたくさんあります。時間までに全部やり終えればりんごを与えてくれるでしょうが，全くやらなければ当然与えてはくれないでしょう。また，努力はしたけれども半分しかできなかったという場合は，与えてくれるかもしれませんし，くれないかもしれません。

　宿題を片付けるという，少年の学習意欲は，これらを勘案した結果割り出される期待，つまり，少年がどの程度努力すれば報酬であるりんごを手に入れることができるかにかかっています。そしてまた，りんごが少年にとって報酬としての魅力をどの程度有しているのかということも重要になります。このモデルは，1964年にブルームによって発表されました。次のような式で表すことができます。

モチベーションの強さ　＝　Σ期待（努力⇒報酬）　×　魅力

　ポイントは3点です。1点目はこのモデルが期待と魅力の積で表されるということです。つまり魅力もしくは期待が0であれば，モチベーションは生じないということになります。先ほどの例からもわかるように，そもそもりんごがテーブルの上になければモチベーションは生じません。加算ではなくて積算す

るということがポイントなのです。2点目のポイントはΣを使っているということです。つまり，魅力は複数あるかもしれませんし，期待も様々な場合に分けることができるかもしれないのです。先ほどの例でいえば，宿題が全くできなかった場合，半分しかできなかった場合など様々な場合を想定してその期待値（確率）を算出することができるということです。そしてそれらをさらに加算するということがこの期待理論のポイントになるのです。3点目は，これらの期待や魅力はあくまでも個々人の主観的認知に委ねられているということです。加えて，その認知の仕方が正しいかどうかは問われません。

　こうしたブルームのモデルをさらに精緻化したのがローラーのモデルです。ローラーたちは努力から報酬へという流れのなかに，業績に対する個人の知覚という要因を加えました。つまり，まず努力が業績につながる可能性を考えるのです。先ほどの例でいえば，少年の努力によってどの程度宿題が片付くかということです。そして，次にどの程度宿題を完了させれば，報酬であるりんごを手にすることができるかを考えるわけです。ローラーのモデルは次式のように表すことができるでしょう。

モチベーションの強さ＝Σ｛期待（努力⇒業績）×Σ期待（業績⇒報酬）×魅力｝

　少年の宿題が，時間中に集中してやれば十分できそうなものであるならば，また，宿題を進めれば進めるだけりんごを手にする確率が高まるようであれば，少年のモチベーションはどんどんと強まることになるのです。

　しかし，この期待理論も完全とはいえません。この理論が適用できる事象がそれほど多くはないからです。第一，期待理論が想定している人間は，報酬を得るために必要な選択肢（手段）をすべて知っており，かつその選択肢がどの程度の確率で報酬をもたらすかまでわかっているという神のような存在です。また極めて合理的な功利主義者を想定していますが，必ずしも合理的な選択ができないのが人間でもあり，ここにこの理論の限界があるといえます。

4）　目標設定理論

　モチベーションの源泉として「目標」を重要視したのはロックとレイサムという心理学者でした。ドラッカーが提唱し，多くの現代企業によって導入され

ている目標管理制度に理論的根拠を与えているともいわれるのが，この目標設定理論です。かなりの裏づけがあるとされています。

この理論のポイントは目標を定めるための工夫にあります。ただ目標を立てればモチベーションが向上するというものではないのです。彼らが注目したのは，目標の困難さと明瞭さでした。論理的に考えれば，やさしい目標のほうが受け入れられやすいでしょう。しかし，これまでの実証研究によれば，挑戦しがいのある困難な目標のほうが，モチベーションが高まるという結果が出ているのです。また，「売り上げを伸ばそう」といった，一般的で曖昧な目標はモチベーションを高めないようです。「今後3ヶ月のうちに売り上げを現在の20％向上させよう」といった，より具体的で特定化された目標のほうが，心理的な刺激要素となりモチベーションを高めるのです。目標設定理論をまとめたのが**図表2-9**です。

目標の明瞭さは目標を達成した場合の状態を想像させ，困難さは自己効力感を醸成させるのを助けます。ここで自己効力感とは自己に対する有能感を指しています。困難な目標を達成すれば自分が有能であることを示すことができる，そんな気持ちが醸成されることによって努力を生み出すというわけです。

さらにこの理論によれば，目標の設定に参加したときのほうが好ましい結果

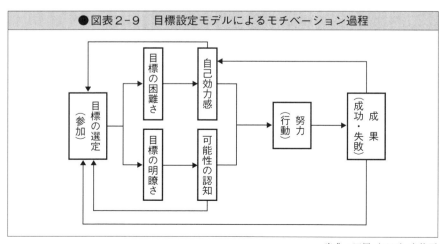

●図表2-9　目標設定モデルによるモチベーション過程

出典：田尾（1993）を修正

第2章 「モダン・タイムス」と「陽はまた昇る」に学ぶモチベーション論　　**55**

が生じやすいとされています。他人から目標を割り当てられるよりも，本人も参加して自らの目標を定めたほうが，その目標を受け入れることにつながりやすいようです。目標を受け入れることができれば，それが目標を目指す努力につながることは確かです。しかし，悩ましいのは，だからといってその努力が必ずしも良い成果に結びつくとは限らないということです。これまでの実証研究の結果からは，どちらともいえないのが事実のようです。

5）　公平理論

近年，日本企業においても成果主義的な評価報酬制度が定着しつつあります。この成果主義が健全に機能するために必ず必要とされるのが，報酬分配やその過程における公平性だといわれます。組織メンバーが不公平を感じるようであれば，仕事に対するモチベーションは向上するどころか，低下してしまうというのです。

モチベーションに対する公平性の問題に着目したのは，アダムスという研究者でした。アダムスは，フェスティンガーの認知的不協和理論の影響を受けたと考えられています。これは，自分の考えと行動の間に不協和を認知すると，人はそれを減らすよう動機付けられるという理論です。この考え方が前提となっています。人間は他者と自らを比較することによって，己を知ろうとするものです。また，他者と平等に扱われることを願うのも人間でしょう。アダムスは労働組織における公平性は，努力もしくは貢献と報酬とのバランスによって成立すると考えました。それを示したのが**図表2-10**です。

努力に対する報酬の割合が，比較対象となる人物のそれと同じだと認知した場合には公平感を感じ満足します。しかし，その割合について自分のほうが小さいと認知すれば，不公平感を感じ不満に思うわけです。さらに，その逆の場合は，もらいすぎ，評価が高すぎるという罪の意識が働き，これも同様に満足感をもたらさないというのです。ここに認知的不協和が生じています。個人は，この不協和を解消しようと努力することになるのです。不協和を解消するために，個人がとる選択肢は次の5つだとされています。「自身の，あるいは他者のインプットまたはアウトプットを歪める」，「他者にインプットないしはアウトプットを変えさせるような行動をとる」，「自身のインプットないしはアウト

●図表2-10　公平説

$$\frac{Op}{Ip} < \frac{Oa}{Ia} \quad 不満$$

$$\frac{Op}{Ip} = \frac{Oa}{Ia} \quad 公平感$$

$$\frac{Op}{Ip} > \frac{Oa}{Ia} \quad 罪の意識$$

Ip, Op：個人が知覚した自己の
　　　　努力と成果（報酬）

Ia, Oa：個人が知覚した比較対象
　　　　の努力と成果（報酬）

出典：田尾（1993）

プットを修正するような行動をとる」，「別の比較対象を選ぶ」，「離職する」。最近の研究では，公平理論の前提を一貫して確認する傾向にあるようです。すなわち，従業員の動機付けは絶対報酬のみならず，相対報酬によってもかなりの影響を受けるということです。従業員は不公平を感じたとき，その状況を是正しようとします。その結果，生産性が低下したり，品質が向上したり，無断欠勤が増えたりすることになるのです。

6）　内発的動機付け理論

それでは，本章を閉じるにあたって，期待理論を提唱したブルームに師事したデシが確立したといわれる，内発的動機付けについて考えてみることにしましょう。ある行動について観察可能な外的誘因が存在する場合，その行動は外発的に動機付けられていると考えられます。例えば，金銭的な報酬を目的として働いているとみなされる個人がいるとすれば，その個人は外発的に動機付けられているといえるのです。一方，そうした外的誘因が認められない場合には，その行動は内発的に動機付けられていると考えられます。例えば，仕事そのものが興味深く，やっていて楽しい，もしくは有意義であると感じているというように，行動そのものが目的となっている場合，その個人は内発的に動機付けられているといえるのです。

内発的動機付けについては，2つの特徴があるとされます。1つは，熟達指向性です。これは専門的知識や技能を今以上により深めたい，もしくは高めた

第2章 「モダン・タイムス」と「陽はまた昇る」に学ぶモチベーション論　　57

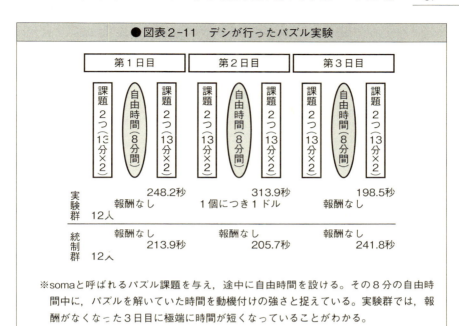

出典：Deci（1971）をもとに筆者作成

いとする指向性です。内容理論によって明らかにされた成長動機に通じる特徴であるといえます。いま1つは，自己決定性です。人は自らが決定したことには責任をもち，やり遂げようとする傾向をもっています。マグレガーのY理論に通じる点であるといえるでしょう。Y理論を援用するなら，内発的に動機付けられているからこそ，個人の自己統制に任せることができるのだと考えられます。

　また，マネジメントの観点から内発的動機付けを捉えた場合，管理者が留意しなければならない点が見えてきます。アンダーマイニングと呼ばれる現象です。デシの実験（**図表2-11**）によって明らかにされたように，内発的に動機付けられている個人に対して，金銭的報酬などの外的誘因を刺激として強調すると，その個人の認知構造が変化し，内的誘因よりも外的誘因のほうが優勢になってしまいます。つまり，それまでは仕事そのものが面白くて頑張ってくれていたはずのある個人を，金銭的報酬によって動機付けようとしたために，そ

の個人の目的が行動そのものではなく金銭的報酬となってしまうのです。もちろん，金銭的報酬の効果は全くないわけではありません。しかし難点は，金銭的報酬による刺激はあまり持続性がないために，刺激を強めるためには賃金額を上げ続けるなどの対策を常にとらなければならないということなのです。さもなければ，その個人のモチベーションは低減してしまうことになるでしょう。

7）ワーク・エンゲイジメント

近年，産業界でよく使われている言葉の一つに，「ワーク・エンゲイジメント」があります。ワーク・エンゲイジメントとは，仕事に誇りをもち，仕事にエネルギーを注ぎ，仕事から活力を得て活き活きとしている状態をさしています。オランダの研究者であるシャウフェリによって提唱されました。教授は長年，この反対の概念である「バーンアウト」（燃え尽き症候群）の研究に関わってきましたが，ストレスやバーンアウトをなくすだけでは，労働者を幸せ（well-being）にすることはできないと考えたようです。仕事で活き活きとした状態を高める必要があると考えたのです。シャウフェリによれば，ワーク・エンゲイジメントには次のような3つのポイントがあります。

- 活力（Vigor）：エンゲイジしている人は，仕事の最中，エネルギッシュで，力がみなぎり，活気に満ちていると感じる。自信を持ち，パンチを効かせることができ，そうやすやすとへこたれはしない。
- 熱意（Dedication）：エンゲイジしている従業員は，仕事との間に絆を感じ，仕事に熱中している。彼らは，職場で起こることに対して実際，無関心ではない。自らの職務に意義を見出し，仕事に誇りをもっている。
- 没頭（Absorption）：エンゲイジしている人たちは，自分の仕事に完全に熱中している。いわば，仕事に引き込まれているか，没頭しているのである。集中し，仕事にやりがいを見出し，自分がすることに喜びを感じる。そして働いているとき，しばしば時間を忘れてしまうのである。

また，エンゲイジメントにとっては，仕事からの要求が少なければ良いというものでもありません。仕事が退屈であったり，簡単すぎてもエンゲイジメン

出典：Schaufeli & Dijkstra（2010）

トは得られないのです。慢性的な過小負担の結果として生じるストレスを，「ボアアウト」と呼びます。職場で元気でいるためには，仕事が有意義で，仕事から喜びと適切な評価が得られること，そして手ごたえを感じることが必要なのです。

　また，エンゲイジメントのためには，仕事の資源が必要であるとされています。どんな仕事においても，従業員は特定の資源を利用できます。仕事の要求度がエネルギーを消費する場合，仕事の資源がエネルギーを供給するのです。仕事の資源となりうるものとしては，同僚からの支援や仲間づきあい，上司の関与や建設的なフィードバック，仕事の中で自分自身を啓発し，トレーニング・プログラムを受けられる可能性，自分の働き方を自由に決められること，などが考えられます。

　そして，こうして得られたワーク・エンゲイジメントは，長期的にだけでなく短期的にも，より高い生産性をもたらすとされています。それは，ファストフード・レストランにおける調査によって裏付けられています。例えば，従業員同士がより打ち解けていたり，上司によって活発に指導が行われたりして，より多くの資源が利用できた日には，従業員たちは仕事に対してよりエンゲイジしていたようです。そして，レストランのスタッフがエンゲイジするほど，より多くの食べ物や飲み物が売れ，より多くの売り上げがあったとされています。

映画に学ぶ

1.「モダン・タイムス」に学ぶ労働疎外

　では,映画に学ぶことにしましょう。まず驚かされるのは,冒頭のシーンで作り手であるチャップリンからのメッセージが示されることです。人間の機械化に反対して,個人の幸福を求める物語。それがこの映画のテーマのようです。メッセージの後,羊の大群が画面いっぱいに映し出されます。そして,その映像はすぐに,地下鉄の階段を上がってくるサラリーマンたちの大群とオーバーラップしていきます。かつて,評論家の佐高信氏が,日本のサラリーマンを「社畜」と揶揄したことがありましたが,このシーンはまさにそのことを表しているのでしょう。当時のサラリーマンたちも,チャップリンから見れば,会社に飼いならされた家畜のような存在だったのかもしれません。

　さて,本章で特に注目して見てほしいのは,前半の工場内のシーンです。チャップリンたち労働者はベルトコンベヤーの流れる速度に合わせて,一生懸命ネジを締めたり,部品を打ち付けたりしています。とても,単純な作業です。彼らはそれ以外のことを全くしていません。フォードが徹底した,細分化・標準化・限定化がここでも見てとることができます。また,数多くの労働者からなる組織の規律を厳格に維持するためには,常に監視が必要とされていたことも,トイレのシーンなどからわかるでしょう。例えばフォードは,労働者を信用せず,時には50人もの探偵を雇って従業員を監視させていたという話もあります。科学的管理法の導入は,経営者と労働者間にあった相互不信を払拭することを目的としていたはずであるのに,大量生産システムはまた新たな相互不信を生んでいたようです。

　大量生産システムの負の側面は,チャップリンの態度や行動に如実に現れています。同じ動作をあまりに繰り返し行うために,作業から離れても,手の動きがなかなか止まりません。一種の強迫神経症の症状のようです。

作業動作が強迫的にチャップリンを支配しているために，作業をしなくてよいにもかかわらず，その動作をせずにはおれなくなっているのです。さらにベルトコンベヤーのスピードが速くなり，遂にチャップリンの限界を超えてしまったようです。壊れてしまったチャップリンは様々な奇行を繰り返し始めます。

　これら一連のシーンは，工場労働者が体験する労働疎外（労働における人間性疎外）の問題を見事に描いているといえます。『経営学辞典』を紐解くと，労働疎外には次のような定義が与えられています。「人間の社会的活動の産物が，それをつくりだした人間を離れて，逆に人間を支配する力として立ち現れるようになる現象」と。そもそも，流れ作業やベルトコンベヤーといった生産設備は，労働者の負担を軽くするために開発され，導入されたもののはずです。当然，これらの設備は人間が開発した機械ですから，人間によって支配されるべきものです。しかし，工場労働の現場では，人間によって支配されるはずの生産設備が，労働者たち人間を逆に支配してしまっているのです。そもそも人間は自らのペースで仕事をしたいものです。私たちは自律的に振る舞っているときにこそ，自由を感じ満足を覚えます。自らを取り巻く環境を支配していると感じることは，有能感や効力感へとつながり，意欲を高めます。しかし，労働疎外はそれらをすべて奪ってしまうのです。
　ベルトコンベヤーのスピードに合わせて作業をしているうちに，チャップリンは自律性を失い，ベルトコンベヤーに支配されていきます。生産設備と一体化してしまうのです。生産設備の歯車と歯車の間に滑り込んでいくチャップリンには，もはや自我などありません。そして，いつしか人間性までもが失われていくのです。精神が破綻していく様子が見事に描かれているといってよいでしょう。この映画は，当時の経営管理が労働者の人間性をないがしろにしていたことを物語っています。労働者の感情や心理的側面に配慮することが必要であることを，この映画は教えてくれます。労働疎外の問題は，新しい人間モデルの必要性を喚起していたのです。

２．「陽はまた昇る」に学ぶモチベーション論

　では次に，映画「陽はまた昇る」に学ぶことにしましょう。家電メーカービクターで繰り広げられる起死回生の物語です。1970年代半ばに登場した，家庭用VTRの新しい規格「VHS」が開発されるまでを描いています。本章では，モチベーション論を学ぶにあたって，ビデオ事業部に内在する人的問題に焦点を置き，事業部長である加賀谷がいかにそれらに対処していくのかについて見ていきたいと思います。

　まず，ビデオ事業部に着任して早々，３人の従業員が険しい表情で加賀谷の前にやってくるシーンから考えてみましょう。見てわかるように，３人は退職を希望していません。杉沢と服部はミスが多いということで少しは納得をしているようですが，３人のなかで一番若い新田については，釈然としないものがあるようです。なぜなら，新田はメカをやらせたら優秀であるにもかかわらず，欠勤が多いという理由で選ばれていたからです。しかし，彼の欠勤には明確な理由がありました。新田の母親が寝たきりで，看病できるのが息子の彼しかいなかったからなのです。一体，事業部の上層部は新田のこうした状況を把握していたのでしょうか。

　ここで疑問が２つ生じます。もし，上層部が新田の状況を把握していたのであれば，なぜ彼を選んだのでしょうか。このような状況にある従業員を退職させるほど，慈悲のない冷たい会社なのでしょうか。逆に，もし上層部が新田の状況を把握していなかったとしたらどうでしょう。この組織では内部における意思疎通がほとんど行われていないということになります。従業員の人間的側面に関心をもたず，数値による管理のみを行っている。そういう印象を受けます。従業員の顔を見ようとしていない，といえばいいでしょうか。新田のケースでは，欠勤日数という数値のみを理由にして，退職希望者に選んだのかもしれません。この事業部は，業務用VTRの返品率が50％を超えているにもかかわらず，その原因を自分たちの目で確かめようともしていません。そうした態度や姿勢が，人事管理にも現れているのでしょう。

　社会人モデルが唱える人間観は，労働者を労働組織においても，良好な

人間関係を求める，すなわち社会的欲求を有する人間であると捉えます。労働者も人間であり，当然感情を有しています。人間は社会的動物であるといわれるように，相互に意思疎通を図ることを欲しています。にもかかわらずこの事業部では，従業員間，特に上下の意思疎通が図られていないようです。言いたいことが言えない，聞いてほしいことを聞いてもらえない，という環境において働く意欲が高まるわけがありません。ビデオ事業部の従業員たちは，社会的欲求を充たされていないのです。

　このように，職場の感情を無視した強引な政策実行は，組織内のモラールを低下させます。新田の家庭事情については，おそらく非公式組織に属しているメンバーは全員知っていたのでしょう。その新田を強引に退職させようとするやり方は，非公式組織の人々に恐怖と不安を生じさせるに違いありません。これでは管理者との間に健全な関係は構築されません。従業員たちが経営に協力するとは思えません。

　加賀谷はそのことに気づいたのでしょうか。その後，彼のとった行動を見ていると，事業部内の人心を一生懸命掌握しようとしているように見受けられます。従業員たちの感情に配慮しているように見受けられます。例えば，新田の母親が亡くなったときの行動について考えてみましょう。仕事中だったにもかかわらず，加賀谷は新田のもとに駆けつけます。新田を見舞うことで，新田の心に寄り添おうとしているのです。新田の悲しみを共有することによって，新田の気持ちを少しでも楽にしようとしているのです。こうした行動や態度は，新田の欲求を充足することにつながるはずです。社会的欲求には悲しいときに慰めてほしいと思う欲求も含まれているはずです。新田の働く意欲は加賀谷の行動によって，少しは高まるのではないでしょうか。加賀谷の行動は，他の従業員にも安心感と信頼感を与えるはずです。加賀谷と職場の間で，指示命令によるコミュニケーションだけではなく，感情のやりとりも行われるようになるでしょう。

　ただ，仕事中であるにもかかわらず，しかも従業員のプライベートなことで仕事を離れるといったこの行動は，第1章で学んだ経営管理の原則に照らした場合，正しいといえるでしょうか。もう一度，第1章を読み直して考えてみてください。間違いなくいえることは，今後，加賀谷は他の従

業員に対しても同様の行動をとらなければならないということです。また，加賀谷の後任となる事業部長の行動にも影響を与えることでしょう。第1章でも述べたように，完全に正解と呼べる行動はないのです。

　さて，従業員の社会的欲求に配慮していることが窺える加賀谷の行動がもう1つありました。それは，従業員の名前を覚えることです。加賀谷は単語帳に241名全員の氏名を書き，それを暗記しようとしていました。そして，工場内をぶらぶらと歩き回りながら，見かけた従業員を直接名前で呼んで，作業の指示をしていました。本来，事業部のトップともなれば，直属の部下である次長や部長または課長といった職位の従業員に指示を下せばよいのですから，一般の従業員までその名前を覚える必要はありません。それが公式組織というものです。しかし，加賀谷は全員の名前を覚えようとしています。それはなぜでしょうか。

　名前というのは，本人にとってはかけがえのないものです。その人の存在を端的に示す最も象徴的なものといっていいでしょう。しかし，大きな組織で，職位が上になればなるほど，組織の末端に位置する従業員のことまで把握できないのが実際のところです。したがって，どうしても「おい」とか「君」とか「お前」などと呼んでしまいます。そこからは親密な関係を感じることはできません。第一，組織のトップと接する機会自体がほとんどないのです。

　名前で呼ぶのは，その名前の持ち主に，その人が組織の大切な一員であるということを示すことになります。少なくとも，関心があるということは伝わるでしょう。名前で呼ばれて嬉しくない人はいないはずです。加賀谷は全員の名前を把握し，それぞれを名前で呼ぶことによって，トップと各従業員との間に非公式な関係を形成しようとしているのではないでしょうか。事業部全体を仲間意識で満たそうとしているのです。

　わが国の企業で，かつてよく耳にしたのが，「ニコポン」と呼ばれる管理者の行為です。管理者が部下に対して，ニコッと笑ってポンと肩をたたきながら接することをこう呼びます。これも部下の名前を呼ぶのと同様の効果があると思われます。管理者との間に親近感が生じ，円滑な人間関係

が形成されるのです。

しかし，「ニコポン」にしても，部下の名前を覚えることにしても，そもそもその部下に接しなければ何も始まりません。職場をくまなく巡回しなければ部下に接することはできないのです。かつての日本企業，特に製造業においてはこうした光景がよく目にされたといいます。事業部のトップ自らが工場のなかをくまなく歩いていたというのです。

米国の優良企業であるヒューレット・パッカード社（HP）ではこうした手法をMBWA（Management By Wandering Around）と呼んでいます。管理者が現場に出向き，ざっくばらんな会話やミーティングを通して，社内の様々な人や活動に関する情報を集めるのです。MBWAを通じて，従業員のやる気を感じ取り，意見やアイデアを聞くことによって，個人に対する信頼と敬意を直接本人に伝えるのだといいます。ある管理者は計画的に担当部門を歩き回り，別のある管理者は雑談をしながら昼食をとったり，通路で立ち話をすることをこまめに実践しているのです。これも人間関係管理の1つの手法といえるでしょう。

では最後に，江口に注目することにしましょう。新田や杉沢，そして服部といった従業員には適切な対応ができている加賀谷ですが，どうやら江口に対しては手を焼いているようです。江口の不満が最高潮に達するのは，加賀谷が家庭用VTRの開発に着手することを決め，組織の再編に関する説明を従業員に対して行ったときでした。修理ばかりの仕事で，ただでさえ不満を募らせている江口に，技術営業の仕事を命じたときのことです。「営業やれってことは，技術者失格ってことでしょう？」。こういって江口は工場を飛び出していくわけですが，このときの江口の不満をどのように説明すればいいでしょうか。ハーズバーグの理論に当てはめて考えてみたいと思います。

動機付け—衛生理論でいえば，江口を動機付ける要因は技術開発という仕事です。それが今は修理ばかりで，自らが望んでいる仕事をやらせてもらえていません。したがって江口の不満は，現在の仕事に対する不満ということになりそうです。しかしこれは，動機付け要因が不満要因にはなら

ないという，ハーズバーグの考え方に反してはいないでしょうか。

　確かに，江口は修理や営業という仕事に不満をもっています。しかし，それ以上の不満の矛先は実は別のところに向けられているのです。江口の台詞を思い出してください。彼はこういっています。「誰が人選をしたんですか？」と。つまり，仕事の内容そのものではなく，自らを動機付けないような仕事しか与えてくれない会社の方針や管理の方法に対して不満をもっているのです。そもそも彼は横浜工場に配置転換された時点で，相当な不満を抱えていたはずです。不満をもたらす衛生要因は，他律的な側面を強くもっています。自分ではコントロールできない故に，不満となるのです。例えば，技術営業の仕事をしていて面白くないと思うのであれば，それをわくわくするような仕事に変えていけばいいのです。また，成長したいのであれば，その仕事から学べることについて考えればいいのです。そこには自己裁量の余地が残されています。自律的な側面があるのです。もし，努力してうまくいかなかったとしても，それは自分の力が不足しているのだと少しはあきらめがつきます。しかし，会社の政策については江口にはどうすることもできません。だから不満になるのです。不満を防止するためには，政策決定に従業員を参加させるなどの工夫が必要なのかもしれません。

　江口は加賀谷にほれ込んでいます。しかし，対人関係や上司の魅力は，衛生要因にはなり得ても，動機付け要因にはなり得ないのです。江口がビクターを離れたことがそれをよく物語っています。江口は，より一層の満足を求めてビクターを離れていきました。彼は，自分の能力を思う存分発揮したかったのです。そして，今ある自分の専門能力をさらに伸ばし，成長したかったのでしょう。動機付け要因とは，その人の成長にも深く関わっている重要な要因なのです。江口は自己実現的欲求を強く有している，まさに自己実現人です。加賀谷は彼の動因に見合った誘因を提示することができませんでした。社会人に対する対応はできても，自己実現人に対する対応には失敗したといえるのかもしれません。

第3章

「踊る大捜査線 THE MOVIE2 レインボーブリッジを封鎖せよ！」
に学ぶ

リーダーシップ論

　本章ではリーダーシップについて考えてみましょう。そもそも，企業に限らず，目的をもった集団であれば，その目的を達成するために，集団の力を結集しなければなりません。自然にそうした力が目的の名のもとに統合されれば話は早いのですが，そううまくはいかないのが世の常であり，また面白いところでもあります。では，どうすれば集団は目的どおりに動いてくれるのかといえば，やはりそれを牽引して，目的に導いてくれる誰かが必要となるでしょう。また，集団内の利害や意思を調整し，目的を実現するためのお膳立てをしてくれる人も必要かもしれません。このように，率先して他の人たちのうえに立ち，旗を振ったり，交通整理をしてくれる人を私たちはリーダーと呼んでいるのです。しかし，一口にリーダーやリーダーシップといっても，その捉え方，解釈の仕方は様々です。学術の世界ではジャングルとまで形容されるほど，多様な議論が錯綜しています。そこで本章では，これまで積み重ねられてきた様々な研究のなかから，取り上げられることの多い議論や理論を中心に解説を加えていくことにしましょう。

　今回見る映画は，「踊る大捜査線　THE MOVIE2　レインボーブリッジを封鎖せよ！」です。テレビの人気ドラマ「踊る大捜査線」の映画版第2作目になります。この映画は，リーダーやリーダーシップを考えるうえで最適な作品になっています。最初に登場するリーダーは，特別捜査本部長に就任する沖田です。女性初の監理官として大抜擢を受け，湾岸署に乗り込んできます。その颯爽とした立ち居振る舞いは，早くもリーダーとしての風格を感じさせますが，

踊る大捜査線　THE MOVIE 2　レインボーブリッジを封鎖せよ！

☆発売元	東宝
☆監督	本広克行
☆脚本	君塚良一
☆劇場公開	2003年
☆出演	織田裕二，柳葉敏郎，深津絵里，水野美紀，ユースケ・サンタマリア
☆あらすじ	あれから5年，湾岸署では，これといった大きな事件もなく，平穏な日々が続いていた。そんなとき，猟奇的な殺人事件が発生。湾岸署に特別捜査本部が設置される。特捜本部長には初の女性キャリア沖田が任命され，室井がそのサポートに就くことになる。犯人グループは湾岸署をあざ笑うかのように，第2の事件を起こし，捜査本部に電話までかけてくる。しかし，奇妙なことに電話をかけてくる声の主はいつも別人だった。彼らにはリーダーがいなかったのである。

部下や所轄の署員に対する態度はどうでしょうか。どうやら，湾岸署のメンバーは快く思っていないようです。また，少し気負い過ぎているようにも見えます。

　一方，後半に活躍する室井は沖田とは正反対ともいえるリーダーシップを発揮します。この違いをよく見ておいてほしいと思います。そしてもう1つ注目してほしいのが，犯人グループです。事件が起こってから幾度か，犯人グループを名乗る男性から，捜査本部に電話が入ってきます。しかし，かけてくる男性がいつも違うのです。当初捜査本部は，2つの事件は異なる犯人による犯行だと考えますが，そうではありませんでした。なんと，犯人グループにはリーダーがいなかったのです。彼らはなぜ，グループにリーダーを置かないのでしょうか。映画の後半で明らかになってきますので，よく見ておいてください。

なお本章では，第2章で見た映画「陽はまた昇る」も参考にしたいと思います。この映画の内容も少し思い出しながら，まずは，リーダーシップ論について学んでいきましょう。

1．リーダーシップとは何か

　そこに集団があり，目的が備われば，おのずとリーダーシップの必要性が生じるものです。大学におけるゼミナールのような学びの場でさえ，一度，合宿をするとか，懇親会を開くといったことが目的として掲げられた途端に，このゼミナールという集団は組織へと変貌していきます。つまり，合宿を実現させるために学生たちの意見を吸い上げ，それらの意見をもとに企画が立案され，計画が立てられ，時には学生たちの利害が調整されるような集団へと変貌を遂げるのです。そして，その際にはそれを牽引するリーダーもしくはリーダーたちが必ず必要となってきます。数名程度の集団であれば互いに意見を述べ合い，誰がイニシアチブを発揮するでもなく，目的は実現されるかもしれません。しかし，集団の構成人員数が20名を超えるともなると，意見を調整し，それをまとめ，統率し，牽引する役割を担う存在がどうしても必要となるのです。ここで，リーダーとは牽引者もしくは統率者として捉えることにしましょう。さて問題はリーダーシップです。

　私たちは日常，「あの社長は強いリーダーシップを発揮する」とか「あの課長にはリーダーシップがないから困るよ」などという言葉をよく耳にします。先ほどのゼミナールの例でも，たとえリーダーが現れたとしても，そのリーダーシップの発揮度合い如何によっては，目的である合宿は成功もしますし，失敗もするわけです。もちろん，合宿の成否はリーダーのみに起因するわけではありません。しかし，リーダーシップの影響力が小さくないこともまた事実なのです。実際，同じゼミナールでも合宿が実施される年度と，実施されない年度があります。合宿が実施されない年度は，リーダーと呼ばれる人がいても，リーダーシップが発揮されない場合のように思われます。では，ここでリーダーシップとは何を指しているのでしょうか。様々な研究者による定義を見てみることにしましょう。

　ロビンズ（1997）はリーダーシップを「集団に目標達成を促すよう影響を与

える能力」と極めて端的に定義づけています。また，田尾（1999）は，「特定の個人の能力や資質によるのではなく，対人的な関係のなかで発揮され，場合によっては，集団の機能そのもの」と表現しています。ロビンズの定義は，「リーダーシップの発揮」という日常的な表現によく合致するものです。リーダーの能力を指しているといってよいでしょう。しかし，田尾（1999）はそれだけではなく，集団の機能そのものであると付け加えています。

　また上田（2003）は「組織の人間が組織目標を達成するように方向づけたり動機づけたりする影響力ないし影響プロセス」と定義づけています。影響力はリーダーの能力を指しているものと思われますが，それだけではなく，その影響過程もがリーダーシップに含まれるという見解です。

　さらに金井（2005）では，「絵を描いてめざす方向を示し，その方向に潜在的なフォロワーが喜んでついてきて絵を実現し始めるときには，そこにリーダーシップという社会現象が生まれつつある」という表現がとられています。リーダーシップは社会現象であるという捉え方です。これまでの定義では，リーダーシップが具体的な何かに特定化されていましたが，この定義はあまり明確性を追求していません。集団が動き始めようとしている状況を全体的に捉えようとしているように思われます。また，この定義にはこれまでにはなく，フォロワーの存在が明記されています。フォロワーとはリーダーに追従する人たちのことを指します。この表現からもわかるように，リーダーとフォロワーは一体の関係にあります。フォロワーがいなければリーダーも存在しないのです。

　さて，もう少し金井（2005）の定義について考えてみましょう。今見たように，リーダーシップについて考える際には，その対象でもあるフォロワーの存在を無視することはできません。金井（2005）は，「リーダーシップはリーダーそのひとのなかに存在するというよりは，リーダーとフォロワーの間に漂うなにものか」であるとも述べています。もし，このようにフォロワーに注目するのであれば，リーダーシップが発揮されている状態において，フォロワーがどのような意識をもっているかが重要となるでしょう。2通りのことが考えられます。つまり，リーダーシップが発揮されている状況下で，フォロワーはただ受動的にそれに従っているのか，もしくは，能動的にその状況を選び取っ

ているのかということです。

　先ほどのゼミナールの例で考えてみましょう。合宿に行こうという話が持ち上がってそれがゼミの目的となり，何らかの形でリーダーグループが発生したとします。ここで，このゼミナールの学生たちはリーダーとフォロワーに分かれることになります。リーダーは合宿のコンセプトを練り，企画を立案した後に，それをフォロワーに対して示していきます。当然，フォロワーはお客さんではありませんので，リーダーはフォロワーにも様々な役割を担うように，巻き込みを図らなくてはなりません。その際に，リーダーが各人の役割を決めてしまい，機械的に振り分けていった場合に，フォロワーが黙ってそれに従う場合は受動的な状況といえるでしょう。一方，リーダーがすべてを決めてしまうのではなく，フォロワーにも企画立案からの参加を促し，そのなかで自ら役割を創出し引き受けるように仕向けていったとすれば，それは能動的な状況であるといえるわけです。

　ただ，前者の場合でも，他のゼミ生たちはリーダーの決定事項に異を唱えることが可能であるわけですから，そういった意味では強制されたともいえません。自らの選択で従ったとも考えられますから，能動的な状況といってもいいのかもしれません。このように，強制力がフォロワーに対して働いているか否かを重視する考え方もあります。民間企業などの組織においては管理者やリーダーには，フォロワーを評価し，賞罰を与えるといった公式的な権限が付与されています。この権限は，リーダーがフォロワーに対して行使することのできる影響力の根拠となります。しかし，これらの権限を振りかざし，実質的に選択肢のない状況のなかでフォロワーに対して影響力を行使した場合に，それはリーダーシップを発揮したといえるのかどうかということです。ここにマネジメントとリーダーシップの違いが表れています。

　以上，4人の研究者の定義について見てきました。リーダーシップという概念がいかに捉えがたい概念であるかがわかったと思います。金井（2005）にもあるように，要は，これらの定義や考え方を参考にして，自分なりの定義づけをすることが重要なことなのかもしれません。

2．リーダーシップ理論の変遷

　リーダーシップについての理解を深めるために，ここではこれまでの先行研究を概観することにしましょう。取り上げるのは，特性理論，行動理論，そしてコンティンジェンシー理論です。

1）　特性理論

　リーダーシップの研究は，まずリーダーの研究からスタートしたといえます。日本であれば，織田信長，豊臣秀吉，徳川家康といった戦国の名だたる武将や，松下幸之助，本田宗一郎といった名経営者など，歴史に名を残す偉人と呼ばれる人たちの研究です。つまり，こうした一般にリーダーとして認められる人たちは有しているけれども，そうでない人たちは有していないと考えられる人間特性について調べることからスタートしたわけです。

　例えば男性の場合であれば，長身でハンサム，さらには身だしなみの整った人物のほうがリーダーとしてふさわしいのではないかというような考え方です。確かに，社会心理学では長身でハンサムな男性のほうが公的な選挙において当選しやすい，といった研究もあるようです。容貌に優れている人間は，リーダーシップを発揮してくれるという期待を抱かせやすいのかもしれません。

　もちろん，容貌だけが人間の特性ではありません。性格も重要な特性でしょう。歴史を紐解き，名経営者と呼ばれる人たちの伝記などを読んでいますと，「負けず嫌い」という性格を多くの人たちが有していることに気づかされます。負けたくないという欲求は，他者よりも優位に立ちたいという欲求であり，それは支配欲や影響を与えようとする欲求に通じるものであるといえます。まさに人の上に立ちたいという欲求ともいえるでしょう。特性論では，リーダーの特性として，認知能力や，自己主張，知性，監督能力，主導性，また，動機と意欲，他者を導き影響を与えようとする欲求，正直さと誠実さ，自信，責任分野に関する深い専門知識などが取り上げられます。

　こうした研究は1940年ごろまでの米国で盛んに行われていました。しかし，研究が進むにつれて，これらの特性があるからといって，その人がいつも優れたリーダーシップを発揮するとは限らないことが明らかになってきたのです。

負けず嫌いの性分がうまくいくときといかないときがあるということなのです。また，特性論を突き詰めていきますと，リーダーが有するにふさわしいとされる特性がない人はリーダーにはなれないし，ならないほうがよいということになってきます。人間特性は先天的に備わっているもので，後天的に身につけられるものではないと考えた場合です。つまりリーダーは探し出すことはできても，育てることはできないということになるわけです。しかし，企業などの組織においては，そうした人間特性以外の様々な要因や背景に基づいてリーダーを選ばなくてはならないときもありますから，そのような場合の対策にとって有効な考え方とはならないのです。そこで，研究の矛先は，リーダーの特性から行動へと移っていくことになります。

2） 行動理論

① オハイオ州立大学の研究

　1940年代後半のオハイオ州立大学で行われた研究が最も包括的なものとして有名です。研究の目的は，リーダーの行動を詳細に調べることにありました。研究を進めていくうちに，リーダーシップ行動の項目は実に1,700以上にものぼったといいます。それらの項目を調査や統計解析を何度か繰り返していくなかで，2つのカテゴリーに絞り込んでいきます。その2つのカテゴリーが，リーダーシップ行動の大部分を実質的に説明すると考えられました。それらが，「構造づくり」と「配慮」と呼ばれるものです。

　構造づくりとは，リーダーが目標を達成しようと努力するなかで，自分と部下の役割を明確に定義し，集団の体制を構築することを指します。例えば，決まった手順に従わせるようにしたり，部下に課題を割り当てたり，仕事の日程を決めるといったことを含んでいます。一方，配慮とは，メンバー相互に生じる緊張やストレスを和らげ解消し，人間関係を友好的に保つように働きかけるような行動を指しています。例えば，部下から出てきた提案を実施に移したり，メンバーを自分と対等に扱ったり，メンバー各員が幸せであるように働きかけるといった行動を含んでいます。

　こうした研究の結果，構造づくり・配慮ともに優れているリーダー（どちらも高い程度実行できているという意味で「高－高」リーダーと呼ぶ）の下では，

部下の業績と満足度が高まる可能性の高いことがわかってきました。しかし残念なことに，それはあくまでも可能性にすぎず，いつも良い結果が生じるとは限りませんでした。そこで，オハイオ州立大学の研究によって，「高－高」のリーダー行動は好結果を生む可能性は高いものの，例外も多く，状況要因を勘案する必要のあることが明らかになってきたのです。

②　ミシガン大学の研究

　ミシガン大学でも，オハイオ州立大学とほぼ同時期に同様の研究が行われました。目的もほぼ同じで，組織にとって効果的なリーダー行動の特徴を見出すことにありました。そしてミシガン・グループもまた，リーダーシップ行動を二次元にまで絞り込み，一方を従業員志向型，もう一方を生産志向型と名づけたのでした。

　従業員志向型のリーダーは，現場の人間関係を重視し，メンバーの福利に配慮をするとされました。一方，生産志向型のリーダーは，集団がいかに効率を高め生産的であるかに関心を向けるとされました。リーダーの関心事は，組織の目標を達成することであり，メンバーはその手段としてみなされるのです。

　面白いことに，ミシガン大学の研究から得られた結論は，従業員志向型のほうがはるかに好ましいというものでした。オハイオ州立大学のように，どちらの志向性もともに高いリーダーが，好ましい結果を生み出す可能性が高いという結論にはならなかったのです。

　さて，ミシガン大学の研究成果は後にリッカートによって，次のようにまとめられています。すなわち，リーダーの志向性に基づき，管理システムを4つに分類したのです。システム1は独善的専制型と呼ばれ，トップダウン的な管理スタイルで，リーダーはフォロワーのことを全く信頼していないとされます。したがって，リーダーは恐怖，脅迫，懲罰を通じてフォロワーを管理しようとするのです。

　システム2は温情的専制型と呼ばれています。基本的にはトップダウン的な管理スタイルですが，フォロワーに対しては，ちょうど主人が召使に対して示すような恩着せがましい信頼をもっているとされます。システム1よりは少しだけ，意思決定に対するフォロワーの参加を許しますが，決定するのはリー

ダーであることに変わりありません。報酬と若干の懲罰を通じてフォロワーを管理しようとします。

システム3は相談型と呼ばれます。前の2つに比べると，リーダーはかなりの程度フォロワーを信頼してはいるのですが，まだ十分とはいえません。意思決定は自分で行いたいという欲求があるとされます。主に，報酬を通じてフォロワーを管理しようとします。懲罰はあまり利用しないということです。

システム4は参加的集団型と呼ばれ，リーダーはフォロワーを全面的に信頼しているとされます。フォロワーの提案や意見を取り上げ，十分に活用しようとするのがこの管理スタイルです。リーダーはフォロワーに対して，内的および外的報酬を与えることによって管理しようとします。つまり，やりがいのある仕事を与えるとともに，成果が出た場合には金銭的報酬によって報いようとするのです。リッカートは集団の管理システムがシステム1からシステム4に近づくほど，業績が好ましくなると考えました。

③ PM理論

米国だけでなく，日本においても同様の研究が行われています。その研究成果はPM理論と呼ばれています。九州大学の三隅グループによって行われました。これまでの研究と同様，この研究においてもリーダー行動は二次元に集約されることになりました。すなわちP行動とM行動です。

P行動のPはパフォーマンスの頭文字です。業績を達成するために，メン

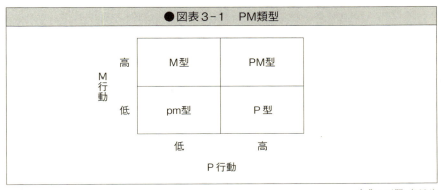

●図表3-1　PM類型

出典：三隅（1984）

バーに圧力をかけたり，計画を立てたりする行動がこれに相当します。これまでに見てきた，構造づくりや生産志向型に対応しているといえます。一方M行動のMはメンテナンスの頭文字です。何をメンテナンスするかというと，それは集団の人間関係です。メンバーに対する気遣いや信頼を示す行動がこれに相当します。これまでに見てきた，配慮や従業員志向型に対応しているといえます。

このPM理論では**図表３−１**のように，リーダー行動を４つのタイプに分類することができます。それぞれの程度が高いか低いかでPM，P（Pm），M（pM），pmの４つに分類するわけです。PMがオハイオ州立大学の研究で見た「高−高」型であることは一目瞭然でしょう。ここでもやはり，PM型のリーダーが好ましい成果をあげる可能性の高いことが示されています。

3）　条件適合（コンティンジェンシー）理論

これまで見てきたように，ベストなリーダー行動を想定することには少し無理があるようです。そこでリーダーシップ研究はリーダーシップの有効性に影響を与える状況要因を探る研究へと展開していきました。例えば，リーダーの直属上司の行動や，集団規範，組織文化といった概念が好んで用いられました。そんななか注目を集めたのが，次に紹介するフィードラーの理論でした。ここでは，フィードラーの理論を中心に話を進めていくことにしましょう。

①　フィードラーの理論

状況によって有効なリーダーシップが異なる，ということを明らかにしたのはフィードラーでした。彼はこのことを明らかにするために，「リーダーシップのスタイル」と「状況」をそれぞれ複数用意し，それらの組み合わせのなかから，その集団の業績が好ましくなるような組み合わせを見出そうと考えました。

そこでまずフィードラーはリーダーシップのスタイルを，課業志向であるか人間関係志向であるかで分類しようとしたのです。これまでの研究同様に，例の二次元で捉えようとしたわけです。リーダーシップのスタイルを２通り用意したということです。分類は次のようにして行われました。

第3章 「踊る大捜査線　THE MOVIE 2 レインボーブリッジを封鎖せよ！」に学ぶリーダーシップ論　　**77**

　まずLPC（Least Preferred Co-worker）という尺度を用いて，リーダーのタイプを捉えようとしました。LPCは直訳すれば「最も好ましくない同僚」となります。あまり一緒には働きたくない人ということです。それぞれのリーダーには，こういった人を具体的にイメージしてもらい，その人についていくつかの質問に回答してもらいます。例えば，「その人は楽しいか」，「その人は信頼できるか」，「その人は退屈か」などです。そこでフィードラーは「楽しい」など，その「一緒に働きたくない人」を好意的に捉えている場合，回答したリーダーを人間関係志向型と考えることにしました。一方，そうでない場合は，回答したリーダーを課業志向型と捉えたのです。これでリーダーを2つのタイプに分類することができました。

　次に状況です。フィードラーは3つの要因によって，状況を「好ましい状況」，「普通の状況」，「好ましくない状況」の3つに分類しました。3つの要因とは，第1にリーダーとメンバーとの関係です。部下がリーダーに対して抱く信頼や尊敬の程度を表しています。第2に，課業の構造です。部下の職務範囲が明確に定義されている程度を表しています。第3に職位のパワーです。部下の昇進や昇級などに与える影響力の程度を表しています。以上からリーダーにとって好ましい状況とは，部下からの信頼が得られており，部下の職務範囲が明確で，部下に対して職位パワーを十分に発揮できるような状況を指しているといえます。

　さらにフィードラーはそれぞれを，「良い−悪い」，「定型−非定型」，「強い−弱い」の二極で捉え，これらを組み合わせることによって2×2×2＝8通りの状況カテゴリーを用意したのです。なお，状況全体に対する各要因の影響力には，違いがあるということにも注意が必要です。**図表3−2**を見ればわかるように，第三要因よりも第二要因，第二要因よりも第一要因のほうが影響力は強いという設定になっています。

　フィードラーは1,200以上の集団を調査した結果，図表3−2に示されたような結論を得ました。すなわち，好ましい状況および好ましくない状況では，課業志向型のリーダーシップが適合的であり，普通の状況では人間関係志向型のリーダーシップが良好な業績をもたらすというものでした。必要なリーダーシップのスタイルは状況に応じて変化するということが示された結果でした。

●図表3-2　フィードラーの理論							
適合的なリーダーシップ	課業志向型			人間関係志向型			課業志向型
状況	好ましい状況 ————————————————————— 好ましくない状況						
リーダーとメンバーの関係	良い	良い	良い	良い	悪い	悪い	悪い	悪い
課業の構造	定型	定型	非定型	非定型	定型	定型	非定型	非定型
職位のパワー	強い	弱い	強い	弱い	強い	弱い	強い	弱い

出典：Fiedler（1967）

　フィードラーは，リーダーシップのスタイルは先天的なものであると考えていました。状況に応じて，リーダー個人がスタイルを変えることは，不可能であると考えていたということです。では，リーダーシップを有効に発揮させるためには，どうすればよいのでしょうか。考えられることは2つです。1つは，状況に応じてリーダーを選抜すること。もう1つは，リーダーに合わせて状況を変えることです。

　フィードラーの理論は，多くの研究によっておおむね肯定的な評価を得ていますが，完全とまではいえないようです。3つの状況要因を測定するのは困難といわざるを得ません。また，これら3つの要因の優先順位についても議論の余地は残されています。さらには，LPC尺度の妥当性についても解決すべき点があるようです。根底にある論理が十分理解されていないうえ，回答者のLPC得点も常に一定ではないという結果が出ているようです。しかし，フィードラーの理論が今日でもこれだけの影響力を有しているのは，条件適合的なリーダーシップ理論に多大な貢献をしたことが認められている証左なのでしょう。

②　ハーシーとブランチャードのSL理論

　実業界では，ハーシーとブランチャードによって提唱された状況的リーダーシップ論（SL理論）が有名です。ライフ・サイクル理論とも呼ばれています。彼らもまた，状況によってリーダーシップが異なると考えました。ここで状況として考えられているのは，部下の成熟度です。部下が業務を遂行するうえで，

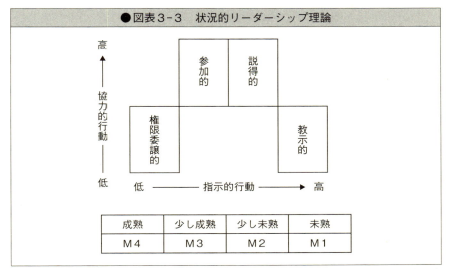

出典：Hersey & Branchard（1977）

責任を負う意志や技能を十分有しているかが成熟度の目安です。部下の成熟度は，**図表3-3**に示されているように4段階に分類されます。部下が未熟な段階では，業務遂行上の指示を細かく行わなければならないため，指示的行動が強くなります。この段階のリーダーシップスタイルを，教示的リーダーシップとしました。

部下が少し成熟度を増すと，指示的行動を少なくし，その代わりに人間関係的な配慮が必要となります。彼らはこの段階を説得的リーダーシップと呼びました。さらに，部下の成熟度が増すと，技能面での問題はほとんどないと考えられますので，指示的行動の必要性はさらに減少し，引き続き人間関係的な働きかけ（動機付け）が必要となるため，参加的リーダーシップとしました。そして部下が，単独で業務遂行できるだけの責任を負う意志と技能を十分有していると判断されれば，指示的行動だけでなく，協力的な働きかけもあまり必要ではなくなるため，その場合を権限委譲的リーダーシップとしたのです。

4） 1970年代以降のリーダーシップ理論

条件適合理論は，1960年代から70年代にかけて盛んに研究されたリーダー

シップ理論です。ここでは，70年代以降に提唱された，その他の理論について触れていくことにしましょう。

①　ハウスの経路目標理論

ハウス（House, 1974）は1950年代に提唱された経路目標（path-goal）仮説と，モチベーション理論の一翼を担う期待理論を融合させることによって，独自のリーダーシップ理論を確立しようとしました。ここで期待理論とは，モチベーションの強さを，期待と誘因価の関数で表現しようとする理論を指しています。そして期待とは，ある行為を行うことが目標の達成をもたらす確率，誘因価とは，成果およびそれに応じて与えられる報酬の魅力度を指しています。期待値もしくは誘因価のどちらかがゼロであれば，モチベーションは生じません。また，ハウスは報酬を内的報酬と外的報酬に分けて考えました。彼の理論を公式として表すと**図表3-4**のようになります。

Mは働く意欲を表す記号です。これは，フォロワー（部下）の働く意欲を表していると考えてください。IVは内発的な誘因価を表しています。小文字のbは目標に方向づけられた行動，つまり目標を実現するために行う行動を表しています。したがってIVbは，目標を実現するために採っている行動そのもの

●図表3-4　経路目標理論

$$M = IVb + P1(IVa + P2EV) = IVb + P1 \times IVa + P1 \times P2EV$$

M：motivation to work
　　（働く意欲）

IVb：intrinsic valence associated with goal-directed behavior
　　（目標実現のための行動と関連のある内発的誘因価）

IVa：intrinsic valence associated with work-goal accomplishment
　　（仕事上の目標達成と関連のある内発的誘因価）

EV：extrinsic valence associated with work-goal accomplishment
　　（仕事上の目標達成と関連のある外発的誘因価）

P1：path instrumentality of behavior for work-goal attainment
　　（目標達成のための行動が目標達成に結びつく確率）

P2：path instrumentality of work-goal for extrinsic valence
　　（目標が外発的誘因価に結びつく確率）

から得られる内発的な誘因価ということになります。例えば，目標を実現するためにしなければならない仕事そのものが楽しいとそのフォロワーが感じれば，内発的な動機付けが生じ，働く意欲は高まることになるというわけです。

次にIVaは，仕事上の目標が実現した場合に得られる内発的な誘因価を指しています。例えばその仕事上の目標に到達できれば，大きな達成感を得られるかもしれません。もしそうであれば，当然，そのフォロワーの内発的動機付けは高まることでしょう。しかし，そのフォロワーの採る行動が，いつも良い成果をもたらすとは限りません。そこで，フォロワーは目標実現のために必要とされる行動が，どの程度その内発的な誘因価に結びつくかを見積もることになります。これがP1です。

さらに，フォロワーが目標を達成した場合，何らかの目に見える報酬が与えられるとしましょう。成果が認められて昇給したり，昇進したりするというわけです。これがEVです。目標達成時に得られる報酬の価値，つまり外発的な誘因価を指しています。これに関しても先ほどと同様に，目標を達成したからといって，必ず報われるとは限りません。フォロワーは目標達成時に，どの程度報われるのかを見積もることになります。これがP2です。上司があまり認めてくれないということになれば，P2の値は低くなるわけです。また，こうした報酬にありつくためには，そもそも目標を達成しなければなりません。行動が目標達成に結びつく確率はP1で表されますので，さらにP1を乗じているのです。

さて，ここまでフォロワーの働く意欲について考えてきました。リーダーはこれらのことを踏まえて，フォロワーのモチベーションを上げていかなければなりません。例えば，EVに働きかけるとするなら，リーダーは目標が達成された程度に応じて，フォロワーの貢献としてそれをしっかりと捉え，昇給や昇進，興味深い仕事や成長の機会など魅力のある報酬を与えることによって，フォロワーにとっての外発的誘因価を高めるようにしなければならないのです。

また，そうしたフォロワーの貢献に対する評価と報酬に関する意思決定が，終始一貫していることも重要です。なぜならそうすることによって，フォロワーは目標達成と報酬の結びつきをはっきりと認識するようになり，その確率であるP2が高まることになるからです。同様にリーダーは，フォロワーの努

力に対する適切な支援を通じて，その努力が目標の達成に結びつく可能性を高めてやることができます。このことはP1を高めることになるでしょう。

さらにリーダーは，フォロワーに対して権限委譲をし，目標設定に参画させたり，課題遂行時のフォロワーの裁量がかなり認められるような仕事を与えることによって，目標達成の誘因価IVaを高めることができるでしょう。目標に対して影響力をもち，仕事に対する自己裁量が大きいほど，目標達成の誘因価は大きくなるはずです。

最後に，リーダーは仕事上の障害を取り除き，フォロワーがストレスを感じているときには適宜救いの手を差し伸べてやり，幅広い仕事に従事することを許し，フォロワーの欲求に常に配慮することによって，仕事を進めるなかで得られる内発的な誘因価IVbを高めることができます。つまり，リーダーは先ほどの公式にある右辺に対して働きかけをすることによって，フォロワーのモチベーションを高めることができるとハウスは考えたのです。

②　リーダーとフォロワーの交換理論

1970年代の前半に，リーダーとフォロワーの関係に着目した理論が登場しました。当初は垂直的二者関係（Vertical Dyad Linkage：VDL）理論と呼ばれていましたが，後に，リーダーとメンバーの交換（Leader-Member Exchange：LMX）理論という名称に一般化されました。役割理論と社会的交換理論をベースにしているとされます。

LMX理論はまず，組織内の役割に注目します。組織のメンバーは役割を通じて仕事を遂行します。したがって，組織における役割の性質やそうした役割が組織内で定義され，形成されるプロセスを学ぶことはとても重要であるというのが，この理論の基本的な考え方です。では，どうやって役割は定義づけられるのでしょうか。たとえ，職務記述書があったとしても，役割自体はとても曖昧で不完全なものです。そこで，VDL理論の提唱者であるグレン（G. Graen）たちは，組織内の役割が，それを担う個人を取り巻く多くの人たちによって定義づけられると考えたのです。

そして，そのなかで最も大きな影響力を有しているのが，その個人の直属の上司ということになるでしょう。直属の上司こそが，まさにその個人に対して

役割を与えることのできる人物だからです。そして多くの場合、上司は、自ら
が期待している役割行動を部下がとらないときには、合法的な制裁を加えるな
どして、その部下が期待どおりの役割を果たすように働きかけます。このよう
に考えてみますと、新しいメンバーを組織に同化させる過程で、メンバーの役
割を修正していくメカニズムのなかでも最も重要なものとして、上司（リー
ダー）と部下（フォロワー）間の交換関係が浮かび上がってきます。

　なぜなら、部下の役割形成をどうするかによって、上司と部下の交換関係は
様々に変化するからです。重要な役割が与えられた部下とそうではない部下と
では、自ずと上司との間で交わされる交換関係に差異が生じるでしょう。そこ
でLMX理論では、それらの交換関係を大きく2つのカテゴリーに分けて考え
ることにしました。それが、内集団（in-group）と外集団（out-group）です。
ほとんどのリーダーたちが、組織の目標を達成するために時間に追われていま
す。そのためにリーダーは、どうしてもキーとなる少数の部下たちとの間に、
緊密な関係を築いてしまうのです。それが内集団です。

　社会的交換理論では経済的交換との違いを次のように説明します。すなわち、
社会的交換のみが個人的な義務や感謝、そして信頼といった感情を生じさせる
のであって、経済的交換はそれらを生じさせないと。まさに、内集団とリー
ダーとの間では、社会的交換関係が築かれるといえそうです。したがって、内
集団のフォロワーはリーダーから高い信頼や、援助、そして公式、非公式の
様々な報酬を得ることができます。一方、外集団のフォロワーとリーダーとの
間には、経済的な交換関係が築かれます。そうしたフォロワーたちに対して
リーダーは、主に公式的な権威やルール、方針に頼るのみで、そこそこの成果
を確保できればよいと考えるようです。

　LMX理論においてリーダーは、フォロワーのことをあまりよく知らない段
階から、年齢や性別といった属性的な要因やパーソナリティによって、フォロ
ワーたちを内集団と外集団に分けてしまうと考えられています。また、様々な
実証研究の結果から、内集団のフォロワーたちのほうが外集団のフォロワーた
ちよりも、仕事や同僚に対する満足度が高く、組織に留まろうとする願望が強
いことが明らかになっています。これは裏を返せば、リーダーによって外集団
とされたフォロワーたちは不満を多く抱え、組織に対してあまり貢献しない可

能性のあることを示唆しています。したがってリーダーは，常に外集団に対する一定の配慮を意識しておくことが必要となるでしょう。

③ 変革型リーダーシップ論

1980年代になると，また新たなリーダーシップ論が登場しました。変革型リーダーシップ（transformational leadership）論と呼ばれるものです。1970年代後半から1980年代前半にかけて，日本企業の躍進は目覚ましく，欧米企業の多くは日本企業を羨望と脅威の目で見るようになっていました。日本的経営論が盛んに論じられるようになり，日本企業の強さの秘密を明らかにしようとする努力がなされました。そのなかで最も影響力を有したのが，組織文化論や企業文化論でした。日本企業の強みはその強い組織文化にあるとして，強い組織文化への変革を求める動きが生じてきたのです。変革型リーダーシップ論は，こうした状況の影響を受けたと考えられています。組織文化を変革するためには，強いリーダーとリーダーシップが必要であるという着想です。

それでは，少し理論的な変遷について触れておきましょう。変革型リーダーシップという新しい概念は，交換型リーダーシップ（transactional leadership）の対立概念として生じてきました。1970年代の後半に，バーンズという政治学者が提唱した概念です。それをバース（Bass, B. M.）が発展させたとされています。交換型リーダーシップとは，従来からのリーダーシップを指しています。リーダーとフォロワーは交換関係にあるというのが前提です。そして，フォロワーが行う組織目標に対する努力や貢献に対して，過不足なく適切に，外的および内的報酬をリーダーが与えるという，均衡のとれた交換に基づいて発揮されるリーダーシップを意味しています。

一方の変革型リーダーシップは，単なる交換以上の関係に基づいて発揮されるリーダーシップであるといえます。変革型のリーダーは，フォロワーとの間に全人格的な関わりをもち，フォロワーの潜在的な動機を見出し，その能力を限りなく引き出すことができるとされます。そしてその目的は，フォロワーの信念や欲求そして価値観を変化させることにあります。バースは変革型リーダーシップの要因として，カリスマ，個別的な配慮，知的な刺激を挙げています。変革型リーダーシップにはカリスマ性が必要であるという議論は，後にカ

リスマ型リーダーシップ論へと展開していくことになります。

なお，同様に交換型リーダーシップの要因としては，随伴的報酬と例外による管理を取り上げています。ここで随伴的報酬とは，貢献や努力に応じてのみ報酬を与えるという，過不足のない交換を意味しています。また，例外による管理とは，例えば，ルールや基準からの逸脱行動を監視することを指しています。

さて，前述のとおり，変革型リーダーシップが求められるのは，組織もしくは組織文化を変革させようとする組織の要請があるからです。では，組織変革を進めるためにリーダーは，どのような役割を果たすべきなのでしょうか。様々な研究者の議論をまとめると，次のようになるでしょう。

まず，リーダーは組織の変革にあたって，環境からの圧力や改革に対する抵抗を認識するなど，現状把握に努めなければなりません。また，改革を進めるための調整をしておくことも必要となるでしょう。次にリーダーは，魅力的なヴィジョンを創出しなければなりません。これによって組織における大きな方向づけがなされることになります。そして，この方向性をフォロワーに対して周知徹底することが必要となります。ヴィジョン伝達のためには，説得的なコミュニケーションを繰り返し行うことが求められます。同時にリーダーは，ヴィジョンを実現するための戦略も構想しなければならないでしょう。こうした過程において，フォロワーを動機付け，ヴィジョンへのコミットメントを引き出し，1つの方向へとまとめあげていくのです。もちろん，フォロワーに対する適切な支援や，成功に対する適切な評価や報奨も必要となるでしょう。

変革型リーダーに求められる役割はどれも重要なものばかりですが，なかでも重要視されているのが，ヴィジョンの構築であると思われます。この点に注目して，後にはヴィジョナリー・リーダーシップという概念が検討されています。ところで，これらの議論は共通して，変革型リーダーシップの発揮を単なるマネジメントとは異なる概念と捉えているようです。交換型リーダーシップの発揮がマネジメントであるのに対して，変革型リーダーシップこそが真のリーダーシップであるといった考え方です。しかし，両者が補完的に機能してこそ効果的なマネジメントは可能となるのであって，交換型リーダーシップを過度に消極的に捉えるのは不適切である，という議論もあることを最後に述べ

ておきましょう。

④ リーダー・プロトタイプ論

前述のとおり，リーダーシップ研究の初期には，リーダーの特性に焦点を合わせた研究が多く行われ，その後しばらくは，リーダーの特性と集団業績との間に，一定の関係が見出されないなどの理由から，あまり研究がなされませんでした。ところが，1980年代に入り，カリスマ型リーダーシップなどの研究が盛んになるにつれて，再び関心を集めるようになります。ただし，過去の特性理論と異なるのは，リーダーの特性を客観的に分析するというよりは，フォロワーの主観的認知が重視されている点です。例えば，コンガーとカヌンゴ（Conger, J. A. & Kanungo, R. N., 1988）は，リーダーの行動によってフォロワーが，そのリーダーにカリスマ性を認知した段階で初めて，そのリーダーはカリスマ的な資質を得るとしています。実際のところは別として，あくまでもフォロワーによる評価が重要だというわけです。

こうした傾向が生じてきたのは，1970年代後半以降に，リーダーシップ研究が認知心理学の影響を受けるようになり，評価者であるフォロワーの属性やパーソナリティの違いによって，リーダーに対する評価の異なることが明らかになってきたためであるとされています。そして，こうした考え方は新たな特性理論へと発展していきます。例えば，その流れの1つがリーダー・プロトタイプ論です。

リーダー・プロトタイプ論では，フォロワーが「暗黙のリーダー像」を有していると考えます。つまり，「リーダーとはこういった人である」という，リーダーにふさわしい人格特性や，行動のパターンをフォロワーは所有しているということです。そして，この暗黙のリーダー像もしくはリーダー・プロトタイプが，リーダーとそうでない人を区別したり，さらには，自らが従っているリーダーへの評価に影響を及ぼすと考えるのです。

例えば，あるフォロワーが，リーダーとは構想力があり，行動的であるというプロトタイプを描いているとしましょう。するとこのフォロワーは，自分の従っているリーダーがこのイメージに近ければリーダーとしてふさわしいと評価し，そうでなければリーダーにはふさわしくないと判断するのです。一度形

第3章 「踊る大捜査線　THE MOVIE2 レインボーブリッジを封鎖せよ！」に学ぶリーダーシップ論　　87

●図表3-5　リーダー・プロトタイプ像の比較文化研究	
普遍的に認められた， リーダーのポジティブな属性	**文化によって変動するリーダーの属性**
積極的，前向きである（positive） 信頼できる（trustworthy） 管理能力に優れている（administratively） 公正である（just） 双方に利益をもたらす問題解決者である 　（win-win problem solver） 勇気づけられる，心強い（encouraging） 知的である（intelligent） 決断力がある（decisive） 情報に通じている（informed） 交渉に長けている（effective bargainer） 先見性がある（fcresight） 計画性がある（plans ahead） やる気を引き出す（motive arouser） コミュニケーション能力が高い 　（communicative） 常に高いレベルを追求している 　（excellence or ented） 自信を植え付ける（confidence builder） 正直である（honest） 躍動的である（dynamic） 調整能力が高い（coordinator） 優れた集団を創り上げる（team builder） やる気を起こさせる（motivational） 頼もしい，頼りになる（dependable）	曖昧である（evasive） 集団内競争者である 　（intra-group competitor） 自律的である（autonomous） 独立独歩である（independent） リスクをとることができる（risk taker） 誠実である（sincere） 世俗的である，世慣れている（worldly） 内部の葛藤を回避する 　（intra-group conflict avoider） 隠密裏に活動する（provocateur） ユニークである（unique） 秩序を重んじ規律正しい（orderly） 形式を重んじる（formal） 熱狂的である（enthusiastic） 思いやりのある，情け深い 　（compassionate） 落ち着いている（subdued） 慎重である（cautious） 抜け目がない（cunning） 論理的である（logical） 地位を意識している（status-conscious） 直観的である（intuitive） 回りくどい（indirect） 慣例を重んじる（habitual） 控えめである（self-effacing） 予測することができる（able to anticipate） 神経質で繊細である（sensitive） 手続きを重んじる（procedual） 階級意識がある（class conscious） 自己犠牲的である（self-sacrificial） 傲慢である（domineering） エリート主義である（elitist） 野心的である（ambitious） 細かい管理者である（micro-manager） 強情である（willful） 支配者である（ruler） 個人主義的である（individualistic）
普遍的に認められた リーダーのネガティブな属性	
冷酷・無慈悲である（ruthless） 反社会的である（asocial） 短気で怒りっぽい（irritable） 孤独を好む（loner） 自己中心的である（egocentric） 不明瞭である（nonexplicit） 非協力的である（noncooperative） 独裁的である（dictatorial）	

出典：Den Hrtog et al.（1999）と淵上（2002）をもとに作成

成されたプロトタイプは長期間持続し，それがステレオタイプとなります。つまり，あまり深く考えることもなく直感的に判断を下してしまうのです。そこで，どのような属性的特徴がリーダー評価と関連しているのかについて研究が行われています。どのような特徴を備えている人が，リーダーとして評価されやすいのかということです。それは，どのような特徴がプロトタイプを形成しやすいのかということでもあります。この点では，以前の特性論とほぼ同じ関心を有しているといえるでしょう。

最後に興味深い研究として，プロトタイプと文化を関連づけて検討した研究を紹介しておきましょう。調査は62の文化圏を対象に行われました。結果は**図表3-5**のとおりです。必ずしもリーダー・プロトタイプが世界共通ではないことが理解できます。

3．現代のリーダーシップ

近年，管理職という存在自体に違和感をもつ若手社員が増えているようです（高橋，2017）。中堅以下の社員を対象としたリクルート・マネジメント・ソリューションズの調査によれば，管理職になりたいと回答した社員は，なりたくないと回答した社員よりも少なくなっています。**図表3-6**をみてみると，「なりたい」という回答と「どちらかといえばなりたい」という回答を加算し

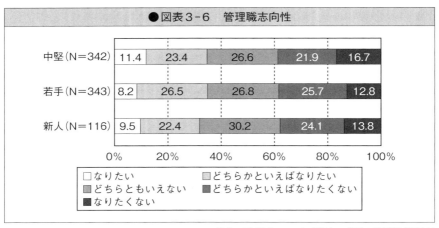

出典：RMS Research「新人・若手の意識調査2016」

第3章 「踊る大捜査線　THE MOVIE 2 レインボーブリッジを封鎖せよ！」に学ぶリーダーシップ論　　**89**

た割合は，「なりたくない」と「どちらかといえばなりたくない」を加算した
割合を，いずれも下回っていることがわかります（中堅7年目：34.8% VS
38.6%，若手4年目：34.7% VS 38.5%，新人1年目：31.9% VS 37.9%）。ちな
みに，新人については3年ごとの経年比較も行われており，2016年の調査で初
めて両者の割合が逆転したようです。このように，管理職になりたくないと考
える若手が増加している背景には何があるのでしょうか。これはリーダーシッ
プの弱体化を物語っているのでしょうか。本節では，現代の組織におけるリー
ダーについて考えてみましょう。

1）仕事のスピード化と組織のフラット化

　リーダーを取り巻く環境の変化としてまず取り上げたいのは，経営のスピー
ド化です。消費者のニーズは時々刻々と変化・多様化し，技術革新も急速に進
んでいます。IT化によって組織は効率化したと思われますが，それ以上に社
会のスピードが速くなりました。樋口（2012）によれば，近年の仕事のスピー
ド化によって上司たちのストレスは増加しています。仕事の納期が短期化して
いるというのです。それについては，製品やサービスのライフサイクルが短く
なったことも一因でしょう。2016年版ものづくり白書によれば，製品ライフサ
イクルが10年前と比較して短くなっていると回答した企業の割合は，長くなっ
ていると回答した企業の割合よりも大きくなっています（**図表3-7**）。仕事の
スピード化は，間違いなくリーダーの時間を奪っているといえます。

　リーダーの時間を奪っているのは，経営や仕事のスピード化だけではありま
せん。組織のフラット化もその一つです。「分化」によるマネジメントを提唱
する太田（2017）によれば，前期工業社会ではタテの分化が進みました。第1
章で取り上げたテイラーの科学的管理法やフォードによる大量生産システムは，
組織を計画と執行に分化し階層を形成しました。また，大量生産を可能にする
ための大規模な組織は，さらなる階層化を促進し，上下間では権限の序列，命
令と服従の関係が明確に定められていったのです。そして奥林（2004）も言う
ように，この時代の経営環境は安定しており，リーダーによる調整が可能で
あったため，フォロワーはリーダーの指示のみで行動しても一定の成果が生じ
ていました。

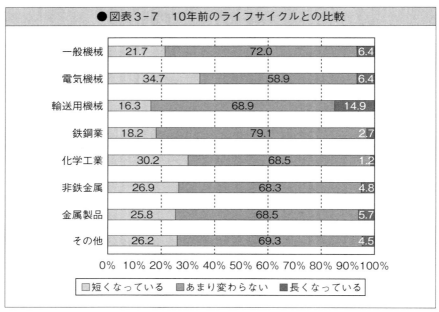

出典：経済産業省，厚生労働省，文部科学省編（2016）

　ところが，第三次産業の拡大，経済のサービス化，そしてソフト化の進展に伴って，組織はフラット化を余儀なくされるようになってきたのです（太田，2017）。なぜなら，サービス産業の中心を占める小売や流通は，多様化する市場に迅速に対応する必要があり，顧客に近い第一線のフォロワーが意思決定しなければ，競争優位の機会を失ってしまう恐れがあるからです。また，市場の多様化は多品種少量生産を必要とし，前述のように製品の開発頻度も高くなると，現場の作業者が生産を調整しなければならなくなるため，製造業においても組織のフラット化が必要となります。さらに奥林（2004）によれば，多くの大企業が，いわゆる「大企業病」を避けるために，フラット型への組織変革を進めました。この傾向は，1980年代以降顕著にみられるといいます。確かに，トヨタ自動車のように係長制を復活させた企業もあります（2011年6月11日，日経新聞朝刊）。しかし，それは少数に過ぎず，組織フラット化の流れは，未だ健在といえるでしょう。

言うまでもなく，組織のフラット化は管理の幅を大きくします。すなわち，一人のリーダー（管理者）が管理すべきフォロワーは，フラット化によって増大するのです。当然，一人ひとりのフォロワーに割かれる時間は少なくなります。例えば白石（2010）によると，課の超過人数はコミュニケーションの頻度に負の影響を与えており，管理人数が超過状態にあると意思疎通が悪くなることを明らかにしています。また同様に，課の超過人数は新人・若手の育成能力を低下させており，これらのことから，フォロワーが増えることにより，リーダーのフォロワーへの配慮が減ることは明らかであるように思われます。

これらの結果は，後に行われたインタビュー調査によっても裏付けられています（白石，2010）。多くの企業が管理人数の拡大状態を問題視しており，それは従業員の能力開発への影響を危惧してのことであるというのです。また逆に，組織をフラット化していない企業は，フラット化しない理由の一つとして，従業員の育成システムが破綻することを避けるという点を挙げているようです。さらに白石（2010）によれば，フラット化によって組織が大括りになっても，非公式の階層ができ（つまり係長のような従業員が生まれ），日常的な運営には支障が生じないものの，その非公式さゆえに課員の育成までは担ってくれないという現状もあるようです。そこで白石は，能力開発に責任を負う係長ポストが必要であると述べています。

2）プレイング・マネジャー化

さて，リーダーを取り巻くこうした状況変化に拍車をかけているのが，管理者のプレイング・マネジャー化です。プレイング・マネジャーとは，部下管理や指導，育成といったマネジャーとしての役割と，一般業務といったプレイヤーとしての役割を兼ね備えた管理者を指しています。1980年代後半頃から，日本企業の職場に見られるようになってきました。そもそも管理者には，「日常の定型的な業務の処理を下位者に委譲し，判断業務や戦略および計画立案など非定型的な事項における決定権または統制権のみを保留しそれに専念する」ことが求められるとされてきました（占部編，1980）。一般的に，例外原理と呼ばれている経営管理の原則です（第1章参照）。しかし，現代日本企業においてこのような原理は通用していないようです。

例えば，産業能率大学が2015年に実施した調査によれば，プレイヤーとして
の仕事が全くないと回答した課長は0.9％でした。ほぼ100％に近い課長がプレ
イング・マネジャーであることが理解できます。また，労働政策・研修機構
（2011）では，役職別に見たプレー度が調査されています。ここで「プレー」
とは「部下の労務管理や部署運営ではなく自分で一般業務をすること」（58頁）
と定義されています。調査の結果，課長職のプレー度は平均59.0％，部長職の
プレー度は平均48.9％であることが明らかになっています。管理者の全業務の，
実に半分が一般業務に割かれていることになります。裏を返せば，部下管理や
指導などのマネジャーとしての業務は半分に過ぎないということです。さらに
カップ（2015）がタワーズワトソンによる調査結果を紹介していますが，その
調査によると，「マネジャーは仕事の人的側面を扱うのに必要な時間がある」
という表現に同意したのは，米国人では50％であったのに対して，日本人では
26％のみでした。このように，現代日本企業のリーダーたちはフォロワーと接
する時間の多くを奪われているのです。

　確かに，ICT化に伴って，リーダー＝フォロワー間のコミュニケーション・
チャネルは増加しましたし，コミュニケーション効率は高まりました。した
がって，フォロワーに割く時間が少なくなったとしても，それはコミュニケー
ションの効率化によって相殺されているかもしれません。しかし皮肉なことに，
便利になった分，フォロワーはあらゆる情報をリーダーに報告している可能性
があるのです（山口，2000）。先述した例外原理を踏まえるのであれば，「部下
が上司に報告する際には，網羅的な報告で上司を煩わすことを避け，例外的事
項にたいして上司の注意を引くような報告様式が必要とされる」（占部編，
1980）はずです。にもかかわらず，現代のフォロワーたちはあらゆる情報を
リーダーに報告するため，その処理にリーダーが埋没してしまっているのです。

　そして近年よく耳にするのは，フォロワーだけでなく，様々な関連職場から
受けるコピーメール，いわゆるCCメールです。会社の規模や仕事の内容にも
よりますが，筆者の知るところでは，課長職，部長職クラスのマネジャーが1
日当たりに受け取るメールの量は100を下りません。そのうえ，会議です。管
理者はほとんど職場にいないといいます。決裁を待っている部下や，相談した
いと思っている部下の仕事はその時点で滞るでしょう。そして，ようやく上司

が会議から帰ってきたと思って声をかけても，上司自身の一般業務もあり，「後にしてくれないか」と言って部下を遠ざけるという始末なのです（国際産業関係研究所，2017）。このような状況で，リーダーシップは生じるのでしょうか。

産業医である荒井（2008）によれば，若いフォロワーたちは上司たちとの人間関係に悩んでいます。その原因はコミュニケーションの希薄さにあるといいます。上司は若いフォロワーたちを放置しているというのです。しかし一方で，カップ（2015）によれば，日本のマネジャーのほとんどがマイクロマネジャーだといいます。マイクロマネジャーとは，非常に細かいところまでコントロールする上司を指しています。マイクロマネジャーは，部下の仕事の細部にわたって監視し，些細な意思決定にまで関与しているというのです。両者の見解は食い違っているようにも思われます。ただ言えることは，どちらにしても健全なリーダーシップではないということです。フォロワーの放置は論外として，マイクロマネジャーの管理行動にも，現代においては無理があります。時間に余裕がない状況でのマイクロマネジメントは，どこかに歪みを生じさせるに違いありません。こういった状況を克服するために，企業はリーダーシップの強化，開発に力を入れようとしています。しかし，それももう限界にきているのかもしれません。

3）リーダーシップ神話

① リーダーによる支配の根拠

そもそも，リーダーがフォロワーを支配することのできる根拠は何でしょうか。前述のように，多くの場合，組織は階層化されており，地位上の格差が存在します。上位を占める者が上司であり，下位を占める者が部下です。そして，大体において上司がリーダーの役割を担い，部下がフォロワーの役割を担います。厚生労働省が平成28年度に作成したモデル就業規則の服務規程によれば，労働者は会社の指示命令に従わなければなりません。それは，具体的に言うならば，会社を代表する経営者，そして，そのエージェントたる各階層の管理者＝上司の指示命令に従うことを意味しています。支配の3類型を唱えたWeber（1956）によれば，まず命令権力の妥当性は制定された合理的規則の体系に

よって与えられます。そして，服従が行われるのは，規則に対してであって，人に対してではないとします。したがって，命令者としての上司も，命令を出す場合は，その規則に服従していることになります。また，命令者の支配権は，制定された規則によって，権限の範囲内で正当化されているといえるのです。

とはいえ，実際に指示命令を下すのはその地位にある生身の人間です。たとえ規則や制度に従っているとしても，その人が真にその地位にふさわしい人物であるか否かはまた別問題です。だからこそ上司に不満をもつ部下は多いのでしょう。古典的研究ともいえるHerzberg（1959）でも，不満要因の上位5つのなかに，監督技術と対人関係（上役）が含まれていることからもそれは明らかでしょう（第2章参照）。またフォロワーシップ論の父ともいえるロバート・ケリーによれば，フォロワーの立場からみて，フォロワーに信頼や自信を与えてくれる能力があった，と認めることのできるマネジャーは全体の5分の2程度に，また，フォロワーのうち直属の上司を信頼しているのは3分の2程度にとどまっています。つまり，約3分の1のフォロワーは，上司を信頼していないということになります。さらに，フォロワーの約3分の2が，上司から自らの貢献を認められていないと感じているというのです（Kelley, 1992）。

こういった傾向は我が国でも同様のようです。人材紹介会社のマイナビが2017年に実施した調査によると，上司に不満を持ったことのある部下は実に9割にも上ります（http://news.mynavi.jp/news/2017/02/14/165/，2017年8月現在閲覧可能）。合法性という根拠があるにもかかわらず，リーダーによる支配に対して不満を表明するフォロワーは数多いといえます。それは，リーダーという地位が支配することを認めることと，それを実行する目の前のリーダーを認めることとは別の問題だからです。そして，何よりもそのリーダーをフォロワー自身が選んでいるわけではないということもあるでしょう。また，合法性といっても，その表現としての制度やルールは，フォロワーによって構築されたものではありません。したがって，いくら合法的であると言っても，こうした制度やルール自体がフォロワーの納得性を引き出せていない可能性もあるのです。

ヴェーバーは支配のあり方として，これまで述べてきた合法的支配のほかに，伝統的支配とカリスマ的支配も挙げています。伝統的支配とは，伝統や習慣，

第3章 「踊る大捜査線　THE MOVIE 2 レインボーブリッジを封鎖せよ！」に学ぶリーダーシップ論　　**95**

血統や家系からの伝習やしきたりに正当性の基礎を置く支配であるといえます。こうした伝統の神聖性が一定の人たちに対する服従を正当化するのです。例えば我が国の場合，国税庁が実施している，「税務統計から見た法人企業の実態調査（平成27年度）」によると，同族企業の割合は全体の約96％にものぼります。すなわち，ほとんどの企業において，特定の一族が経営を支配していることになります。かつての日本的経営は家族主義経営と評されました。経営者を長とする家父長的経営が日本企業の特徴とされたのも，こうしたところに理由があったのかもしれません。創業者の一族であるという理由で，リーダーは伝統的権威をまとうことになります。しかし，先ほどの合法的支配と同じように，リーダーはフォロワーによって選ばれるわけではありません。能力がないにもかかわらず，一族の人間であるというだけで選ばれたリーダーが支配する場合に，納得性が得られるとは思われません。

　最後にカリスマ的支配は，「支配者の人と，この人のもつ天与の資質（カリスマ），とりわけ呪術的能力・啓示や英雄性・精神や弁舌の力，とに対する情緒的帰依によって成立する（邦訳，47頁）」とされています。例えば，豊富な業務知識や類まれな専門能力，もしくは人格の高潔さなど，フォロワーによって感じられる魅力や権威が源泉なのです。しかし，前述したように，カリスマ性はフォロワーによる認知によって成立します。フォロワーが認めなければ支配の根拠を失うことになるのです。また，専門性や知識などの優位性がなくなっても同様でしょう。

②　リーダーシップ・ロマンス：リーダーシップは有効か？

　以上のように，リーダーという地位・役割の根拠はそれほどまでに盤石とはいえないようです。このような基盤の上にリーダーは立っています。それでも，現代の組織においてリーダーの存在は依然として重要視されています。しかし，前節で述べたことと合わせて考えると，これまでのようにリーダーにのみ依存し続けるのは難しいのではないでしょうか。ケリーによれば，組織成果に対するリーダーの貢献度は10〜20％に過ぎません（Kelley, 1992）。我々はリーダーシップを信奉するあまり，過度にリーダーに依存してしまっています。こうしたリーダーシップ神話は，我々個人から能力を奪っているとケリーは言います。

組織が成功している理由を，実際以上にリーダーに求めるということは，その裏返しとして，フォロワー自身の貢献を過少評価することにもなりかねません。フォロワーは自らの真の実力を見誤り，自己効力感を失う危険性があるのです。なぜ，このようなことが起こってしまうのでしょうか。

　リーダーシップの有効性に対する疑問は，リーダー行動にフォーカスした研究が行われて以降，少しずつ現れてきたようです（Pfeffer, 1977）。それらの研究は，組織成果に対するリーダーシップの貢献が小さいことや，リーダーシップ行動が一貫して組織成果に結びつくわけではないことを示していました。こうした研究を背景に，Pfeffer（1977）はまずリーダーシップ概念の曖昧さについて言及した後に，リーダーの有効性について議論を進めています。そして，実際にはリーダー効果が小さいと考えられる原因として次の3つを取り上げています。1つ目は，リーダーが組織内部で選抜される場合，組織特有の似通った人材が選ばれるため，リーダー行動が画一的になるというものです。2つ目は，リーダーは同僚や部下，自らの上司といった人々によって構成される社会システムに埋め込まれているため，行動が制約されてしまうというものです。そして3つ目は，組織成果に影響を与える要因がたくさんあるなかで，リーダーが影響を与えることのできる要因はわずかしかないというものです。

　Pfefferはさらに議論を進め，リーダーシップはリーダーを取り巻く個々人が行う原因帰属のプロセスであると述べています。したがって組織成果の良し悪しは，他の要因にではなく，リーダーシップに原因があるとみなされやすいというのです。PfefferはKelley（1971）の帰属理論に依拠して，我々には自らの統制感を高めるような帰属を発達させる傾向があるといいます。複雑な環境よりも，リーダーといった個人の行為の方が統制しやすいと考えるのは当然かもしれません。それ故，個人はリーダー行動に原因を帰属させるようになるというのです。実際のところ，リーダー行動が組織の成果や有効性に影響を与えているか否かは関係ありません。重要なのは，人々がそう信じているということなのです。まさにリーダーはシンボルなのだといえます。それゆえ，組織が失敗したときには，スケープゴートにもされるのです。

　組織有効性の原因を過剰にリーダーシップに帰属させるという現象を，リーダーシップ幻想（romance of leadership）として概念化し，アーカイバル・

第3章 「踊る大捜査線　THE MOVIE2 レインボーブリッジを封鎖せよ！」に学ぶリーダーシップ論　　97

データと実験によって実証した研究がMeindl, Ehrlich & Dukerich（1985）です。彼らの功績は，リーダーシップに関してフォロワーが有する先入観を明確に指摘し（小野，2012），リーダーシップ幻想が持続的なフォロワーシップにとって重要な意味をもつことを示唆している点にあるといえます。

　これら一連の研究は，リーダーシップが美化され，誇張されすぎていることを示しています。裏を返せば，実際にはリーダーシップはそれほどまでに組織の成果に影響を与えていないということです。組織の成果は様々な要因が複雑に絡まりあうなかで生じてきます。ヒューリスティックな認知プロセスが働くのもやむを得ないのでしょう。ただ，過大に評価されているといっても，組織が成功しているのであれば問題はありません。リーダーシップにおける問題は，それが組織の成果に対して負の影響を与える場合があることです。

③　破壊的リーダーシップ

　近年，破壊的リーダーシップ（destructive leadership）についての研究が蓄積されつつあります。これまで様々な名称が用いられてきました。例えば，有害なリーダー（toxic leaders），迷惑なボス（intolerable bosses），嫌がらせをするリーダー（harassing leaders），小さな暴君（petty tyrants）などが挙げられます。Einarsen, Aasland, & Skogstad（2007）は，これらを総称して破壊的リーダーシップと命名し，次のように定義づけています。すなわち，「組織の目標や課題，資源そして，部下たちの有効性やモチベーション，心理的安寧や満足を台無しにし，破壊することによって組織のまっとうな利益を損ねる，リーダーや上司，管理者による体系的かつ繰り返される行動」（p.208）であると。こうした行動は，リーダーシップが存在しない状態よりも悪影響を及ぼします。そして，負の影響力は正の影響力よりも強力であるというのです。

　また，破壊的リーダーシップは必ずしもリーダーの能動的な働きかけによって生じるとは限りません。この研究において，破壊的リーダーシップは3次元に分類されます。つまり，リーダーによる侵害が身体的か否（言語的）か，能動的か否（受動的）か，そして直接的か否（間接的）かで分類されるのです。そこで，3人はリーダーによる侵害が能動的ではない例を2つ挙げています。1つ目は，潜在的な安全リスクがある労働環境のなかで，部下を守ることがで

きなかったリーダーの例です。このケースは，リーダーが予め予防策を講じなかったという，身体的，受動的，間接的な侵害の例になります。2つ目は，部下に重要な情報やフィードバックを与えることに失敗したリーダーの例です。こちらは，言語的，受動的，間接的なケースとなります。前節で述べた，フォロワーの放置や無視は，こうした受動的な侵害のケースにあたるでしょう。ただし，一度ミスをしただけで，破壊的リーダーのレッテルを貼るのは間違っています。定義にもあるように，それが繰り返された場合に，初めてそのレッテルは貼られるのです。また，3人によれば，リーダーの意図は関係ありません。無自覚な行動であったとしても，破壊的であることに変わりはないのです。

　近年，我が国でも，上司によるパワーハラスメントが話題になっています。まさに，これまで述べてきた破壊的リーダーシップの一種であるといえるでしょう。平成28年度に厚生労働省が行った調査によると，従業員向けの相談窓口で従業員から最も相談の多かったテーマがパワーハラスメントでした（32.4％）。また，過去3年間に1件以上，パワーハラスメントに該当する相談を受けたと回答した企業は36.3％に上りました。そして，過去3年間にパワーハラスメントを受けたことがあると回答した従業員は32.5％であり，前回行われた平成24年度よりも7.2％上回る結果となっています。予防・解決に向けた取り組みを実施している企業は半数以上に達しているものの，問題は深刻さを増しているようです。当然のこととはいえ，破壊的リーダーシップは部下に不満をもたらせ，意欲を減退させます。組織の成果に対して負の影響を与えるのは間違いないでしょう。

　これまでみてきたように，現代はリーダー受難の時代だといえそうです。過剰に期待されているわりには，十分にフォロワーの面倒をみることもできず，時間に追われるなかで，もがいている様子がうかがえます。破壊的リーダーシップもこうした歪みのなかから生まれてくるのかもしれません。組織においてリーダーシップは必要不可欠な要素です。しかしこれまでのような姿で，リーダーシップを機能させることができないのであれば，フォロワーシップとのバランスを考えながら組織を運営していくべきなのかもしれません。

映画に学ぶ

1．「踊る大捜査線　THE MOVIE 2　レインボーブリッジを封鎖せよ！」に学ぶリーダーシップ論

　では，映画に学ぶことにしましょう。湾岸署エリア内で殺人事件が発生したところから，この映画は本格的に動き出します。湾岸署に特別合同捜査本部が設置され，警視庁から幹部連中が多数押しかけてきます。そのなかに，沖田や室井の姿もあります。今回は，女性初の監理官である沖田が，捜査本部長に就任したようです。しかし，彼女のリーダーシップは湾岸署の署員には受け入れられていないように見えます。あるとき，彼女は青島にこういいます。「事件は現場でおきているのではない。会議室で起きているのだ」と。この発言には，フォロワーを尊重しようとする姿勢が全く見られません。彼女は強いリーダーでありたいとだけ望んでいるようです。

　リーダーシップの定義を思い出してください。4人の研究者による定義をすでに紹介しました。それらの定義は，大まかにいえば，リーダー個人の能力や資質に注目する定義と，リーダーとフォロワーの関係性，もしくは集団に注目する定義に分かれていたように思います。ここで，前者の定義に当てはめて考えてみると，最終的には沖田が更迭されたことから判断するに，彼女のリーダーシップは有効ではなかったことが理解できます。また，後者の定義に当てはめて考えると，湾岸署の署員は喜んで彼女に従おうとはしていなかったところからもわかるように，彼女と湾岸署の署員との間に，もしくは湾岸署内にはリーダーシップが存在していなかったということがいえるでしょう。

　一方，室井についてはどうでしょうか。沖田が更迭され，室井が捜査本部を仕切り始めた途端に，湾岸署の署員そして組織が活気を帯び始めました。それまで，意見をいうことも許されなかった署員から，事件に関連のある情報を引き出そうと室井がしたからです。結果，事件は解決に導かれ，

室井のリーダーシップは有効であったと判断することができます。そして，室井と湾岸署の署員との間に，また湾岸署組織内にリーダーシップが存在していたともいえるでしょう。

　次に，両者のリーダーシップを，リッカートの4つのシステムに当てはめて考えるとどうなるでしょうか。沖田は間違いなく，トップダウン的な管理スタイルをとっています。彼女はほとんど，フォロワーを信じていません。またそれ故に，懲罰を通じてフォロワーを管理しようとしているように見えます。青島とスミレが監視モニターを見ていたにもかかわらず，2つ目の殺人事件の犯行に気づかなかったとき，その2人を選んだという理由で，室井に2人の代わりにモニターチェックの仕事をするよう命じます。沖田にとっては先輩であるはずの室井に対して，罰を与えたのです。先輩といえども，この事件に関しては室井がフォロワーであることに間違いはないのですが，少々非情な対処であるようにも見えます。こうした一連の言動から，沖田の管理スタイルは72頁のシステム1もしくは2であると考えることができます。

　一方，室井についてはどうでしょうか。先ほども述べたように，室井が捜査本部室に入ってきた途端に，中の空気ががらっと変わりました。それまで沖田が認めてこなかった，捜査員の拳銃携帯を認め，部屋にいる署員には事件関連の情報を出すように指示をします。また青島には，犯人の確保を優先するように指示し，さらには，本部の命令を待たなくても良いとまでいいます。これらの言動は，青島をはじめとする，署員や現場捜査員を彼が信頼しているという証でしょう。室井の管理スタイルはまさにシステム4だといえます。フォロワーの提案や意見を取り上げ，それを十分に活用しようとしています。まさに民主的なリーダーであるといえるでしょう。リッカートは，管理スタイルがシステム4に近づくほど，集団の業績が好ましくなると考えていたわけですが，この映画はリッカートの仮説を支持していることになります。

　さて，犯人グループについても考えてみましょう。犯人たちは，企業を解雇されたサラリーマンたちです。その腹いせに会社役員を殺害して，辱めました。犯行現場に洋ナシを置いておくことで，自分たちが用なしであ

るために解雇され，それに憤っているということを伝えようとしていました。彼らは，リーダーがいるからフォロワーが解雇されたり，つらい目に合うと考えています。リーダーがいなければそんなことにはならないと。したがって，リーダーがいないほうが組織は健全であり，有効性も高まるというのです。しかし，結果的に犯人グループは警察に捕まってしまいます。リーダーのいる組織が，リーダーのいない組織に勝ったのです。青島がいいます。「リーダーが優秀なら組織も悪くない」と。それが，この映画の一番のメッセージなのでしょう。リーダーのいない組織，いる組織。そして，リーダーがいたとしても，そのリーダーには様々なタイプがあります。この映画は，リーダーやリーダーシップのあり方について考えさせる，格好の作品なのです。

2.「陽はまた昇る」に学ぶ変革型リーダーシップ論

　では，今度はすでに見た映画「陽はまた昇る」を参考に，変革型リーダーシップについて考えてみましょう。もちろん，ここで登場するのは，加賀谷事業部長です。この映画の見所の1つは，ビデオ事業部長として赴任してきた加賀谷が，士気の落ちきった組織をいかにして活性化させ，その風土や文化をどのように変革するのか，というところにあります。加賀谷の発揮するリーダーシップは，まさに変革型のリーダーシップといっていいでしょう。部下との全人格的な関わりを通じて，単なる交換関係では導き出せない貢献を，部下から引き出そうとしています。新田の例を思い出してください。新田の母親が亡くなったとき，加賀谷はすぐさま新田の見舞いに駆けづけます。仕事上の関係を超えた，こうした行動が新田の心に響かないわけがありません。その後，新田は職場復帰してすぐに家庭用VTRの開発メンバーに抜擢され，その能力を発揮していきます。これまで，彼の能力はどの上司によっても，引き出されることはありませんでした。成果を出していないうえに，欠勤が多いとなれば，退職希望者に選ばれたとしても無理はないのかもしれません。しかし，それもこれも，リーダー次第で大きく変わるのです。変革型リーダーとしての加賀谷の力量といえるでしょう。

しかし，加賀谷はいつも成功していたわけではありません。江口の場合がそれに当てはまるでしょう。さて，加賀谷はなぜ江口に技術営業の仕事をさせたのでしょうか。劇中，加賀谷も述べているように，優秀な技術者だからこそ拾うことのできる市場の声を集めてきてもらって，そうした情報を家庭用VTRの開発に活かしたい，というのが加賀谷の意図であることはわかります。ただ，目的はそれだけではないのではないでしょうか。加賀谷は江口に，ただ研究室に閉じこもって，本を読んだり，実験をするだけで研究開発をするような技術者にはなってほしくなかったのではないでしょうか。メーカーに勤める技術者として，市場を無視した研究開発を行っても意味はありません。加賀谷は，江口のなかに眠っている何かを引き出してやりたかった。そして，今以上に広い視野をもった技術者へと，もっといえば，組織を引っ張っていくことのできる技術者へと成長してほしかったのではないでしょうか。このように考えると，加賀谷はやはり，江口に対しても変革型リーダーシップを発揮していたのだといえます。確かに，江口はビクターを離れることになりました。しかし，映画の最後で江口は，松下幸之助に直訴の手紙を出しています。加賀谷の思いは江口に伝わっていたのです。こう考えれば，先ほど述べたように，加賀谷は失敗したともいえないのかもしれません。なぜなら，江口は間違いなく何かを学び，成長したのですから。

　さて，前述のとおり，変革型リーダーは組織もしくは組織文化を変革に導きます。加賀谷はどうやって，ビデオ事業部を変革へと導いたのでしょうか。まず，リーダーは組織の変革に当たって，環境からの圧力や障害を認識し，それに対する対策を考えておかなくてはなりません。加賀谷は，最も大きな障害は本社だと思っていました。何をするにしてもお金が必要ですが，本社は人員を削減してまでコストをカットしようと必死で，新たな投資や開発にお金をかけようとはしません。そのような本社に対して加賀谷は，報告をせず，秘密にしておくという対策を講じます。いわゆる闇研，もしくは闇プロ（ジェクト）です。

　次に加賀谷は魅力的なヴィジョンを創出しなくてはなりません。かねてより，ポスト・カラーテレビの最右翼商品は家庭用ビデオだといわれてい

たわけですが，本社が認めてくれないこともあり，加賀谷のなかではヴィジョンとして構想するまでには至っていませんでした。しかし，協力会社の社長の一言や，録画した歌番組を見ながら歌っている子どもたちの姿が，加賀谷の背中を強く押すことになりました。後に加賀谷は，VHSのことを事業部の「夢」と表現していますが，まさに家庭用VTRの開発は，事業部を方向付ける夢でありヴィジョンだったのです。

　しかし，ヴィジョンを実現するには，そのための戦略が必要となります。加賀谷がまず着手したのが，開発費の捻出と開発に必要な情報を市場から収集することでした。そしてこの戦略を実行するためには，ビデオ開発課の組織再編が必要でした。というより，優秀な技術者に情報を収集させるための組織を作らなければならなかったのです。ここでも，加賀谷の粘り強い説得が功を奏します。最終的には，あれだけ営業に出ることを嫌がっていた江口を説得したのですから。そして，加賀谷の思惑が当たりました。その江口が，VTRの録画時間は２時間が絶対条件である，という市場の声を持ち帰ってきたのです。

　ソニーが，世界に先駆けて家庭用VTRの開発に成功した１年後，遂にビクターもVHSの開発に成功しました。そこで，加賀谷が次にとった戦略がオープン戦略でした。それは，開発したばかりのVHSを裸にするという戦略でした。つまり，VHSの技術情報を他社に開示するということです。当然，多くの技術者が反対の声を上げました。しかし，ここでも加賀谷は粘り強く自らのヴィジョンを訴えます。自分たちの開発したVHSを，世界標準の規格にするというヴィジョンです。加賀谷は，全世界の人々がこのVHSを見ている姿を想像してみろ，と技術者たちに訴えかけます。そして，何度も何度も念を押します。きっと，その姿を想像することができたのでしょう。技術者たちは，あちらこちらで万歳三唱を始めます。加賀谷のヴィジョンが共有された瞬間でした。こうして，加賀谷は自らのヴィジョンへのコミットメントを引き出し，１つの方向へとまとめあげていったのです。まさに変革型リーダーそのものではありませんか。

　さて，変革型リーダーというのは，特別な存在なのでしょうか。こんなこと，並大抵の人間にはできない。そんな風に諦めてしまう人は多いで

しょう。しかし，映画のなかの加賀谷は，生来的に気の弱い優しい男性です。もともとは研究開発だけをしていた人で，大きな組織を動かしていけるとは，自分でも思ってもみなかったような人物です。そんな人物が，これだけの変革を成し遂げることに成功したのです。この映画が訴えたかったのは，この点にあるのではないでしょうか。もしかすると，加賀谷自身も潜在的能力を引き出された人間の１人なのかもしれません。

第4章

「生きる」に学ぶ
経営組織論

　本章では組織について考えてみましょう。現代は組織の時代であるといわれます。**図表4-1**を見てください。わが国において，従業上の地位別に就業者数の割合がどのように推移しているかを表しています。このなかで「雇用者」とは組織に雇用され，賃金を得ている労働者を指しています。図表からわかるように，雇用者は1960年には全就業者のうちの半分ほどでした。しかし，2010年には実に90％近くを占めるに至っています。このことは現代社会において，組織の存在がいかに大きいかを表しているといえるでしょう。また，こうした現象はわが国に限らず，他の経済先進国についても同様なのです。これらのことから，私たちが組織について学ぶことには，大きな意義があるといえます。

●図表4-1　従業上の地位別就業者構成比の変化（％）						
	1960年	1970年	1980年	1990年	2000年	2010年
自営業主	22.7	19.2	17.2	14.1	11.3	9.2
家族従業者	23.9	15.8	10.9	8.3	5.3	3.0
雇用者	53.4	65.0	71.7	77.4	83.1	87.3

出典：総務庁統計局「労働力調査」より作成

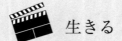 生きる

☆発売元	東宝
☆監督	黒澤 明
☆出演	志村 喬，日守新一，千秋 実，田中春男，小田切みき
☆あらすじ	市役所の市民課長・渡辺勘治は30年間無欠勤のまじめな男である。日々，黙々と仕事をこなし，感情を表に出すこともない。ある日，渡辺は自分が胃癌であることを知る。自らに残された人生が残り少ないと悟ったとき，渡辺はこれまでの仕事に疑問を抱く。何か仕事と呼べることをしたのか。それで生きてきたといえるのか。そして，初めて真剣に市民からの陳情書と向き合うのだった。

　この映画は冒頭から，組織とは何かについて我々に問いかけてきます。映画の主人公は死期を間近にした1人の中年男性，市役所に新しく設置された「市民課」の課長です。市民課の窓口には次のような掲示があります。「ここは市民の皆様と市役所を直接結びつける窓口です。市政に関する皆様の不平，不満，注文なんでも遠慮なくお申し出下さい」と。

　市民課を見てください。うずたかく積み上げられた書類の山，山，山。課長を筆頭に課員数名が黙々と仕事をしています。課長は書類に目を通し，ハンコをついているだけで，頻繁に懐中時計を見て時間を気にしています。早く業務終了時刻にならないかと思っているのでしょう。ハンコの朱肉を拭くために，古くなった書類の表紙を破るシーンがあります。その表紙には「事務能率化に関する私案」と書かれています。課長本人の手によるもののようですが，事務能率化が進んでいるようには見えません。そんなときに女性市民が数名やってきます。女性たちの申し出は，居住地域内の汚水を処理してほしいというものでした。さて，彼女たちはどうなるのでしょうか。この冒頭のシーンをじっくりと見てほしいと思います。

　では，次に経営組織について学びましょう。近代経営学の父とも呼ばれるバーナードによれば，組織とは「少なくとも1つの明確な目的を達成するため

に，意識的に調整された，2人以上の人間の活動や諸力の協働システム」と定義されています。ある旅行ツアーに参加している人々が，1台のバスに乗り合わせているところを想像してみてください。このバスのなかにいる人々は，1つの集団を形成しています。旅行に行くのだから，集団としての目的もあります。しかし，この集団は組織ではありません。なぜならバスに乗り合わせた人たちは，協働しているわけではないからです。

では，学校で授業を受けているクラスの生徒たちはどうでしょう。この集団にも授業を受け，学ぶという明確な目的はありますが，生徒たちが協働しているわけではないので，これも組織とは呼べません。生徒たちは1人ひとりがそれぞれ先生の話を聞き，黒板の字を写しているだけだからです。しかし，それが文化祭行事の準備の時間になると，状況は一変します。そこには集団としての目的もありますし，その目的に向かって，それぞれが共に活動し，その活動は先生や委員長などによって調整されます。これが組織なのです。ではここでは，まず協働について考えることから始めましょう。

1. 組織とは何か

1) 分業と協働

ある山道で大きな落石に道をふさがれて立ち往生している1台の車があります。乗っているのは男性1人。どう考えても，1人でこの石を取り除くことはできそうにありません。そうこうしているうちに，後ろからまた1台別の車がやってきました。状況はたちどころに理解できたようで，その車を運転していた男性がすぐさまかけつけていいます。「1人では無理でも2人ならなんとかなるよ」。ひとりの男性は，てこになるような長めの木を探してもってくると，それを石の下に差しこみ，おもむろにその木に力を加え始めました。一方もう1人の男性は，石のとがった部分に長目のロープをかけて，逆の方向から引っ張り始めました。すると石はわずかに動き始めたのです。

突然山道で遭遇した見ず知らずの2人の男性。しかし，落石を取り除く作業を始めた途端，彼らは組織のメンバーとなったのです。そこに組織が現れたのです。後から来た男性がいっているように，組織とは1人では不可能なことを

実現するためにつくられるものです。2人の力があったから，石は取り除かれたのだといえます。これが協働です。しかし，この2人は同じことをしたわけではありません。1人は木を使い，もう1人はロープを使っています。これは2人が石を取り除くという仕事において，役割分担を行ったということです。つまり分業を行ったのです。

では，なぜ分業したほうがいいのでしょうか。1つには，分業すれば1つひとつの仕事が単純化できるという利点があります。すなわち，作業に習熟するコストが少なくてすむので，全体の作業効率を高め，商品の価格などを下げることが可能となります。2つ目のメリットは，1つ目のメリットに関連しています。こうした分業はいわゆる専門化をもたらしますが，技能が専門化するにつれて，その領域内の知識が豊富になり，技能も研ぎ澄まされていきます。仕事のレベルが高度になっていくのです。1つひとつの仕事がこのように高度になっていけば，組織全体の成果や有効性が高まることになります。

さて，分業には利点もあれば短所もあります。1つ目の短所は，仕事の単調化です。特に単純化された反復作業は，人々に疎外感や単調感をもたらす危険があります。いわゆる労働の非人間化です。特に，製造業の生産現場などで取り上げられることが多いことは，第2章で学んだとおりです。もう1つは分業による専門化が，組織内の対立（コンフリクト）を助長するという欠点です。人間にも縄張り意識というものがあります。セクショナリズムとも呼ばれますが，自分たちのテリトリーを侵害されたくないという意識です。この意識は専門性と深く結びついています。専門性が高くなればなるほど，それに対する自信やプライドも高くなります。それを汚されたくないわけです。自らの職場が聖域化してしまうのです。分業がもたらす専門化は，組織のなかにさえ，悪い意味でのプロ意識を芽生えさせてしまいます。そして，これが往々にして対立を生み，意思の疎通を阻害し，全体にとって何が一番大切なのかをわからなくさせてしまうのです。

2）　協働を促進する方法

組織は分業と協働から成り立っています。前述したとおり，分業にはメリットとデメリットがありますから，その双方のバランスをよく考えて分業を行わ

第4章 「生きる」に学ぶ経営組織論　109

なくてはなりません。そして，それ以上に意識的に協働を実行しなければなら
ないのです。協働を促進する方法には3つあるといわれます。第1に協議です。
協働が促進されないのは，情報に偏りがあるからだと考えられます。そこで，
情報をもっている者が，それを共有化するように努力する必要が生じるわけで
す。意思疎通が図られ，情報が共有化されていれば，それぞれの仕事や動きの
意味も理解されやすく，効率的な協働が可能となります。

　第2に調整役を利用することです。当事者同士が交渉すると，利害がぶつか
り合ってなかなかうまくいかないものです。お互い自分は正しいと信じている
のですから仕方ないでしょう。そこで，両者の意見をうまくとりまとめてくれ
る調整役を利用するわけです。協議をしている人たちの上司に当たるような人
がふさわしいということになります。

　第3に公式化するということです。ある一定の状況下で人々がとるべき行動
を，あらかじめ決めておくのです。ある条件のもとでは，このように行動する，
または決定するというルールや手続きを決めておけば，当事者同士がいちいち
協議しなくても，また，調整役である管理者の助けを借りずとも，仕事をス
ムーズに行うことができるということなのです。組織にとって，この公式化と
いう考え方や方法が，極めて重要な意味をもっています。このおかげで組織は
効率的に運営されるのです。

3）　官僚制組織

　ここで，もう少し組織の公式化について考えてみましょう。支配の3類型を
唱えたドイツの経済社会学者，M. ヴェーバーは，歴史が近代へと移行してい
くに従い，支配のあり方は，神秘性を有したカリスマ的な支配や，経験を重視
する伝統的支配から，法というすぐれて合理的なものに依拠した支配へと移行
してきたと考えました。そして合法的支配は合理的組織を必要とすると考え，
それがいわゆる官僚制組織だとしたのです。ちなみにヴェーバーはそれぞれの
支配形態について，次のように説明しています。

　　① カリスマ的支配
　　　　カリスマとは広く，非日常的資質もしくは能力を指し，例えば英雄性や弁

舌の力などが挙げられる。したがって，カリスマ的支配とは，支配者のこうした類まれな能力を根拠としており，服従する者は内面的な傾倒を示す。

② 伝統的支配
伝統や習慣，血統・家系などに基づく支配である。永年の習わしとなった掟やしきたりに従うことで，この支配は成立する。

③ 合法的支配
依法的支配ともいう。支配の根拠は形式的に正しい手続きによって定められた法規にある。したがって，この場合の支配に対する服従は感情的に個人に向けられたものではなく，法で定められた地位や権限に対して向けられたものである。

これらはすべて純粋なモデルともいうべきもので，実際にはそれぞれが混合した形で，相互に補完しながら存在していると考えたほうがいいでしょう。しかし，どの類型により近いかというような見方はできるのです。ヴェーバーは，合法的支配の典型的組織が官僚制組織であると考えました。したがって官僚制組織は，大規模化した組織の目標を能率的に達成するための，合理的な管理・運営の体系として存在するのです。その特徴は次の4つであるといわれています。

① 職務の専門化
職務を徹底的に専門化することによって，職務遂行を合理的に行うことが可能となる。

② 権限のヒエラルキー
組織を階層化することによって，人を命令的にコントロールすることが可能となり，組織の効率を高める。

③ 規則の支配
職務は文書によって定義づけられ，一定の管理規定（明文化されたルール）に従って権限は遂行される。

④ 没主観性
権限と責任は「職位」に与えられたものであって，その職位を担う「人」に与えられたものではない。したがって，その職位を任された人は，私利私欲，私情などの主観的利害を排し，その職位について明文化された規定に基づいて権限を遂行しなければならない。これによって組織の合理性が

確保される。

4） 組織のライフサイクル

ヴェーバーもいうように，支配の形態は時代に沿って変化してきました。しかし，組織のあり方は，時代だけに影響を受けるわけではありません。組織の年齢，つまり組織が誕生してからの年月によっても影響を受けるのです。人間が，この世に誕生し，成長を経て死に至るように，組織も同様の過程をたどるとされます。しかし，人間が，例えばわが国であればその多くが，80年近く生存できるのに対して，企業組織の約80％が5年以内に消滅してしまうといわれています。組織が生きながらえるには多くの苦難が伴うのです。ここでは，主にクインとキャメロン（Quinn, R. E. & Cameron, K. S.）の研究をもとに，組織のライフサイクルについて考えましょう。クインとキャメロンは9つの先行研究をまとめることによって，組織のライフサイクルを次に掲げる4つのステージに区分しました。

① 起業家段階

これは，組織が誕生して間もない段階です。起業家が，斬新で豊富なアイデアを活かして財やサービスを市場にもたらす第一歩です。資金力もなく，その規模は小さい。半面，ハイリスク的な行動も可能となります。ニッチ（niche）な市場を狙うことが多くなるため，ファースト・ムーバー（first-mover）が力を発揮する段階でもあります。創業者によるワンマン経営のスタイルをとり，組織は非形式的で，官僚制化は必要とされません。つまり，計画や調整はほとんど行われないのです。

例えば1918年（大正7年）に創業した松下電器（2008年10月以降はパナソニック社）も，当初は創業者である松下幸之助，その妻であるむめの，そしてその弟である井植歳男（三洋電機創業者）の3人でスタートしました。アタッチメントプラグや二灯用差込プラグを開発し，販売したとされます。起業の原点はソケット改良のアイデアでしたが，貯金はほとんどなく，機械1台買うことすらできなかったといいます。この段階は，こうした無謀ともいえる企業家

精神に支えられているのです。

② 集合化段階

共同体段階ともいわれます。少しずつ，組織の規模が大きくなり，組織化の兆候が現れます。明確な目標と方向性が策定され始め，権限の階層構造，職務の割当て，当面の分業が確立されていきます。組織のメンバーは長時間労働を厭わず，組織の使命を自覚し始めます。組織に対するコミットメントは強い。ただ，公式的な組織が現れ始めたとはいうものの，依然として非公式なコミュニケーションは存在し，イノベーションも継続しています。

この段階の危機として，経営トップが権限を手放さないということが挙げられます。エジソンは多くの発明品とともに，多くの企業を起こしたことでも知られていますが，彼は権限を部下に委譲しなかったために，ことごとく事業の拡大に失敗しています。一方，前述の松下幸之助は，体が弱かったこともあり，早くから部下を信頼し任せたために，飛躍的に事業が拡大したとされます。松下電器が日本においていち早く事業部制を取り入れたのも，こうした幸之助の思想によるものであったのです。

③ 公式化とコントロールの段階

形式化段階ともいわれます。組織の規模がさらに拡大して，それを管理するためのルールや手続きが公式化されます。また，それに伴ってコントロール・システムが整備され，構造はより安定します。一方で，コミュニケーションは少なくなります。組織効率とその維持に力点が置かれ，保守主義的な行動が顕著になります。官僚制システムの段階ともいえます。トップ層は戦略的な意思決定や企画立案に専念し，ミドル以下の層が実務活動を行います。

官僚制システムは両刃の剣です。大きくなった組織の効率を高める一方で，一度それが行き過ぎると形式主義に陥り，むしろ組織の有効性が損なわれてしまいます。上層部と下位層に挟まれたミドル・マネジャーに過度の負担がかかるのも，官僚制化を原因としています。いわゆる大企業病と呼ばれる現象が現出するのです。

④ 成熟段階

構造の精緻化の段階ともいわれます。先の官僚制化がさらに進行し，精緻化し，成熟に至ります。地位や役割は明確に定められ，文書主義が徹底されます。官僚的形式主義の行き過ぎに対しては，新しい意味での協力とチームワークが必要となります。協力体制を実現するために，場合によっては公式的なシステムを単純化したり，各職能部門を横断するようなプロジェクトを形成することが必要となります。小企業的な価値観と発想を取り戻すために，組織を分権化する場合もあります。

成熟に達した組織は環境に適合しなくなったり，動きが鈍くなることがあります。それゆえ，10年から20年おきに組織を刷新する必要性が生じてきます。組織を活性化するのです。この時期にトップの交代が行われるのは，組織の硬直化を防ぐためでもあります。2003年以降に松下電器が取り組んだ大規模な構造改革は，まさにこの段階の危機を乗り越えた好例です。2001年に営業損失1,990億円という多額の赤字を出した松下電器は，中村邦夫新社長のもとでグループ全体を巻き込んだ大規模な構造改革に取り組みます。

まず手をつけたのが，組織の再編でした。それまでの事業部制組織体制を，事業ドメイン制と呼ばれる組織体制に変更したのです。そしてそれに伴って実施されたのが「フラット＆ウェブ」と呼ばれる組織改革です。この改革は，従来のピラミッド型の組織構造やそれに応じたマネジメントスタイルを破壊し，権限委譲によって現場でのPDCAサイクルをスピードアップさせることを目的としています。同時に，組織部門間および部門内の横のコミュニケーションを活性化し，包括的かつ全社的な運動を行ったのです。松下電器はこの取り組みの後に，Ⅴ字回復を達成することになります。

2．組織は戦略に従う

1) 組織構造

次に，組織構造について考えてみましょう。ある程度の規模の企業には，たいていの場合，組織図があります。職制図と呼ばれる場合もあります。それは組織の大まかな構造を図示したものです。製造業であれば，社長や取締役会も

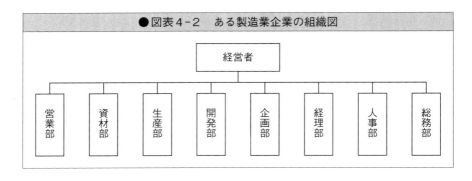

しくは会社の下に，技術部門や資材調達部門，営業部門や総務部門などがぶら下がっているような図です。もっと規模の大きい会社であれば，社長や取締役会もしくは会社（本社）の下には，例えば○○○事業部門，×××事業部門，△△△事業部門などがぶら下がっているかもしれません。このような組織図は，その企業が公式的に実施している分業体制を表しています。仕事や人をどのような観点で分け，ひとまとめにしているかを表しているわけです。

　このような形で分業体制を公式化することが，協働を促進するのみならず，効率化を高める役割を果たすということなのです。**図表4-2**は，ある製造業企業の組織図です。この組織図を見てわかるように，同じ役割，機能を有した職務がまとめられて，それぞれの部門が構成されています。このように職能別に部門化して，それぞれの職能部門に権限を委譲した組織を職能別部門組織と呼びます。分業による初期の組織形態が，この職能別部門組織になります。しかし，組織を取り巻く環境が変化すると，それに合わせて組織の構造を変えていったほうが良い場合もあります。このような考え方に道筋をつけたのがバーナードでした。

2）オープン・システム論

① クローズド・システムとオープン・システム

　近代管理論の始祖とされるバーナード以降，組織はシステムとみなされるようになりました。ここでシステムとは，その内部を構成するそれぞれの要素が互いに作用・影響しあい，相互依存の関係にあるような集合体を指しています。

第4章 「生きる」に学ぶ経営組織論　　115

前述したようにバーナードは組織を，意識的に調整された2人以上の人間の活動や諸力の協働システムとして捉えていました。また，このようなシステム論的な考え方は，組織と環境との関係を捉える際にも大きな影響を及ぼしました。伝統的組織論において組織は，環境に対して閉じていると考えられていました。環境の変化に左右されず，自己完結していると考えられていたのです。このようなシステムをクローズド・システム，または閉鎖体系と呼びます。それは本来，機械や建物などの物的システムを説明する概念とされています。まさに，組織を合理的にデザインされた機械とみなすのです。伝統的組織論では，内部のシステムやそのデザインに力点が置かれていたと考えられます。クローズド・システムのマネジメントは容易です。環境は安定して予測が可能であり，不確実性は極めて低いと考えるからです。管理者は内部の設計を工夫することによって，より効果的なマネジメントができると考えています。

　一方，近代組織論においては，組織はオープン・システムとして捉えられます。オープン・システムは開放体系と呼ばれ，本来は，生物・有機体を説明する概念であるとされます。環境との間に継続的な相互作用の関係をもつことが特色であり，環境から物，エネルギー，情報などをシステムにインプットし，それを内部で転換し，アウトプットを環境に産出します。こうした一連の過程のなかで均衡状態を保つことによって，システムは存続すると考えるのです。このことはすなわち，システムは他のシステムと相互に依存しあいながら，上位のシステムを形成することをも意味しています。1つのシステムは，外部環境としての他のシステムから入力を受け，高度に依存しあう内部環境のなかで処理され，再び外部環境に出力として送り出していきます。このように捉えるのであればシステムとしての組織は，環境に依存せざるを得ないということになります。したがって組織は，環境の変化に応じて内部の構造や過程を変化させることによって，適応しなければ生存できなくなるのです。

②　オープン・システム論の展開
　オープン・システム・アプローチをベースにした研究は1960年代頃から盛んに行われるようになり，現在においても様々な展開を見せています。バーンズ＝ストーカーやウッドワードたちイギリスの社会学者が行った研究が先駆けと

なり，ローレンスとローシュが確立したとされるコンティンジェンシー理論が，その典型的な例です。また，イギリスのタビストック学派の手によって，「社会－技術システム論」としても展開されました。さらに，組織構造が経営戦略に従うとした，チャンドラーの一連の研究もこの系譜に位置づけることが可能です。また，アンゾフの企業戦略論は，オープン・システム論を経営計画に適用したものとされています。オープン・システム論の登場で，組織は内部統制だけでなく，外部適応を必要とすると考えられるようになりました。それが戦略論を生み出し，発展させていったと考えられています。戦略論の発展は，近年，人材マネジメントの分野にも影響を及ぼしており，マイルズ＝スノウやガルブレイス＝ネサンソンなどの貢献により，戦略的人的資源管理論が展開されています。

③ 不確実性

組織が環境の変化に適応しなければならないと考えるならば，注目すべきは環境要因の有する不確実性でしょう。組織を取り巻く環境が安定しており，不確実性が低ければ，その組織もしくは組織における意思決定者は，特に外部に目をとらわれることなく，内部を統制することに注力することが可能となります。しかし，外部環境が不安定で不確実性が高ければ，それに翻弄されないように，しっかりと適応していくことが必要となります。組織にとって不確実性に対処することは，重要な管理項目なのです。

これまで不確実性は様々に定義されてきました。例えば，ある事態に伴って生じる結果が知られている場合に，それをリスクと呼ぶのに対して，その結果や結果の生じる確率などがわからない場合に，それを不確実性といいます。また，ローレンス＝ローシュは，環境からの情報に明確性が欠けている場合，はっきりとしたフィードバックが環境からもたらされる時間が長い場合，要因と結果の関係が不明瞭な場合に，不確実性が高いと考えました。

そこでここでは，ダンカンによって提示されたフレームワークを紹介しておきましょう。ダンカンは，意思決定者が環境的な要素について十分な情報を有しておらず，外部の変化をうまく予測できない状態にある場合に，不確実性が高まると考えました。そこで，環境が単純であるか複雑であるか，また，事態

●図表4-3　環境の不確実性	
（単　　純）	（複　　雑）

	低い不確実性	比較的低い不確実性
（静的）	1）　環境要素の数が少ない 2）　各要素が互いに似通っている 3）　要素の変化がない	1）　環境要素の数が多い 2）　各要素間に類似性がない 3）　要素の変化がない

	比較的高い不確実性	高い不確実性
（動的）	1）　環境要素の数が少ない 2）　各要素が互いに似通っている 3）　要素は絶え間なく変化している	1）　環境要素の数が多い 2）　各要素間に類似性がない 3）　要素は絶え間なく変化している

出典：Duncan（1972），pp.313-327より筆者作成

がどの程度安定し，あるいは不安定であるかといった，2つの軸によって捉えようとしたのです。ここで単純－複雑の軸は環境の複雑性にかかわり，要は組織活動に関連する外部要素の数や異質性に基づいています。また静的－動的の軸は，環境要素の変化が激しいか否かに基づいています（**図表4-3**）。

3）　コンティンジェンシー理論（条件適合理論）

①　環境適合とは

　前述したように，バーナードが登場するまでの組織論，すなわち伝統的組織論においては，組織の内部統制にのみ関心が集中していました。組織を管理するにあたって重要なことは，例えば，権限と責任を各成員にどのように振り分けるか，つまりは，個々の成員がどの程度の権限と責任を与えられるべきかということであったのです。内部を適切に統制するだけで，組織の有効性は維持できると考えていたのです。このことは裏を返せば，組織を取り巻く環境や条件が変化しても，組織はその影響を受けないということを意味しています。もっといえば，環境や条件にかかわらず唯一最善の組織が存在すると考えるのです。これに対して近代組織論以降，「環境が異なれば，有効な組織は異なる」という立場をとる考え方が現れます。組織の条件適合理論（コンティンジェンシー理論），あるいは単に組織の条件理論ともいわれています。組織の有効性

は，技術や市場という環境に依存すると考えるのです。

② 条件適合理論の紹介

　条件適合理論における代表的な研究として，3つを紹介しておきましょう。まずはバーンズとストーカーが1961年に発表した研究です。彼らは，環境と管理システムに注目し，英国・スコットランドにある20社を調査しました。その結果，市場および技術の変化率が高い，つまり環境変化が激しい産業では，彼らのいう「有機的組織」を採用する企業の業績の良いことがわかったのです。有機的組織とは，役割が明記されておらず，権限と責任の関係が弾力的で，横のコミュニケーションがとれており，状況に応じて臨機応変に対応できる分権的な組織を指しています。

　一方，市場も製品ラインも変動しない産業では，「機械的組織」が採用されていました。機械的組織とは，職能的に専門化・細分化されており，権限・責任関係が明確化され，非人格的な命令系統や階層化が徹底されている官僚・集権的組織を指します。こうした結果から，特定の環境のもとでは，特定の管理システムが有効であるという解釈が導かれます。管理システムは環境によって規定されるのです。

　次にウッドワードが，1965年に発表した研究です。彼女は特に技術に注目して調査を行っています。英国・サウスエセックス地域にある100社を対象にサーベイ調査を実施，その後23社について事例研究を行いました。彼女は，技術の複雑さと生産システム，そして組織構造を変数として取り上げ，技術変化が組織形態を決める第1の要因であると主張しました。すなわち，技術が単純か複雑な場合は有機的組織が，そうでない場合は機械的組織が適合的であることを見出したのです。

　最後にコンティンジェンシー理論の名称を決定的にしたとされる，ローレンスとローシュが1967年に発表した研究を取り上げましょう。彼らは，企業の分化と統合の関係に注目し，プラスチック産業の6組織，食品産業の2組織，そして容器産業の2組織に対して調査を実施しました。企業の分化とは，部門における構造の公式性や管理者の指向性（目標指向・時間指向・対人指向）が異なる程度を表し，統合とはその企業のために協力し合う程度を表すものとしま

した。対象部門としては研究開発部門，販売部門，製造部門の３つが取り上げられました。

ここで部門における組織構造とは，統制範囲の程度や，管理階層の数，部門業績をチェックする方法などによって測定されています。部門業績をチェックする方法とは，口頭によるチェックを行うのか，文書によるチェックを行うのかといったように，その方法の厳格さを測定すると考えればよいでしょう。また，管理者の目標指向性とは，各職能部門の管理者がある特定の目標に対してどのような指向性を有しているかを調べています。特に，異なる職能部門の目標に対して，どの程度の関心を抱いているのかに注目しています。時間指向性とは，どの程度時間幅のある問題に管理者が実際に取り組んでいるのかを調べています。今すぐの問題に取り組んでいるのか，かなり将来的な問題に取り組んでいるのかということです。最後に対人指向性とは，管理者が同僚や部下と接する際に，仕事の達成を優先しているか，もしくは良好な人間関係を維持することに注意を払っているかを調査しています。調査にはフィードラーのLPC尺度が用いられています（第３章参照）。

調査の結果，プラスチック産業のようなダイナミックな環境下では，高度な分化と高度な統合が必要であること，そして容器産業のような安定的な環境下では，分化を低下させ統合を発達させること，つまり集権化が好業績をもたらすということが見出されました。これらの結果は，どちらの産業においても，業績の良い企業が環境との適合を達成していたことを示しています。

4）　組織は戦略に従う

ではここで，コンティンジェンシー理論を経営史研究から明らかにしたと考えられる，チャンドラーの研究と筆者が行った松下電器の研究を紹介しておきましょう。経営史家チャンドラーは，米国のデュポン，GM，スタンダード・オイル，シアーズ・ローバックといった大企業の経営的な変遷を詳細に研究した結果，「組織構造は戦略に従う」といった有名な命題を導き出しました。それはどういうことでしょうか。デュポンと松下電器の例で考えてみることにしましょう。

① デュポンの例

火薬メーカーのデュポンは，1870年代に多数の火薬会社を買収し，規模の拡大を図りました。当初，これら買収された会社はそれぞれに事業を営み，デュポンとしてのまとまりはありませんでした。しかし，1900年代に入り，効率的な管理の必要性を感じた経営陣は，職能別組織を構築することにします。

その後，デュポンは軍用火薬生産をほぼ独占し，当時の経営環境も手伝って，さらなる拡大を続けます。いつしか生産設備や従業員数は膨れ上がり，それらが平時には過剰となることが明らかな状態となってきました。そこでデュポンは，塗料や人造皮革といった新規事業への進出を決定し，経営の多角化によって，余剰資源を有効活用しようとしたのです。

ところが，事業の数が増えると様々な問題が生じてきました。例えば，各製品の生産，販売，購買などの担当者が，それぞれの職能部門に配置されているため，製品を中心とした活動の調整がうまくいかず，各製品に関する需要変化や競争状況の変化に機敏に対応できなくなってきたのです。そのため，市場のニーズに応じた製品改良や，新製品の開発といった活動がおろそかになってしまいました。

こうした問題のために，新規事業は大赤字を抱えることになりました。そこでこの根本的原因が組織構造に起因していると考えたデュポンは，1921年に職能別組織を改め，製品別事業部制組織を採用するのです。事業部制組織はうまく機能し，デュポンは経営難を免れることになります。

② 松下電器の例

1918年（大正7年）に創業した松下電器は，いわゆるナショナル・ランプと呼ばれる乾電池ランプを主要事業とし，その他に配線器具などを扱っていましたが，1933年（昭和8年）当時，所主であった松下幸之助はラジオ事業への進出を決意します。

ところが，当時のラジオ事業は，ラジオだけを専門に製造している会社によって生産，供給されており，販売については，いわゆる電気屋とラジオ屋とに明確に区分されていたのです。当時ラジオ屋は，ラジオの修繕を主体として，ラジオのパーツやセットを販売しており，電気屋は電球や電灯といった器具を

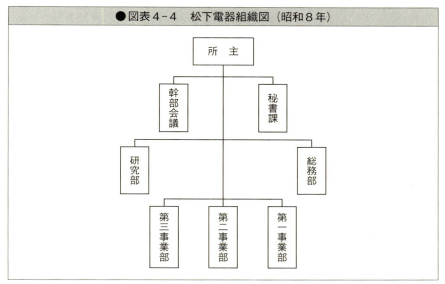

出典:松下電器内部資料

販売しているのが実態でした。つまり当時の松下電器は電気屋だったわけです。その電気屋がラジオの製作を始めようとしたため、とうてい成功しないだろうというのが、業界や各方面の声でした。

　そこで前述のとおり松下幸之助は、ラジオ事業と電気事業とは異なる事業であるという認識を明確にしたうえで、ラジオ事業に着手するためには、他の部門と渾然一体に行っては無理であろうと判断し、ラジオを製造、販売する部門を第一事業部、ランプならびに乾電池の製造販売部門を第二事業部、配線器具ならびに電熱器の製造販売部門を第三事業部と名づけて、各々分離独立させたうえで、ラジオの製作を開始したのです。ここに日本で初めての事業部制組織が誕生したのでした（**図表4-4**）。

　では、当時の様子を窺い知ることのできる2人の会話を少し見てみましょう。2人とは当時、松下幸之助の部下であった井植歳男と丹羽正治（後の松下電工社長）です。丹羽は本店企画部長であった井植の秘書をしていました。

井植	「おい丹羽，おまえこんど飛ばされるぞ」
丹羽	「へ〜，そら残念でんな，お別れとは…。それで井植さんはどうなりまんのや？」
井植	「おれか。おれはこんど第一事業部長や」
丹羽	「そらまたえらい人になりまんねんな」
井植	「要するに，おれは松下のラジオ会社の社長みたいなもんやな。おまえは親父（幸之助）付きやで」
丹羽	「えっ？」
井植	「親父が第三事業部長を兼務するんや。おまえはその助手やな」
丹羽	「そうでっか。親父さん付きとは，またえらいキツイかもしれませんな」

出典：『松下幸之助経営回想録』

　井植の言葉のなかに，事業部制の特徴が見事に凝縮されていることがわかるでしょう。ラジオ事業部長のことを，ラジオ会社の社長と表現しています。事業部制といっても，事業部のなかの組織体制は職能別組織になっています。ここでは省略されていますが，事業部の下には，技術部や営業部，資材調達部などの組織がぶら下がっているわけです。ですから，事業部だけでも十分ラジオを企画し，生産し，販売することが可能なのです。井植は当時にして，その本質を見抜いていたといえます。

　松下電器社内では，事業部制を「責任経営制」とも呼んでいるようです。事業部経営は，事業部の責任者に大きく委ねられているということが示されています。そして，そこには事業部の責任者は自主性と創意を十分に発揮して，のびのびと経営を実践してほしいという願いと，しっかりと責任を果たしてほしいという期待が込められています。松下電器が事業部制を導入した背景には，顧客第一の思想を反映させるために，市場の要望に敏感である必要があること，そしてそのためには商品を基本とした経営活動が望ましく，そこに能力を集中させる必要があるという考えがあったようです。

　もともと体が弱かったとされる松下幸之助は，企業規模が大きくなるにつれて，自分ひとりで経営のすべてを見ることに限界を感じていたともいいます。また自分ひとりで多くの商品を見ることは，能力の分散につながり，経営活動が不十分になるとも考えていたようです。そこで，このような体制を思いつい

たという逸話も残されています。

　松下電器では「任し任され」の経営という言葉をよく耳にしますが，事業部制が集権的ではなく，分権的な組織体制であることを考えれば，当然のことであるといえます。部下を十分に信頼していなければ，任せること，つまり権限を大幅に委譲することなどできないのです。

　また，任せるということは，任された部下もおおいに自主性を発揮して，主体的に仕事に取り組まなくてはならないということになります。責任経営制の意味は，ただ事業部の責任者だけが責任をもって取り組むということではなく，その部下，そしてそのまた部下も，つまりは組織のメンバー全員が経営に主体的に参画し，それぞれの範囲内で責任を全うするということをも含んでいるようです。松下幸之助はこれを，「社員稼業」という言葉で表現していました。つまりそれぞれの担当業務については，その業務の社長になったつもりで取り組めということなのです。そういった意味では，事業部制は単に，組織の分業体制を規定するのみならず，その組織に参加しているメンバーの行動様式までをも規定するということが理解できます。すなわち，事業部制は組織構造にとどまらず，事業運営における思想をも体現しているということがいえるのです。

　以上，米国のデュポンと日本の松下電器について見てきました。両者に共通していえることは，チャンドラーによって提唱されたように，企業が戦略に適合するように組織構造を変えているということです。デュポンは余剰資源を有効活用するために，塗料，皮革事業を立ち上げました。一方，松下電器はラジオ事業に進出しました。両者とも新規事業の立ち上げによって多角化を図ったわけです。そして，この新しい戦略に従来の組織構造が適合しないと判断するや否や，事業部制を採用したのです。

　事業部制は経営規模が拡大すると採用されると考えられがちですが，両者の間には必ずしも関係があるとはいえません。前述のように企業が多角化戦略をとり，市場や技術が多様化しているような場合，特に，技術や市場の環境が不安定で変化の激しい場合に，事業部制は有効に機能するとされています。したがって，鉄鋼や電力のように製品が標準化され，安定した市場の確保と操業度の維持を目的としている企業では，集権的な職能別組織が採用されることが多

いのです。

③　事業部制組織の長所と短所

では次に，事業部制組織の長所と短所について見てみることにしましょう。事業部制の長所としてまず取り上げられるのは，意思決定が迅速に行われるということです。それは会社から大幅に権限を委譲されているからだといえます。もし，職能部門制であれば，製品などに関する意思決定は会社のトップで行われるか，各職能部門のトップ同士の協議によるため，それほど素早くは意思決定できません。

また利益責任があるということは，厳しい反面，裏を返せば最終的に利益を出しさえすれば，そのプロセスについては自由であるということでもあります。そういった意味において，事業部にはかなりの裁量権が委ねられており，事業部長は大きな権限を駆使して，のびのびと事業活動ができるということになります。しかし，こうした利益責任はともすれば，短期的な利益の追求へと事業部を駆り立ててしまいます。それは事業部制の短所であるといえます。

次に事業部制は市場，つまり顧客から見てわかりやすい組織体制です。顧客が接するのはあくまでも製品です（製品別事業部制に限りますが）。その製品を核として組織が構築されているのですから，わかりやすいのは当然であるといえます。つまり，先ほどの意思決定にも通じますが，事業部制組織は市場に近いということなのです。ですから，市場のニーズを感知しやすいのです。

もちろん，職能別部門制組織でも営業部のメンバーは，市場のニーズを把握しているでしょう。しかし，そのニーズに気づいたところで，それに見合った製品を開発し，生産し，販売するまでの道のりがあまりにも長いことを考えると，それを声に出すのをためらってしまうのではないでしょうか。そして，そうした状況があれば，メンバーの感度までもが鈍っていくかもしれないのです。市場ニーズに対する感知能力と，ニーズの実現可能性に対する認識は表裏一体なのだといえます。

また事業部に求められる利益責任は，評価を明確にします。もちろん，それだけ厳しさを伴うことは事実です。したがって，同じ会社内であるのに，競争原理が働きます。他の事業部に負けたくないという心理が働くのです。このよ

うに競争原理は事業部の意欲を高め，全体を活性化させる効果もありますが，事業部利益の優先が目立ちすぎるといわゆるセクショナリズムとなり，連携プレーなどがおろそかになるという短所も有しています。それだけならまだよいのですが，製品が重複するなどの弊害が生じることもあります。事業部間の争いが全体の効率を下げ，取引先や消費者にもマイナスの影響を及ぼすという悪い例であるといえます。

　以上のように，事業部制には長所もあれば短所もあります。何よりもの長所は繰り返し述べてきましたように，意思決定が容易で迅速であるということでしょう。スピードの時代といわれる現代において，このメリットは大きいといえます。しかし，事業部制は独立採算制をとるあまり，短視眼的になりがちですし，専門能力の醸成にも不向きです。

　一方，職能別部門制組織は専門能力の醸成には向いていても，意思決定に時間がかかることや，利益責任がないことなどの短所を有しています。ですから企業は，両者の良いところをうまく組み合わせた組織体制を構築することが求められているといえます。例えば，基本的には事業部制組織を採用しながら，本社スタッフ部門として研究本部などを充実させるというような方法が考えられます。

　また，近年では事業部制を徹底するあまり，関連商品の融合性を活かし切れず，シナジー（相乗）効果を得られていないことが問題になってきています。そこで，関連商品をよりシステマティックに開発，販売するために，それらの商品を扱っている事業部をまとめ，本部制や分社制，カンパニー制といった体制を採る企業も増えてきています。昨今松下電器が採用した事業ドメイン制という組織体制も，そのような問題意識のなかから生まれてきたのです。

　ここでシステマティックな開発・販売とは，それまで各事業部のなかに埋め込まれていた情報や知識・スキルといったものを活用しやすいように，事業部の枠を取り払うことによって，関連部署が相互に作用しあい，体系的に行われる開発や販売をイメージしてもらうとよいでしょう。

映画に学ぶ

1．「生きる」に学ぶ官僚制組織

では，映画に学ぶことにしましょう。映画「生きる」は数ある黒澤作品のなかでも，最高傑作ともいわれる古典的名作です。ですから，冒頭のシーンだけではなく，全編しっかりと見てほしいと思います。

さて，冒頭に述べたように，この映画の舞台は市役所に新しく設置された「市民課」です。そこに，居住地域内の汚水を処理してほしいという女性が数名現れるところから，この映画は始まります。見てのとおり彼女たちは，市民課を皮切りに，土木課，公園課，地区の保健所，衛生課，環境衛生係，予防課，防疫係，虫疫係，市役所下水課，道路課，都市計画部，区画整理課，消防署，市役所教育課児童福祉係，市会議員，市役所助役と実に十数カ所の部署をたらい回しにされた挙句，また市民課にもどってくることになるのです。そして，市民課ではまた，土木課に行けといわれ，遂に女性たちは切れてしまいます。子供を背負った1人の女性が声をあげます。「私たちはあの腐い水がたまんのをどうにかしてくれっていってるだけじゃないか。土木課でも下水課でも保健所でも衛生課でも消防署でも，そんなことはどうでもいいんだよ。それをなんとかしてくれんのが市民課じゃないのかい！」。驚いた課員の1人が出したとりあえずの結論は，課長不在のためこの陳情を書面にして提出してくれというものでした。結局また，書類です。

まさに官僚制の逆機能です。官僚制組織では規則の遵守が強調されるため，規則の遵守それ自体が目的となってしまうことがあります。いわゆる形式主義，文書主義に陥ってしまうのです。本来の目的は市民に対して良好なサービスを提供したり，市民の不満を取り除いたりすることにあるはずです。それなのに，その本来の目的を見失い，市民をたらい回しにした挙句に，書類を提出しろといっています。誰も親身になって彼女たちの声

第4章 「生きる」に学ぶ経営組織論 **127**

を聞こうとはしていないのです。役所としては，形式や手続きを守ること
のほうが重要なのでしょう。

　たらい回しの原因は，規則の支配による形式主義だけではありません。
専門や権限のヒエラルキーを遵守するために生じているセクショナリズム
にも原因があります。「主管」という言葉が何度か飛び出していました。
つまり主な管轄という意味です。この問題はあそこが主管だから，という
表現で逃げている部署がいくつかありました。

　専門化は職務遂行能力を高める合理的な方法ですが，仕事の縄張り意識
を醸成させます。いわゆる縦割り行政と呼ばれるものです。そのために自
部門の利益ばかりを考え，解決しなければならない問題を無視してしまう
のです。これも手段が目的化される点では，形式主義と同根であるといえ
るでしょう。そして，このような問題が，民間の組織にも生じる可能性は
大いにあるのです。

　では，ここですでに見た映画「踊る大捜査線　THE MOVIE 2　レイン
ボーブリッジを封鎖せよ！」を思い出してみましょう。本作でも警察官僚
機構をテーマにしています。本庁と所轄の関係に注目してみましょう。映
画のなかで描かれているのは，常に指示を出し，指示どおりに動くことを
要求する本庁サイドと，指示どおりに動くことを拒否し，判断を現場に任
せてほしいと望む所轄サイドとの間にある対立図式です。これは，権限の
ヒエラルキーという官僚制の特徴を如実に表しているといえます。張り込
み中に，目の前で犯罪を目撃しているにもかかわらず，みすみす見逃して
しまうというシーンがありました。判断の難しいところですが，これも1
つの逆機能といってよいでしょう。

　そして何より象徴的なのが，タイトルにもなっているとおり，レイン
ボーブリッジを封鎖できなかったことです。レインボーブリッジは様々な
公共機関や自治体が管轄しているために，それら1つひとつに対して許可
を得なければ封鎖できないのです。鉄道港湾局の担当者が，何を勝手なこ
とをしているんだ，と怒っているシーンがありました。それぞれが自らの
テリトリーを主張しあう，まさにこれも縦割り行政であり，縄張り意識に

よる逆機能といえるでしょう。

また劇中，**図表4-5**のような図が何度か登場します。左の図は上から下へ末広がりに広がっており，まるでピラミッドのようです。そして上から下へさらにまたその下へと線が引かれています。これがヒエラルキーであり，官僚制組織を図示したものです。一般的に官僚制組織は機械的組織と表現されます。なぜなら，その組織はそこに参加しているメンバーの私的利害や人格を排し，まるで機械のように見えるからです。そしてそのなかで働くメンバーはさしずめ機械の歯車・部品ということになるでしょう。

一方右の図は有機的組織と呼ばれる組織を図示したものです。左の機械的組織と比較すると随分異なることがわかるでしょう。何より，どこが上なのかわかりません。この組織には機械的組織の最大の特徴であるヒエラルキーがないのです。そして，メンバー全員が他の全員と線でつながっています。機械的組織はタテの関係があまりにも強く，ヨコの関係がほとんどない組織ですが，この有機的組織はヨコの関係が強く，情報や責任が共有化されやすくなっています。

犯人たちのグループは，この有機的組織を優れた組織だといっているのです。しかし，映画を見ればわかるように，彼らは最終的には捕まってしまいます。優れた組織で行動していたはずなのに，結局は捕らえられてしまうのです。映画のクライマックスあたりで，捜査本部の陣頭指揮にあたっていた沖田が，室井に取って代わられます。室井は沖田と異なり，これまで聞き入れることのなかった現場サイドの声を取り上げ始めます。映画では，こうして現場の声を聞くことによって，犯人を逮捕することがで

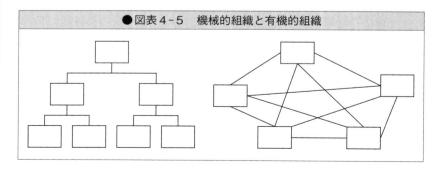

●図表4-5　機械的組織と有機的組織

きたというように描かれています。機械的組織が，有機的組織に一歩近づいたということなのでしょう。

　機械的組織に代わるものとして有機的組織がよく引き合いに出されますが，この映画のメッセージは「それでもやっぱり基本は官僚制組織」ということなのではないでしょうか。規模の大きさに対応する組織としては，官僚制が優れていることは事実なのでしょう。あくまでもこれを基本にして，後はどのように修正を加えていくかということが重要なのかもしれません。

2. 「スーパーの女」に学ぶ組織論

　では，すでに見た映画「スーパーの女」を思い出してみましょう。この映画の舞台である正直屋には，当初様々な経営課題がありました。なかでも，組織的な課題として挙げられるのが，いわゆるセクショナリズムの問題です。前述のとおり，セクショナリズムは行政組織によく見られる現象ですが，この映画を見ると民間の組織でも起こり得ることがわかります。

　例えば，青果部門に対して，白菜の安売りを朝から実施するという提案を花子が行ったときのことを思い出してください。青果部門のチーフは花子のことを，素人のくせにプロの仕事に口を出すといって批判します。このとき，このチーフは自分たちのことをプロと呼んでいます。分業がもたらす専門化は，組織のなかにこうしたプロ意識を芽生えさせるのです。そして，これが往々にして対立を生み，意思の疎通を阻害し，全体にとって何が一番大切なのかをわからなくさせるのだといえます。

　その典型的な例が，パックから魚の体液が漏れ出して，客の衣服を汚した事件です。花子はすぐさま鮮魚部門に赴き，事の次第を説明して，どうしてこのようなことが起こるのかと問い詰めます。レジ部門は最も顧客に近いポジションにいます。直接顧客と接するため，苦情などを受けるのはすべてレジ部門の従業員なのです。レジ部門としてはレジ打ちに専念したいし，もっと積極的な仕事に時間を割きたい。にもかかわらず，顧客からの苦情がこう多くては自分たちの仕事もままならない。苦情をなくすには元を断たねばならないということでバックヤードに花子がやってきたので

す。しかし，チーフであるシンちゃんは聞く耳をもちません。

　興味深いのは，花子が責任を追及するときは，シンちゃんに対して「お
たく」という表現を用いて突き放しているのに，その後で「うち」のお魚
という表現を用いているところです。花子の頭のなかでは，ここでいう魚
は店頭に並んでいる魚のことであるため，店全体の魚として扱っています
が，体液処理に関しては，分業によって任されている鮮魚部門の仕事なの
で，あくまでも「おたく」なのです。そしてシンちゃんは「あんたら」と
応酬しています。とにかく，レジとしてはこの問題を根本的に解決するた
めには，鮮魚部門で対応してもらうしかないと考えています。そして問題
を解決することは，店のためであり，何より顧客のためなのです。花子の
頭のなかには，そうした優先順位が明確にあります。しかし，シンちゃん
の頭のなかにある優先順位は，花子とは異なるようです。一番大切なこと
は，自分たちの流儀で，気持ち良く仕事をすることなのです。そして，当
然プロとしての自覚とプライドがあるため，他の職場の素人に意見された
くないという発想しかありません。つまり，店全体のことや，顧客のこと
にまで考えが及んでいないのです。このときの正直屋は，分業はしていて
も，協働が促進されていない状況にあったといえます。

　さて，協働を促進するためには，３つの方法がありました。１つ目は協
議です。協働が促進されないのは情報に偏りがあるからでした。この場合，
苦情という顧客からの情報は，レジ部門にのみ集中しています。したがっ
てレジ部門としては，問題解決のための行動を起こしやすいのですが，他
の部門としては，情報が乏しく，よくわからない状況であるため，行動に
までは至らないのです。だとすれば情報をもっている者が，それを共有化
するように努力すればよいことになります。花子がしていることはそうい
うことなのです。

　２つ目の方法は，調整役を利用することでした。花子とシンちゃんを見
ればわかるように，当事者同士が交渉すると利害がぶつかり合ってなかな
かうまくいかないものです。お互い自分は正しいと信じているのですから
仕方ありません。そこで，両者の意見をうまくとりまとめてくれる調整役

を利用するのです。この場合は，さしずめ店長ということになるでしょう。2人は店長から権限を委譲されて職務を任されているのですから，それを調整するのは店長が最もふさわしいのです。

そう考えると，花子もシンちゃんも実は調整役でもあるということが理解できるでしょう。花子はレジ部門の，シンちゃんは鮮魚部門のチーフであり，それぞれの部門の調整役なのです。したがって，花子とシンちゃんの会話は，レジ部門と鮮魚部門の協議ということになります。つまり，花子のいっていることは，花子個人の意見ではなく，レジ部門の総意ということなのです。そしてそれは，レジ部門に勤める従業員の意見を調整した結果ということでもあります。もちろん，いろいろな考えや意見があるでしょう。しかし，それをいちいち協議の場にもちこんでいては，まとまるものもまとまりません。そこで調整役がとりまとめをしてから協議に臨むのです。そのほうが明らかに効率的だといえます。

3つ目の方法は，公式化でした。ある一定の状況下で人々がとるべき行動をあらかじめ決めておくのです。ある条件のもとでは，このように行動する，または決定するというルールや手続きを決めておけば，当事者同士がいちいち協議しなくても，また，調整役である管理者の助けを借りずとも仕事をスムーズに行うことができるということです。今回のケースでも，魚の体液は1日に1回必ず抜いてパックし直す，というようにルール化しておけば，このような問題は起きなかったのです。もちろん，すべてをルール化することは困難です。ルール化するためには，ある程度事態が予想されなければなりませんし，複雑になると難しくなります。そこで，日常反復的な仕事についてはルール化しておき，そのルールに従える場合には従い，ルールから逸脱している場合には協議もしくは調整するというようにしておけばよいのです。

3．「陽はまた昇る」に学ぶ事業部制組織

最後に，これもすでに見た映画「陽はまた昇る」を参考に，事業部制組織について考えてみましょう。本作で取り上げられている企業ビクターは，当時事業部制を採用していました。これまで学んできたように，事業部制

組織には様々なメリットとデメリットがあります。例えば，事業部制組織では意思決定を迅速に行うことができるというメリットがあります。映画のなかで加賀谷は，本社に隠れて闇のプロジェクトを立ち上げますが，これは会社から大幅に権限を委譲されているからこそできたのです。もし，職能別部門制であれば，製品に関する意思決定が会社のトップで行われるか，各職能部門のトップ同士の協議によるため，このような意思決定を行うことは不可能だったでしょう。

　さて，事業部は独立採算制のもとで活動をします。つまり，利益責任があるのです。利益責任があるということは，裏を返せば，最終的に利益を出しさえすれば，そのプロセスについては自由であるということです。事の是非はともかく，本社に嘘をつきながらでも加賀谷がやり通せたのは，事業部制という仕組みのおかげなのだといえます。

　しかし，こうした利益責任は，ともすれば短期的な利益の追求へと駆り立ててしまいます。ビデオ事業部は不採算部門でした。つまり利益が出ていなかったわけです。そんな状況で開発にまわす資金などあるわけがありません。したがって開発は行わないというのが従来の方針でした。「どこにそんな金があるんですか?!」という次長の言葉は切実です。次長が悪いわけではないのです。それが事業部制の短所でもあるのです。

　ビクターのビデオ事業部がこのような状況にありながらも，VHSの開発に成功したのは，何よりも事業部長である加賀谷の慧眼と信念と熱意によるものでしょう。家庭用VTRの時代が来るという確信，開発を可能にするだけの「見えざる資産」を保有しているという信念，そして何がなんでもやり切ろうとする熱意。それらが事業部制の短所を克服したのです。もちろん，賭けであることには違いないわけですが。

　また，事業部制は市場，つまり顧客から見てわかりやすい組織構造であるといえます。顧客が接するのはあくまでも製品です。その製品を核として組織が構築されているのですから，わかりやすいのは当然でしょう。つまり，先ほどの意思決定にも通じますが，事業部制組織は市場に近いということなのです。したがって，市場のニーズを感知しやすいということになります。

第4章　「生きる」に学ぶ経営組織論　　133

　加賀谷の自宅で，ちょっとしたパーティが開かれていたシーンを思い出
してください。業務用VTRがあるというので，加賀谷の自宅に集まって
きた近所の人たちが，楽しそうに麻丘めぐみの「わたしの彼は左きき」を
大合唱しているシーンです。そのシーンは，加賀谷が家庭用VTRに対す
るニーズを，強く確信するシーンでもあります。事業部長として常に事業
部の商品（現存の商品もこれからの商品も含めて）を考えているからこそ，
こうしたニーズに敏感なのです。

　もちろん，職能別部門制組織でも営業部のメンバーは市場のニーズを把
握しているでしょう。しかし，そのニーズに気づいたところで，それに見
合った製品を開発し，生産し，販売するまでの道のりがあまりにも長いこ
とを考えると，それを声に出すのをためらってしまうかもしれません。そ
して，そうした状況があれば，メンバーの感度までもが鈍っていくかもし
れないのです。市場ニーズに対する感知能力とニーズの実現可能性に対す
る認識は表裏一体なのだといえます。

　さらに，利益責任は評価を明確にします。もちろん，それだけ厳しさを
伴います。したがって，同じ会社内であるのに，競争原理が働きます。他
の事業部に負けたくないという心理が働くのです。映画のなかほどで，各
事業部長が役員室に集められるシーンがあります。組織の合理化を図るよ
う厳命されるわけですが，これらの事業部長たちは互いに鎬を削っている
のです。

　このように競争原理は事業部の意欲を高め，全体を活性化させる効果も
ありますが，事業部利益の優先が目立ちすぎるといわゆるセクショナリズ
ムとなり，連携プレーなどがおろそかになるという短所も有しています。
それだけならまだいいのですが，製品が重複するなどの弊害が生じること
もあります。事業部間の争いが全体の効率を下げ，取引先や消費者にもマ
イナスの影響を及ぼすという悪い例です。

第5章

「メッセンジャー」に学ぶ
経営戦略論

　本章では，経営戦略について考えます。もともと戦略とは，戦争の総合的な準備・計画・運用の方策を意味する軍事用語です。戦争の是非はともかくとして，いかにして戦争に勝利するかは，その組織にとってまさに死命をかけた大きな問題です。組織のリーダーは現有の戦力をうまく活用して，できるだけ少ない犠牲で勝利をおさめなくてはなりません。戦略はその後の組織行動を規定しますので，1つ間違うと多くの犠牲者を出してしまう危険性をはらんでいます。したがって，戦略の立案は極めて慎重に行われなければなりません。

　今述べたように，経営活動において戦略という表現が用いられるのは，企業がまさに市場という戦場で競争相手と戦い，勝利することを目的としているからです。では，企業にとって勝利するとはどういうことでしょうか。それは，究極的には市場を支配するということにほかなりません。

　しかしながら，市場を完全に支配することは至難のわざといわねばなりません。政府による規制などが強いために参入するのが困難な市場ならともかく，自由市場においては多数の競合相手がひしめき合っているのが自然です。

　また，市場の独占が，その企業の健全さを維持するとは限りません。むしろその逆のケースのほうが多いでしょう。競争原理が働いているほうが市場自体をより健全にし，そのなかで戦っている企業も生存確率を増大させることになるのです。したがって，企業にとっての勝利とは，他の競合相手よりも「優位な立場を維持し続ける」ということになるでしょう。それが現実的な解釈ではないでしょうか。

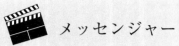

メッセンジャー

☆発売元	東宝
☆監督	馬場康夫
☆脚本	戸田山雅司
☆劇場公開	1999年
☆出演	飯島直子，草彅 剛，矢部浩之，京野ことみ，加山雄三，別所哲也
☆あらすじ	マンションもクルマも服もすべて会社から支給され，人も羨む贅沢な生活をしていたイタリアの某有名ブランドのプレス・尚美。ところがある日突然，そのブランドが倒産。債権者から身ぐるみはがされた彼女は，ふとしたきっかけから，カラダと汗で日銭を稼ぐ自転車便の若者・鈴木と一緒に働くことに。価値観も性格も，全く正反対の２人は，反発しながらも，次第に惹かれあっていく。個性的な仲間たちも加わり，すべてが順調に思えた矢先，思わぬ出来事が。そして，会社の存続とプライドをかけて，バイク便とのデリバリー・レースが始まろうとしていた。

　本章では，映画「メッセンジャー」を参考に，経営戦略論について考えます。この映画は，タイトルにあるとおり，まさにメッセンジャーを描いた映画です。メッセンジャーとは，メッセージを伝える人のことです。電報配達人もメッセンジャーですが，ここでは都会で書類を配達する自転車便やバイク便を指しています。東京や大阪などのオフィス街では，交通事情などのために，乗用車による配達では時間がかかってしまいます。自転車やバイクであれば，細い道を通ることも可能ですので，とても便利です。また，郵便であれば，いちいち投函する必要がありますが，自転車便やバイク便であれば，すぐに取りに来てくれて，そのまま配達に行ってくれます。本作で登場する自転車便企業，東京エクスプレスは，ティーサーブという実在の企業をモデルとしています。また，悪役バイク便として登場するセルートも実在の会社です。本作では，書類配達業という同じ市場において，自転車とバイクという異なる配達手段を用いた企

第5章 「メッセンジャー」に学ぶ経営戦略論　　137

業が競争する，というストーリーになっています。移動速度だけを考えれば，明らかにバイクのほうが早く，自転車便は成り立たないようにも思えます。しかし，自転車ならではのビジネス・システムを構築すれば，バイクと互角に，いやそれ以上に戦うことができるのです。あるバイク便会社は，バイク便をこう説明しています。「バイク便とは，お客様のお荷物を最速の手段でお届けするサービスです」と。本作は，こうしたバイク便に自転車便で立ち向かう人たちの物語なのです。自転車便企業が確立するビジネス・システムに注目して，本作を見てほしいと思います。では，次に，経営戦略論について学びましょう。

1．経営戦略論の登場

　経営戦略論が経営学の一分野として確立したのは，1960年代ごろだといわれています。それまでの経営学は，伝統的組織論または伝統的管理論と呼ばれるように，組織内部の管理や統制に重点を置くものでした。例えば，組織内部の権限と責任をどう配置すればよいのかとか，職務の割り当てをどうすれば生産性を向上させるのか，といったことを中心に考えていたのです。このように1900年代の初めごろまでは経営管理の時代であり，主には組織の内部に目が向けられていたのです。それが1930年代ごろにバーナードが登場してから，少しずつ組織の外に目が向くようになってきます。

　そのバーナードが経営学にもたらした考え方が，第4章で見たオープン・システム論です。そもそもシステムとは，それぞれの構成要素間に相互作用があることを必要としますが，特にオープン・システムというときには，環境との継続的な相互作用を認めるところにその特徴を有しています。環境から物，エネルギー，情報などをシステムにインプットし，それを内部で転換し，アウトプットを環境に産出することによって均衡状態を維持する。そして環境が変化すれば，その変化に適応するために，内部の構造や過程を変化させていく。こうした考え方をオープン・システム論と呼ぶわけです。

　当時はそれほどまでに注目を浴びなかったようですが，後にバーナード革命と呼ばれるほど画期的な発想として，歴史に刻まれることになります。つまり，外部環境に対する適応が，経営上の問題として重視される契機をつくったということです。まさに経営戦略論の萌芽がここにあったといえるでしょう。そし

てようやく1960年代に入り，米国における長期計画ブームも手伝って，チャンドラーとアンゾフが，経営戦略論を経営学のなかで本格的に取り上げることになるのです。

2．経営戦略とは

1）　経営戦略の定義

　では，ここで少しだけ，様々な研究者による経営戦略の定義について見ておきましょう。まずチャンドラーです。チャンドラーは経営戦略論を研究していたというよりは，経営の歴史を研究していたいわゆる経営史家でした。彼は米国の大企業であるデュポン，GM，スタンダード・オイル，シアーズ・ローバックの経営的な変遷を調べ，あることに気づいたのです。それは，経営管理には２種類あるということでした。１つは日常業務を円滑に行うために必要な管理であり，いま１つは長期的な企業体質に関わる管理でした。この後者が経営戦略を指しているのです。そこでチャンドラーは，経営戦略を次のように定義しています。「企業体の基本的な長期的目標を決定し，これらの諸目的を遂行するために必要な行動方式を採択し，諸資源を割り当てること。」

　アンゾフもまた同様に，日常的な管理活動以外に，長期的視野に立った経営戦略という概念が必要であることを示しました。アンゾフは戦略について次のように述べています。「(1)企業の事業活動についての広範な概念を提供し，(2)企業が新しい機会を探求するための個別的な指針を設定し，(3)企業の選択の過程を最も魅力的な機会だけにしぼるような意思決定ルールによって企業の目標の役割を補足する，といったようなものである」と。

　さて，これまで米国の研究者ばかり見てきましたが，日本の研究者はどのように捉えているのでしょうか。伊丹・加護野（1993）には次のように書かれています。戦略とは，「組織としての活動の長期的な基本設計図を市場環境とのかかわり方を中心に描いた構想」であると。また，柴田・中橋（2003）では，「企業が『競争優位』の獲得と持続をめざして，自社の営む『事業』について，『環境適応』的に行う，『一連の基本的な意思決定や行為』である」と定義づけられています。

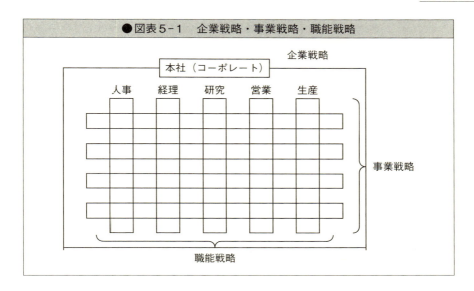

●図表5-1　企業戦略・事業戦略・職能戦略

　このように研究者によって定義は様々です。しかし確実にいえることは，経営戦略という概念は，「長期的な目標」，「目標遂行のために必要な意思決定，計画，行動方式」，「環境適応」といったキーワードから構成されるということでしょう。つまり，環境の変化に適応するために設定された，長期的な目標を遂行するにあたっての計画や行動様式が経営戦略といえるのです。

　さて，これらの定義が指し示す経営戦略には，様々な次元の戦略が含まれていることも忘れてはなりません。それらは主に，企業戦略，事業（競争）戦略，職能戦略と呼ばれるものです（**図表5-1**）。

　まず企業戦略とは企業全体に関わる戦略を指します。第4章で見た松下電器のように，企業によっては1つの事業だけに特化するのではなく，同時に複数の事業を営むことがあります。これを多角化（戦略）と呼びます。多角化は規模の大きくなった企業に採用されることの多い戦略の1つですが，必ずしも規模が大きくなったからといって多角化すればよいというわけではありません。

　企業が多角化を選択する際の状況としては，次のような場合が考えられるでしょう。まず，現有の事業では将来の成長が期待できない場合。そして，トップ・マネジメントの企業者的精神が旺盛で，資金源に余裕がある場合。さらに

は,将来の不確実性(景気変動,技術革新,市場の変化)に対処する方法として,新規事業の機会を探求する場合などです。

多角化戦略の選択が,組織構造を事業部制へと変化させることについては,第4章で見たとおりです。ではここで,改めて多角化戦略の意義について考えてみることにしましょう。

2) 多角化戦略の意義

① 範囲の経済

範囲の経済とは,企業が複数の事業活動を同時に営むことによって,それぞれの事業を独立に行っているときよりも,コストが割安になる現象を指しています。もしここに,テレビだけを扱っているA社と,DVDだけを扱っているB社,そしてその両方の商品を扱っている企業C社があるとして,それぞれの事業規模はほぼ同等であるとしましょう。この場合に,A社とB社の費用の合計よりも,C社の2つの事業における費用の合計のほうが低い場合,これら2つの事業の間に範囲の経済が存在するといいます(**図表5-2**)。

では,どういった場合に範囲の経済は生じるのでしょうか。それは,未利用の資源が有効に活用された場合であるといわれます。前述のように,デュポンは一時期,余剰資源を抱え込んでいました。ヒトやモノが余っていたのです。それらはもともとデュポン内にあったものです。新しい事業を起こすために,新たに人を採用し訓練すれば,それだけコストがかかります。また,土地や設

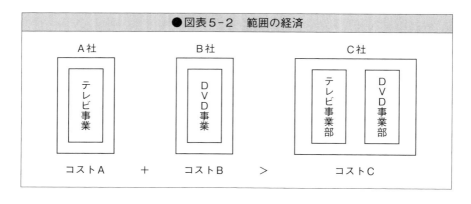

●図表5-2 範囲の経済

備も新たに買おうとすれば費用が発生します。しかし，これらはすでにデュポンのもとにあるのです。「タダ」のものを活用するわけですから，相対的に費用が低くなるのは当然でしょう。

また，未利用の資源は，このような形の余剰によるものばかりではありません。企業内には，事業を行っているうちに蓄積されてくる経営資源が豊富にあり，それらは既存事業で利用しつくされない場合が多いものです。その主要なものは，情報的な経営資源であるといわれます。

例えば，パナソニックはエレクトロニクス・メーカーですが，テレビを開発するためには当然様々な技術が必要です。そうした電子技術や精密加工技術といった技術が，テレビの開発および生産の過程で，社内に蓄積されていきます。そしてそれら技術情報が，テレビ事業で利用しつくされない場合に，DVDなどの事業で利用されることになるというわけです。

こうした情報資源の特徴は，第1に，同時に共通利用できるということです。テレビで培った電子技術を利用して，XさんがDVD開発に取り組んでいる傍らで，Yさんも同様の技術を利用することが可能です。Xさんがそれを利用しているからといって，Yさんが利用できないということはありません。情報資源は，「タダ」でいくらでも使いまわしが効くのです。

第2の特徴は，あまり目減りすることがないということです。先ほどの例でいえば，Xさんが電子技術をDVD開発に応用したからといって，その技術情報が消えてなくなるわけではありません。誰がその情報を用いても，物理的に減るということはないのです。ただ，情報が普及しすぎて，差別的な価値が減少するということは考えられます。

こうした特徴は企業のブランドや，顧客の信用，そして流通網などにも当てはまるでしょう。テレビという商品によって形成されたパナソニックというブランドを，DVDという商品に利用しても，新たなコストはかかりませんし，そのブランドが目減りするということもないのです。また，テレビ事業によって構築された流通網をDVD事業に利用したとしても，既存の流通網にDVDという商品をのせるだけなのですから，新たな流通網を形成するという追加的な費用が発生することはないのです。

未利用の資源はこのように，できれば目に見えにくいもの，もしくはその形

成に時間を要するもの，どうやって培われたのかがわかりにくいものが良いとされます。これは「見えざる資産」と呼ばれるものです。他社に模倣されにくいように図られた差別化は，競争優位性を持続させるのだといえます。

②　リスクの分散

　企業が多角化を採用する第2の理由は，リスクの分散です。すべての資源を，単一の事業に集中して投入している場合，もしその事業で不測の事態が発生すれば，企業は大きな危機を迎えることになります。先ほどの例で考えてみましょう。A社はテレビしか扱っていません。B社はDVDしか扱っていません。C社はその両方を扱っています。今，テレビに関する技術が劇的な革新を遂げ，その基礎技術を開発した強力なライバル・メーカーが出現したとしましょう。A社が危機的状況に陥るのは火を見るより明らかです。しかし，C社はDVD事業も営んでいますので，DVDで急場をしのぎ，テレビの新技術に対応するまでの時間稼ぎをすることが可能となるのです。

3）　企業ドメイン

　では，多角化をする際に考慮すべきことは何でしょうか。最初に考えておかねばならないのが企業ドメインです。ドメインとは，その企業が生きていくために必要な事業領域のことで「生存領域」とも呼ばれます。これを設定しておく必要があるのです。

　心理学に，アイデンティティ（自我同一性）という概念があります。人間は幼児期から青年期を経て，自らの人格を形成していきます。そしてそのなかで，「自分は何者か」ということを理解し，自覚していきます。アイデンティティが確立していれば，行動様式は安定します。自分のことを理解しているわけですから，無茶なことはしないでしょう。最近の言葉でいえば「キャラ」でしょうか。自分のキャラと異なる行動様式をとらないということです。しかし，もしこの自覚が乏しければ，アイデンティティが拡散していることになり，その人の行動は不安定になるでしょう。もちろん行動だけでなく，精神的にも不安定であるということですから，周りの人たちにもあまり良い影響を及ぼしません。

第5章　「メッセンジャー」に学ぶ経営戦略論　　**143**

　個人と同様に，企業にもこうしたアイデンティティが必要であるということ
です。ドメインは，このアイデンティティの役割を果たします。つまり，その
企業が何者であるかを指し示してくれるのです。1980年代に流行した，コーポ
レート・アイデンティティ（CI）と呼んでもよいでしょう。例えば1980年代
当時の，日本電気にとっての「C&C（コンピュータ・アンド・コミュニケー
ション）」や，松下電器にとっての「ヒューマン・エレクトロニクス」，新日本
製鉄にとっての「総合素材産業」などがそれにあたります。

　このように，簡潔な言葉で表現されたドメインによって，企業は多角化の程
度を決定することができます。指針となるものが企業には必要なのです。あま
り野放図に多角化をしてしまうと自らを見失ってしまうかもしれません。近年
叫ばれることの多くなった，「本業回帰」という表現はその裏返しなのでしょ
う。いずれにしても，ドメインを決定することで，企業は安定した経営活動を
継続することが可能となるのです。

　経営戦略論の生みの親ともいえるアンゾフは，「運輸業」を例に出して，こ
の言葉では製品使命（ニーズ）や顧客の範囲が広すぎるうえに，製品も様々な
もの（乗用車・バス・列車など）が想定されるため，共通の関連性が絞りきれ
ず役に立たないと述べています。ドメインという言葉こそ使用してはいないも
のの，経営戦略論の古典とも呼べる『企業戦略論』のなかで，すでにそのコン
セプトについて言及されているのです。アンゾフは「このような概念」が，
「一方では企業に個別の指針を与えるとともに，他方では成長の余地を提供す
る（邦訳，134頁）」としています。したがって，この概念は広すぎてもいけま
せんが，逆に狭小すぎても成長の余地がなくなってしまい，役に立たないとい
うわけです。適度な概念化が必要ということでしょう。

　さて，ここでアンゾフの「成長ベクトル」について考えてみましょう。アン
ゾフは戦略を立案する際に，企業内における「共通の関連性」を把握しておく
ことの重要性について説いています。共通の関連性こそが，先ほど述べた「一
方では企業に個別の指針を与えるとともに，他方では成長の余地を提供する」
概念を決定する手がかりとなるのです。そしてその「共通の関連性」を知るた
めの有益な方法として，「成長ベクトル」を用いるのです。

　図表5-3には，成長ベクトルの構成要素が示されています。成長ベクトル

●図表5-3　成長ベクトルの構成要素		製　　品	
		現	新
使　命（ニーズ）	現	市場浸透力	製品開発
	新	市場開発	多角化

出典：Ansoff, H. I.（1965，邦訳137頁）

とは，企業がどんな方向に進んでいるかを示すものです。製品と使命（ニーズ）それぞれが，現行と新規の2つずつに分かれ，合わせて4つのセルのマトリックスが構成されています。「市場浸透力」とは現行の製品で従来からのニーズに応えていこうというもので，現在の製品市場において市場占有率を増大していこうとする成長ベクトルを表しています。「市場開発」とは，現行の製品について新しい使命（ニーズ）が探求されているかを示すためのものです。また「製品開発」とは，現行の製品に代わるものとして，どんな新製品を作り出そうとしているかを示すものです。最後に「多角化」とは，製品と使命両面において，企業にとって全く新しいものを探求しているかを示すものです。アンゾフは多角化において，共通の関連性は比較的不明瞭でかつ弱いとしています。したがってシナジー効果が期待できず，リスクも大きいということになるのです。繰り返しになりますが，多角化は成長の余地を与えてくれる分，危険も大きいため，慎重に決断する必要があるといえるのです。

4）　経営理念

ドメイン以上に，企業の根幹をなす概念が経営理念です。先ほど，ドメインが企業のアイデンティティを規定すると述べましたが，経営理念はドメイン以上の影響力をもっているといえます。企業ドメインを修正することはあっても，経営理念を大きく修正するということはあまりありません。ここではまず，経営理念の意義について考えてみましょう。

①　経営理念の意義

人間が自らの存在理由を求めるのと同じように，組織にも存在理由が必要で

す。それは経営者自身の存在理由に関わっているからです。そして，その存在理由を経営理念と呼びます。つまり経営理念とは，企業が行う諸活動の根底にある基本的な考え方であり，信条や規範を意味します。それは結局のところ，その企業の創業者や経営者が，経営に対してもつ基本的な価値，態度，信念や行動基準であり，それは企業目的の設定や，経営活動の具体的な内容の決定にも大きな影響を及ぼすのです。当然，株主や従業員など，その企業をとりまく様々な利害関係者にも影響を与えることになります。

　日本を代表する家電メーカーであるパナソニックは，1918年（大正7年）に松下電気器具製作所としてスタートし今日に至りますが，その創業者である松下幸之助は，事業を始めた当初は，何かいつもしっくりしないものを感じていたといっています。それが1932年（昭和7年）に経営理念を会得して以降は，強固な信念に裏づけられた力強い経営が実践できるようになったというのです。それほどに経営者にとっても，組織にとっても経営理念は重要なものであるということなのでしょう。

　松下幸之助は自伝のなかでこう述べています。「…真の使命はここにあるのだ。今までの私の経営，松下電器の経営もそれは単なる商習慣による経営にすぎなかったのだ。…即刻真使命による経営に入らねばならない…」と。これは，真の使命を悟る以前の経営について語っている部分です。まさに，魂のない経営に意味を見出すことなどできないといわんばかりです。また，経営理念の意義は経営者に対してのみあるのではありません。当然，その組織で働く従業員にも大きな意義を有しています。経営者同様，従業員の働く意欲も向上させるでしょう。また，何か不測の事態が生じたときなどには，行動の指針，基準として機能します。さらには経営理念という基本的な考え方を共通に身につけている者同士であれば，コミュニケーションのベースが同じであるため，意思疎通が円滑に行われるはずです。

②　経営理念の実例

　経営理念の内容が成文化されている場合は，社是や社訓として明記されます。成文化されていない場合は，経営者の態度や行動のなかに表されていると考えられます。では，実際にはどのような経営理念があるのでしょうか。主だった

業界の代表的な企業について，少し見てみることにしましょう。なお，これらの情報は，2016年10月1日現在，各社のHPより入手可能です。

日立製作所

日立製作所は基本理念として，次のような文章を掲げています。

「日立製作所は，その創業の精神である"和"，"誠"，"開拓者精神"をさらに高揚させ，日立人としての誇りを堅持し，優れた自主技術・製品の開発を通じて社会に貢献することを基本理念とする。

あわせて，当社は，企業が社会の一員であることを深く認識し，公正かつ透明な企業行動に徹するとともに，環境との調和，積極的な社会貢献活動を通じ，良識ある市民として真に豊かな社会の実現に尽力する。」

（http://www.hitachi.co.jp/about/corporate/philosophy/index.html）

トヨタ

トヨタは7つの基本理念を掲げています。その筆頭にあるのがこの理念です。

「内外の法およびその精神を遵守し，オープンでフェアな企業活動を通じて，国際社会から信頼される企業市民を目指す。」

（http://www.toyota.co.jp/jpn/company/vision/philosophy/）

三菱UFJフィナンシャル・グループ

三菱UFJフィナンシャル・グループは経営理念という表現を用いず，経営ビジョンとして，そのなかで次のように「私たちの使命」について述べています。

「いかなる時代にあっても決して揺らぐことなく，常に世界から信頼される存在であること。時代の潮流をとらえ，真摯にお客さまと向き合い，その期待を超えるクオリティで応え続けること。長期的な視点で，お客さまと末永い関係を築き，共に持続的な成長を実現すること。そして，日本と世界の健全な発展を支える責任を胸に，社会の確かな礎となること。それが，私たちの使命です。」

（http://www.mufg.jp/profile/philosophy/）

積水ハウス

積水ハウスは，企業理念として次の4つの項目を掲げています。

「1．人間愛：私たちの根本哲学，2．真実・信頼：私たちの基本姿勢，3．

最高の品質と技術：私たちの目標，4．人間性豊かな住まいと環境の創造：私たちの事業の意義」

（http://www.sekisuihouse.co.jp/company/info/philosophy.html）

花王

　花王では，経営理念は花王ウェイ（The Kao Way）と表現されており，それは「使命」「ヴィジョン」「基本となる価値観」「行動原則」によって構成されています。

　「使命」：豊かな生活文化の実現

　「ヴィジョン」：消費者・顧客を最もよく知る企業に

　「基本となる価値観」：よきモノづくり，絶えざる革新，正道を歩む

　「行動原則」：消費者起点，現場主義，個の尊重とチームワーク，グローバル視点

　（http://www.kao.com/jp/corp_about/kaoway.html）

武田薬品工業

　武田薬品では，ミッションとして「優れた医薬品の創出を通じて人々の健康と医療の未来に貢献する」が掲げられ，次に，ビジョン2025，そして，バリューが示されています。また，バリューにおいては次のように述べられています。

「タケダイズム（誠実：公正・正直・不屈）をすべての行動の指針とし，ビジョンを実現します。」

　（http://www.takeda.co.jp/company/corporate-philosophy/）

NTTドコモ

　NTTドコモは企業理念として，次のように述べています。

「私たちは『新しいコミュニケーション文化の世界の創造』に向けて，個人の能力を最大限に生かし，お客様に心から満足していただける，よりパーソナルなコミュニケーションの確立をめざします。」

　（https://www.nttdocomo.co.jp/corporate/about/philosophy_vision/index.html）

　これらを見てわかるように，経営理念は，単に経営者やその組織の目的を示

しているというだけではなく，自分たちをとりまく社会に対する，1つのメッセージにもなっています。社会との約束，いわば社会との間に契約を交わしているのです。「私たちはこういったことを目的に企業活動をいたします。私たちはこういった企業です。みなさんどうぞよろしくお願いします」と，社会の一員として認められ，受け入れてもらえるように宣言しているのです。この点は，近年盛んに話題にされることの多くなった，企業倫理とも密接に関わってくるため，後に改めて検討しましょう。

3．様々な経営戦略論および手法

1） 戦略策定

　企業は市場での競争優位性を確保するために，しかるべく戦略を立案していかなくてはなりません。そのためには，まず自らの戦場である，市場環境をよく知る必要があるでしょう。いわゆる環境分析です。環境分析には，社会経済動向などを対象としたマクロ分析と，市場の分析のようなミクロ分析があります。ここでは主にミクロ分析について取り上げます。ここでまず，必要とされるのが，顧客の分析でしょう。市場を形成しているのは，消費者です。消費者のニーズを知らずして，企業活動を行うことなどできません。また，市場環境を分析するためには，競争相手についてもよく調べなければなりません。ライバル企業の採用している戦略が優れたものであるなら，それを模倣することも必要かもしれません。また，ライバル企業から学ぶことも多いでしょう。

　さて，環境分析も大切ですが，同様に自分たちのことも知っておかなくてはなりません。「敵を知り，己を知れば百戦危うからず」という，兵法書「孫子」の言葉にもあるとおり，敵を知るだけでは不完全なのです。経営戦略に当てはめるなら，それは，組織が抱える様々な資源や能力の分析ということになるでしょう。自分たちの能力が優れているのか，劣っているのか，十分な能力は何で，不十分な能力は何なのかを把握していなければならないのです。

　なお，これら顧客（Customer），競争相手（Competitor），自社（Company）の分析は総称して，3C分析と呼ばれることもあります。また，こうした分析を行う際には，自分たちの有利な面ばかりを見ないように，SWOT分析など

を行う必要があります。SWOTとは，自分たちの強み（Strength）と弱み（Weakness），機会（Opportunity）と脅威（Threat）を意味しています。

2）　資源配分とPPM

では次に，多角化戦略について改めて考えてみることにしましょう。企業が多角化をする場合，資源はどのように配分されるのがベストなのでしょうか。企業がすでに保有している資源も，これから獲得するであろう資源もともに有限です。単一の事業しか営んでいないのであれば，何も考える必要はありませんが，複数の事業を抱えている場合，この限りある資源をどのように配分するかは，非常に重要な問題となります。

平等が一番と，各事業に均等に資源を割り当てるのも1つの策ではありますが，それぞれの事業には個別の特性もあれば，取り巻く環境にも違いがあります。第4章で取り上げた松下の例を考えてみてください。電気器具しか扱っていなかった松下がラジオ事業に進出すれば，当然，ラジオ事業を生業にしている会社が競合相手となります。ライバルの研究もしなければなりませんし，ラジオ市場の特性についても，新たに調査をしなければなりません。新しい市場に参入するには，その準備も含めて莫大な費用が必要となるものです。このように市場環境や顧客，技術環境などの違いを考えれば，単純に均等割りというわけにもいかないのです。

そこで考案されたユニークな資源配分の手法が，プロダクト・ポートフォリオ・マネジメント（PPM）です。PPMは複数の事業を抱えるGE（ジェネラル・エレクトリック社）とボストン・コンサルティング・グループという米国のコンサルタント会社によって，共同で開発されたといわれています。

ポートフォリオとは元来，「紙挟み」や「携帯用書類入れ」のことを意味しています。たくさん仕切りのついた書類入れを想像してください。もともとは証券業者が推奨銘柄ごとに証券証書を区分して持ち歩いたのが由来であるとされています。多角化している企業は抱えている複数の事業を，何らかの方法で区分し整理しておく必要があります。その区分の方法がPPMなのです。

PPMでは主に，製品もしくは事業のライフサイクルとキャッシュフローに注目します。市場にも個別企業の製品にもライフサイクルがあります。市場も

製品もともに誕生し，成長し，成熟し，そして衰退していきます。こうした市場の成熟段階と，自社製品の成長段階の組み合わせによってそれぞれの事業を区分し，資金をバランス良く配分するための根拠にするのです。

縦軸に「市場成長率」をとり，横軸に「相対的市場シェア」をとります。その高低によって，事業を4つに区分した結果が**図表5-4**です。セルのなかの用語は図表の説明のとおりです。

3） 競争戦略論

企業戦略が企業全体に関わる戦略であったのに対し，事業戦略は，その企業

●図表5-4　PPMのマトリックス

	高	花形商品 （stars）	問題児 (question mark) (problem children)
市場成長率	低	金のなる木 (cash cow)	負け犬 (dogs)
		高	低

◀──── 相対的市場シェア

　「金のなる木」：市場は成熟しているが，自社商品の相対的シェアは大きいため，資金の主たる供給者としての役割を担っている。市場が成熟しているということは，もうそれ以上成長する見込みのないことを意味している。
　「花形商品」：市場が成長しており，事業としての魅力は大きい。自社商品のシェアも大きいため，資金流入も大きいが，まだ市場自体が成長過程にあるため，投資のための資金投下が必要。
　「問題児」：市場が成長しているため，事業としての魅力は大きいのだが，自社商品の競争上の優位性は低い。成長投資としての資金投下を必要とするが，将来「花形商品」になるかどうかは不明。企業として判断に迷う事業分野。
　「負け犬」：市場は成熟しており，事業としての魅力は乏しい。しかも，自社の優位性も高くはないので，資金流入は小さい。「金のなる木」になる見込みがないのであれば，撤退を考えなくてはならない。

が抱える個々の事業分野に関わる戦略を指します。この事業戦略は，それぞれ
の製品市場において，競合相手との間で競争優位を競い合うため，競争戦略とも呼ばれます。米国の経営学者ポーターが，『競争の戦略』を1980年に刊行して以来，この競争戦略論が盛んに議論されるようになりました。ではここで，ポーターが取り上げる，他社に打ち勝つための3つの基本戦略について見てみることにしましょう（**図表5-5**）。

① 低コスト戦略

　競争相手と同じことをしていても，競争優位は得られません。他者よりも優位に立とうと思えば，他者と異なっていなくてはなりません。差異が優位性を生む可能性を秘めているのです。低コスト戦略とは，コスト・リーダーシップ戦略とも呼ばれる戦略で，競争相手よりも低いコストを実現し，低価格によって，市場占有率（マーケット・シェア）を拡大しようとする戦略です。つまり，コストおよび価格によって，競争相手との差別化を図ろうとするのです。競争相手が追随できないような低価格を実現することができれば，競争相手を圧倒し，戦いを有利に進めることができるのです。

② 商品差別化戦略

　競争相手にない製品やサービスを提供する戦略を商品差別化戦略といいます。コストや価格以外の面での差別化ですので，品質や機能，付加価値といった部分で差別化を図ることになります。この戦略は，市場に対して後発参入した企業に多いようです。市場参入が早いほど，市場での立場は有利になります。ましてや一番乗りともなると，そのメリットは非常に大きいことになります。これを先行者の優位性（first-mover advantage）と呼びます。日本のハンバーガー市場における，マクドナルドがまさにこの先行者であり，その優位性は今もなお維持されています。競争戦略論では，その市場でトップにいるマーケット・リーダーはその高い市場占有率を背景に，低コスト戦略をとることが多いといわれています。したがって，2番手であるマーケット・チャレンジャーは，どうしても差別化戦略をとらざるをえないのです。ハンバーガー市場におけるモスバーガーが良い例でしょう。

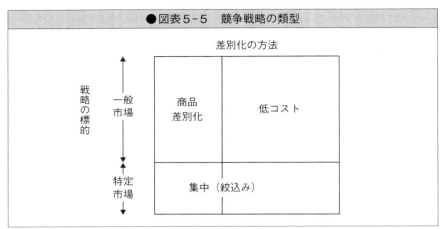

出典:『競争の戦略』を一部修正

③ 集中戦略

　一般市場全体を対象とするのではなく，市場を細分化し，自社の能力にあった特定のセグメント（細分化された市場の一部，特殊な顧客層）に絞り込んで，その市場で優位に立とうとする戦略を集中戦略といいます。図表5-5を見てわかるように，低コスト戦略も商品差別化戦略もともに，差別化の方法による違いはあっても，標的（対象）とする市場に違いはありませんが，逆に集中戦略は差別化の方法にはこだわらず，標的とする市場にこだわりをもつのです。そういう意味で，集中戦略の手段としては，低コストも商品差別化もともに含まれることになります。

　集中戦略で重要なことは，マーケット・セグメントを明確にすることです。そのためにはマーケット・セグメンテーションを行わなければなりません（**図表5-6**）。市場を様々な基準で分割することで，市場細分化とも呼ばれます。こうした分析を丹念に行うことによって，他の企業が参入してこない，いわゆる市場の隙間を見出す場合があります。こうした市場をニッチ（隙間）と呼びます。ニッチを見出すということは，市場の創造を意味しているわけですから，前述した先行者優位を得ることが可能となるのです。

第5章 「メッセンジャー」に学ぶ経営戦略論　**153**

●図表5-6　マーケット・セグメンテーションの基準

(1)　地理的基準（地理的条件による区分）
- 地域：A地区，B地区，C地区など。行政区分が代表的。
- 人口：都市型，郊外型，農村型など。
- 気候：風雪地，内陸地，寒冷地など気候による地域区分。
- 地域特性：商業地，工業地，学園街，団地など。

(2)　人口統計的基準（国勢調査や世論調査で区分する基準）
- 性別：男性，女性。
- 年齢：20代，30代など，10歳ぐらいで区分することが多い。
- 家族構成：若年未婚，中年未婚，夫婦子供2人，高年独身など。
- 職業：専門職，管理職，セールスマン，主婦，教員など。
- 所得：年収500万円未満，500-700万円など。
- 教育（学歴）：高校卒，大学卒など。

(3)　心理分布的基準
- ライフスタイル：貯蓄節約型，流行志向型，家族重視型など。
- 性格，価値観：社交的，権威主義的，野心的など。

(4)　行動的基準
- 使用頻度：未使用，旧使用，初回使用，定期的使用など。
- 使用量：試用，大量使用（ヘビーユーザー）など。
- ロイヤルティ：なし，弱い，強いなど，ブランド選好によって区分。

出典：『コトラー＆ケラーのマーケティング・マネジメント』119頁を一部修正

---

④　差別化について

　これまで，企業が競争優位を確保するための手段として，差別化が必要であることを見てきました。集中戦略も，標的市場の差別化であると考えられます。つまり，低コスト戦略は価格（量）の差別化であり，商品差別化戦略は商品（質）の差別化，そして，集中戦略は標的市場の差別化であるといえるのです。

　ただ，これらの差別化は比較的わかりやすい差別化です。というより，外に現れてきた，結果としての差別化ということになるでしょう。しかし，こうした外面的差別化は，競争相手に模倣されやすいといえます。低価格戦略を採用して価格を下げれば，追随する競争相手はたくさん出てくるでしょう。価格は明らかなものですから，すぐさま競争相手の知るところとなり，模倣されやすいのです。

商品における差別化も同様です。かつて，ステレオ・コンポで黒色のデザインが流行したときがありましたが，ある企業がそれで成功したとわかるや否や，他社も一斉に黒色ボディのステレオを発売し始めました。こうなると，最初に黒いデザインで売り出した企業の優位性は，一挙に消滅してしまいます。これは極端な例ですが，このように商品の内容は競争相手にとってもわかりやすいので，模倣されやすいということがいえるのです。競争優位性はあまり持続しないといえます。

　企業は，差別化によって競争優位を確保しようとしますが，さらにその競争優位性が，短時間で消滅してしまわないようにしなければなりません。そういった意味では，企業は持続的な競争優位を求めているといえるのです。では，持続的競争優位はどのようにすれば得られるのでしょうか。

　低コスト戦略による低価格は確かにわかりやすいといえます。価格表示を見れば一目瞭然です。しかし，その価格を生み出すプロセスについてはどうでしょうか。先ほどは多くの競争相手が追随すると述べましたが，やはり追随できない価格を打ち出してくる場合もあるでしょう。つまり，競争相手にはわからない，その企業独自の工夫や努力がある場合です。

　同様のことが，商品差別化戦略にも当てはまります。独自性の高い，極めてユニークな商品であれば，それを目の前にしても模倣することは難しいといえます。目の前に画期的な商品があるとします。手に取れば，サイズなどは一目瞭然であるし，実際に購入して分解すれば，使用している部品やメカについての情報は得られるでしょう。

　しかし，なかにある回路基盤を見ただけでは，同じものをつくることができるとは限りません。部品の組み合わせにしても，たとえ見よう見真似で同じことができたとしても，それを大量生産し，採算の合うコストを実現できるかどうかはまた別の話です。つまり，商品のなかには，模倣が困難なものづくりのプロセスやノウハウが詰まっているのです。このような技術をブラックボックス技術と呼びます。

　商品やサービスを顧客に提供するまでのプロセス，つまり企業の仕事の仕方を総称してビジネス・システムと呼びましょう。ビジネス・システムには様々なものが含まれます。開発のための要素技術，生産技術，工場の設備や配置，

セールスマンの数や配置，販売と流通の仕組み，流通チャネルを管理するノウハウ，従業員を動かす組織，働く人々の意欲などなど。

　これらは価格や商品と異なり，顧客や競争相手の目には触れにくいものです。価格や商品による差別化を外面的差別化とするならば，さしずめビジネス・システムによる差別化は，内面的差別化といったところでしょう。つまり，企業が持続的競争優位を獲得するためには，こうしたビジネス・システムによる差別化を図る必要があるのです。これらは目に見えにくいために，競争相手によって模倣されることが少ないと考えられます。したがって，競争優位の持続時間が長くなるのです。

　このように，持続的競争優位の源泉を企業の内部に求めるようになってきたのは，1990年代に入り，プラハラドとハメルが行った研究が契機となっています。彼らは，1980年代に活躍した日本企業の世界的な競争力の源泉を探り，長期的な視野に立ったコア・コンピタンスの重要性を指摘したのです。またバーニーという研究者は，競争優位の源泉を企業内部の資源に求めました。そして，こうした資源が競争優位をもたらすためには，4つの条件が必要であると指摘したのです。その4つの条件とは，資源が価値を有していること，ユニークで希少であること，完全に模倣されてはいけないこと，そして他の資源と代替されないこと，というものでした。バーニーはこれらのなかでも特に，模倣困難性を重視しています。先ほどのビジネス・システムにしても，日本企業の強みとされてきた企業文化にしても，これらは，模倣困難であるが故に差別的であり，だからこそ持続的競争優位をもたらしてくれるのです。

映画に学ぶ

1．「メッセンジャー」に学ぶ経営戦略論

　では，映画に学ぶことにしましょう。本作品は，イソップ童話「アリとキリギリス」をベースにしたラブ・ストーリーです。主人公の尚美は，イタリアの某有名ブランドのプレスをしていて，優雅な暮らしを送っていました。まさに，キリギリスの生活をしていたのです。しかし，ある日突然そのブランドが倒産。尚美は身ぐるみはがされ，おまけに自家用車で人身事故まで起こしてしまいます。そのときの事故の相手が，自転車便の仕事でちょうど配達先に向かっていた横田だったのです。尚美は，事故の示談の条件として，横田が完治するまでの間，彼の代わりに自転車便会社，東京エクスプレスで働くことを受け入れます。そこで，出会うのが運命の男性，鈴木でした。東京エクスプレスは，鈴木が創業した会社だったのです。鈴木はバイク便が走り回っている東京都内で，頑なに自転車便にこだわっていました。彼がいうには，バイク便があるのは，世界中でも日本だけで，ヨーロッパなどでは環境に優しい自転車便のほうが主流なのです。劇中では触れられていませんでしたが，自転車便は正式には「バイシクル・メッセンジャー」といい，1970年代のニューヨークで誕生したといわれています。現在では，ワシントンD.C.，サンフランシスコ，トロント，ロンドン，ベルリン，そして東京と活躍の場を広げているようです。

　しかし，どうやら尚美には鈴木が自転車にこだわる理由がわからないようです。自転車は確かに環境に優しいかもしれませんが，バイクのほうが圧倒的に移動速度も速く，何より自転車よりも楽です。効率的に配達ができて，売り上げもこちらのほうが大きくなるような気がします。キリギリスの尚美からすれば当然の疑問でしょう。ただこうした疑問に対しては，鈴木でさえも，ヨーロッパでは自転車が主流で，環境に優しいという理由，そして自転車に対するロマンについて語るのみで，結局のところ彼のなか

にも，経営戦略的な発想はなさそうです。鈴木は，自転車の強みを理解してはいるのでしょうが，それを戦略へと昇華させるだけのきっかけを，いまだに得ていないようでした。

　きっかけは，安宅物産からの受注を巡っての，セルートとの対決によってもたらされました。セルートのバイクが信号待ちをしている間にも，鈴木の自転車は颯爽と駆け抜けていきます。階段を下りたり，裏道を通るなどして，バイクでは不可能な所を走っていきます。結果，東京エクスプレスの勝利となり，安宅物産の小荷物配達を一手に引き受けることになったのです。しかし，試練はここからでした。新たに3人の従業員を得て，5人体制で臨んだにもかかわらず，目標である100件には届きませんでした。結局，残りの配達をセルートに取られてしまったのです。さて，ここからがこの映画の見所です。彼らは，尚美の一言をきっかけにして，自転車便ならではのビジネス・システムを構築していくことになるのです。

　彼らが開発したビジネス・システムには，自転車ならではの強みがフルに活かされています。彼らがまず着目したのは，1人ひとりが注文を受けて，受注先へ出向き荷物を受け取って，配達先まで自転車を飛ばす。これを全員が繰り返しているということでした。彼らは，それが無駄であることに気づき，各人が同じルートを何往復もせずに済むには，どうすればよいか考えます。その結果，途中で配達物を集約し，1人がまとめて配達するという方法を思いつくのです。また，バイクは車道の左側を通行しなければなりませんので，書類などの受け渡しの際には，必ずバイクを止めて横断歩道を渡らなくてはなりませんが，自転車であればその必要がないことにも気づきます。これは，なかなか効率的な方法です。とはいえ，途中での受け渡しには，1つ問題があります。下手をすると，多大な待ち時間を発生させるかもしれないのです。なんといっても，各人がどこを走っているのかは，誰にもわからないわけですから。そこで，考え出されたのが無線を使って，各人の場所を把握するという方法でした。うまい具合に，島野は元警官です。都内の道路事情にこれほど精通している人物は，他にはいないでしょう。さらに，バイクであればエンジン音がうるさくて，無線の音が聞こえにくいかもしれませんが，自転車であればそのような心配

もありません。自転車には，自転車ならではの長所があるのです。

　我々は観客ですので，このビジネス・システムが構築されていく様子を，手に取るように把握できます。ですから，簡単に模倣されてしまうように思えるかもしれません。しかし，こうした様々な知恵が結集したビジネス・システムを，外側から見ているだけで把握するのは，実際のところかなり困難です。完全に模倣しようと思えば，配達人１人ひとりの跡をつけていくしかないでしょう。仮に，ある程度模倣して，同様のビジネスを展開したとしても，そのときには東京エクスプレスにはさらなるノウハウが蓄積され，新たな工夫をして生産性を上げているかもしれません。これが市場に一番乗りした企業の強みなのです。

２．「スーパーの女」に学ぶ競争戦略論

　次に，すでに見た映画「スーパーの女」を思い出して，競争戦略論について考えてみましょう。1980年代に一世を風靡した戦略論に，ポーターの競争戦略論がありました。持続的競争優位を確立するためには，他社との間に差別化を図る必要があります。そこで，製品の量と質，そして，市場領域といった点における差別化を提唱したのがポーターでした。それではまず，スーパー安売り大魔王の戦略について考えてみましょう。このスーパーの肝は安売りにあります。スーパーとは，大量に仕入れて大量に販売するという業態ですから，商品を安価に提供するのは当たり前のことです。しかし，この店は偽装表示などの不正によって，他店には模倣できない価格設定をしています。もちろん，不正を許すことはできませんが，客観的に見れば，この店の戦略はコスト・リーダーシップ戦略を採用しているということがいえます。加えて，特に顧客層を限定しているわけではありませんので，一般市場を対象としたコスト・リーダーシップ戦略ということになるでしょう。本来であれば，正直屋がこの商圏で一番乗りを果たしたスーパーなのですから，先行者の優位性を活かして，この戦略を採用すべきところですが，そうはなっていません。安売り大魔王の社長が正直屋の職人を引き抜いたことにより，正直屋の戦力が低下し，市場の覇権は安売り大魔王の手に渡ってしまったようです。したがって，安売り大魔王は

マーケット・リーダーとして，コスト・リーダーシップ戦略を採用することができるということなのです。

　一方の正直屋は，商圏で一番乗りを果たしたにもかかわらず，安売り大魔王に覇権を握られ，マーケット・フォロワーの位置に後退してしまっています。しかし，安売り大魔王に対して，価格競争を仕掛けることはできません。なぜなら，彼らは不正によって，本来であれば実現不可能な価格を設定しているからです。それをわかっているのか，オーナーである五郎も花子の質問に答える形で，売り上げも規模も追わないと明言しています。卵騒動の後で，商圏が見渡せる丘の上に立って，2人が今後の経営について話し合うシーンがあります。あのとき，まさに正直屋の戦略が決定します。「とことんお客様の立場に立つ店」が花子の出した戦略案でした。安売り大魔王のように，売り上げや規模を目標とするのではなく，商品の鮮度など品質にこだわって顧客満足を実現していくというのが，正直屋の目標となった瞬間でした。これはまさに，正直屋が商品差別化戦略を採用したことを意味しています。マーケット・フォロワーとして，価格での差別化が不可能であると考えた正直屋は，商品やサービスの品質で差別化を図ろうと考えたのです。なお，正直屋も特に顧客層を限定しているわけではありませんので，一般市場を対象とした商品差別化戦略を採用しているということになるでしょう。

3．「陽はまた昇る」に学ぶオープン戦略

　続いて，「陽はまた昇る」からオープン戦略とクローズド戦略について学びましょう。これらの戦略については本文で触れられていませんでしたので，少し詳細な解説を加えておきたいと思います。まず，クローズド戦略について考えてみましょう。

　映画にもあるように，1975年にソニーは家庭用VTRベータマックスを世界に先駆けて発売します。ベータマックスお披露目の式典を思い出してください。式典終了後，ビクターの経営幹部たちがソニーの社長に対して，技術検討会の開催を要請するシーンがありました。これに対してソニーの社長は，その必要はないといって断ります。それまで，ソニーや松下と3

社で，VTR関連技術の検討会を開いてきたにもかかわらず，ビクターは
あっけなく断られてしまいます。ソニーからすればベータマックスは，技
術力やコストパフォーマンスにおいて他社が追随できる商品ではないと考
えていたのでしょう。それだけの自信があったのです。したがってソニー
には，ベータマックスに関する技術情報を開示する理由がないことになり
ます。模倣されてしまえば競争優位性を失うことになるからです。このよ
うに，他社に対して，情報を開示しない戦略をクローズド戦略，またはク
ローズド・ポリシーと呼びます。

　一方ビクターは，ソニーとは異なる戦略を採用します。数々の苦難を乗
り越えて，やっとのことで完成したVHSの技術情報を開示するのです。
これをオープン戦略，もしくはオープン・ポリシーと呼びます。VHSの
試作機が完成したとき，加賀谷は世界中にVHSを広めるには，他の電機
メーカーを巻き込んでいかなくてはならないと訴えます。当然，この開発
に心血を注いできた技術者たちは驚きます。これまで繰り返し述べてきた
ように，技術情報は競争優位の源泉です。それを開示してしまえば，他社
の模倣を許し，ビクターの競争優位はなくなってしまいます。これまでの
技術者たちの苦労も，水の泡となってしまうのです。

　しかし加賀谷は，もはやクローズド戦略では，ビクターに勝ち目がない
ことを悟っているかのようです。ソニーのベータマックスは技術的にも優
れています。しかも，家庭用VTR市場への一番乗りを果たしています。
後発メーカーであるビクターが，劣勢であることは否めない事実といえま
す。まともな勝負をして負けてしまえば，どれだけ苦労して開発した技術
でも意味がなくなってしまいます。それならばいっそのこと他社に開示し
て，ファミリーを形成し，デファクト・スタンダードを獲得したほうがよ
い。加賀谷はそう考えたのです。デファクト・スタンダード（de facto
standard）とは事実上の標準のことで，市場における競争を通じて形成
されます。ISO（International Organization for Standardization）
のような，標準化団体や委員会などによって確立される標準は，デジュー
ル・スタンダード＝公的標準（de jure standard）と呼ばれています。
ビクターは，ソニーが開発したベータマックスとの競争を通じて，VHS

を業界標準の規格にしようとしたのです。

　では，なぜビクターはVHSを業界の標準規格にしたかったのでしょう。それはVHSが業界の標準になってしまえば，圧倒的な競争優位を獲得することができるからです。ひとたび形勢がVHSに傾けば，なだれを打ったようにVHSは普及し始めます。その読みが加賀谷にはあったのです。では，それはなぜなのか。それは加賀谷自身がいっているように，ビデオの互換性に秘密が隠されています。

　ユーザーの数やマーケットシェアの増大，つまりはネットワークのサイズが増大するにつれて，財から得られる便益も増大するという性質をネットワーク外部性といいます。そしてそのネットワーク外部性には，直接的効果と間接的効果があるといわれています。ネットワーク外部性の直接的効果とは，ネットワークのサイズが直接的に便益を増大させる場合の効果のことです。例えば，通信システムや交通ネットワークなどを思い起こしてください。通信システムのネットワークが拡大すれば，それを享受するユーザーはとても便利になります。国内でしか通話できなかった電話が，国内から海外へ，また海外から国内へ通話することが可能となれば，その便益は計り知れません。一方，ネットワーク外部性の間接的効果とは，ネットワークのサイズが補完財の多様性増大や価格低下を促し，便益を増大させる場合の効果を指しています。特に，補完的な関係にある複数の財を組み合わせて消費するシステム財について，ネットワーク外部性は重要となります。まさに今回のケースがこれに当てはまるのです。VTRは，ビデオテープがなければただの箱です。また，ビデオテープも，VTRがなければ何の意味もないただの磁気テープです。つまり，両者は補完的な関係にあるといえます。今回の場合，ビデオテープがVTRにとっての補完財ということになります。そしてビクターとソニーは，VHSとベータでそれぞれのネットワークサイズを競い合っているのです。

　あなたの仲間が，どちらかの規格のビデオデッキを持っているとしましょう。あなたもそろそろ購入しようと考えています。仲間を見渡すと，VHSが若干多数派のようです。さて，あなたはどちらのビデオを購入するでしょうか。確かに，これらの情報だけで意思決定するのは難しいかも

しれません。しかし，これらの情報だけで考えた場合，あなたはきっと
VHSを購入するはずです。なぜなら，そのほうが便利だから。仲間同士
でテレビ番組などを録画したビデオテープを貸し借りする場合，同じ規格
のビデオデッキをもっていなければ再生することができません。それが互
換性の問題です。つまり，多数派に入っておかないと不便だということで
す。もちろんダビングという方法もあります。しかし，そのためには両方
のデッキを購入するか，もしくはもう一方のデッキを所有している友人に
貸してもらわなくてはなりません。とても面倒です。また，VHSを所有
している友人が多いということは，それだけソフト（テレビを録画する場
合も市販のソフトを購入する場合も）の種類や数も多くなるということで
す。つまりネットワークサイズの増大によって，補完財の多様性が増大す
ることになり，VHSの所有者はその多様性を享受することが可能となり
ます。まさにネットワーク外部性の間接的効果が生じるのです。ビクター
は互換性の問題をうまく利用して，VHSファミリーを形成し，業界標準
を獲得しようとしたのだといえます。ソニーとビクター以外の電機メー
カー，そして部品メーカーも必死です。なぜなら，勝ち馬に乗れなければ
悲惨な目に合うからです。形勢を見極めて，少しでも有利なほうにつく，
それが他メーカーの戦略ということになるでしょう。

第6章

「県庁の星」に学ぶ
キャリア論

　本章では，キャリアについて考えます。近年，キャリアに関する議論が盛んに行われています。しかし，そのキャリアという言葉や概念が，一体何を表すのかという問いについて，定まった答えがあるわけではありません。後述するように，様々な研究者が様々な定義を行っています。我が国において，「キャリア」という言葉を聞くと，官僚の世界で用いられているいわゆる「キャリア組」や，企業などで活躍する「キャリア・ウーマン」などという言葉を連想してしまいます。これらの表現に見られるように，キャリアとは職業や仕事と密接な関係にある概念であると言えるでしょう。かつては，職業経歴と訳されることが多かったことからも，それがうかがえます。しかし，最近では，無理に日本語に訳すことなく，そのまま「キャリア」としている場合が多くなってきました。それは，この言葉や概念が職業経歴という表現に収まりきらない意味を持ち始めたからでしょう。キャリア・マネジメントやキャリア・デザインという表現も，目につくことが多くなってきました。キャリアは人や，その生と一心同体とも言える概念だと言えます。

　さて本章では，映画「県庁の星」を参考に，キャリアについて考えます。主人公の野村は中学，高校，大学と主席クラスの成績で卒業してきたエリート中のエリート。県庁でも期待の星です。仕事はなんでもそつなくこなし，上司からの信任も厚いようです。そんな彼が今最も力を入れているのが，ルネサンス・プロジェクトと呼ばれる，老人介護施設の建設です。総額250億円にも及ぶ一大プロジェクトの成功は，野村の県庁でのキャリアを盤石にするはずのも

 県庁の星

☆発売元	東宝
☆監督	西谷 弘
☆脚本	桂 望実
☆劇場公開	2006年
☆出演	織田裕二，柴咲コウ，佐々木蔵之介
☆あらすじ	野村聡はK県庁のエリート公務員。成績もプライドも高く，業務にもそつがない男。婚約者も地元大手建設会社の社長令嬢。今後は県の大型プロジェクトを足がかりに，さらなるステップアップを狙っている。そのプロジェクトを前に，県政の目玉である民間企業との人事交流研修のメンバーに選出されるが，研修先は，店員たちにやる気がなく，客もまばらな三流スーパー「満天堂」。しかも，野村の教育係・二宮あきは年下のパート店員だった。それでも出世のためと意気込む野村だったが，役人のスキルが全く通用しないスーパーの現場では，野村は役立たずのお荷物状態。役所の論理を持ち込もうとして，二宮とも事あるごとに衝突するのだった。

のでした。また，婚約者の父親である建設会社の社長も，大いにそれを期待しているようです。しかし，民間企業の知恵に学ぶという名目で始まった，人事交流研修のメンバーに選ばれたところから，少しずつ歯車が狂ってきます。派遣先は三流スーパー「満天堂」。店長にも，店員にもやる気が感じられない，どうしようもないスーパーが野村の新天地になります。おまけに，教育係が自分よりも年下の女性パート社員ときましたから，野村のプライドはかなり傷つけられます。野村には転機が迫っていました。

　本章では，この作品を通じて，キャリアに関する様々なことを学んでほしいと思います。まず，野村のキャリアに対する考え方は，どのように変化していくでしょうか。同様に，満天堂の二宮についても考えてほしいと思います。また，県庁とスーパーそれぞれの組織の違いにも注目しましょう。こうした組織

第6章　「県庁の星」に学ぶキャリア論　　**165**

の差異は，二人の態度や行動，そしてキャリアにどのような影響を与えている
でしょうか。満天堂に赴任してからの，野村の態度や行動における変化について
も，注意をして見ておいてください。彼は，どのように満天堂に適応していく
くでしょうか。では，映画を見る前に，キャリア論について学んでおきましょ
う。

1. キャリアとは

1）キャリアの定義

　では，キャリアとは一体何でしょうか。川喜多（2005）によれば，キャリア
（carrier）の語源はcarrus（車輪のついた乗り物）です。それが，イタリア語
のcarriera，フランス語のcarriereへと変化してきました。これらは，レース
コースを意味したそうです。16世紀のイギリスではそれが転じて，「フルス
ピードで馬を走らせてかける」という意味になり，いつしか権力への階段を上
へ上へと昇っていく，といった意味合いで使われるようになりました。それで
は，渡辺（2007）などを参考に，様々な研究者によるキャリアの定義を列挙し
てみましょう。

- 個人が生涯にわたってさまざまな仕事や活動に関わってきた様相
  （McDaniels 1978）
- 成人になってフルタイムで働き始めて以降，生活ないし人生全般を基盤と
  して繰り広げられる長期的な仕事生活における具体的な職務・職種・職能
  での諸経験の連続と節目での選択が生み出していく回顧的な意味づけと将
  来構想・展望のパターン（金井，2002）
- 個人が長年にわたって積み重ねた働く体験の連続（Arthur, Hall, &
  Lawrence, 1989）
  - a）雇用だけでなく多様な働く経験（家事など）
  - b）個々人の独自な体験に限られる
  - c）積み重ねられた体験の連続，つまり，時間的幅と流れを意味する長期
    にわたる意思決定の連鎖

- 個人が生涯の中で経験する「何を選び，何を選ばないか」によって創造されるダイナミックなもの（Herr & Cramer, 1996）
- 個々人が生涯にわたって遂行するさまざまな立場や役割の連鎖およびその過程における自己と働くこととの関係付けや価値付けの累積（文部科学省，H16年）

2）キャリアに含意される4つの意味

渡辺（2007）はこれらに共通してみられる，キャリアに含まれる4つの意味を抽出しています。まず，キャリアは「人と環境との相互作用の結果」であるということです。言うまでもなく，キャリアは職業（occupation）や職務（job）と同義語ではありません。職業や職務もキャリアを構成する重要な要素ではありますが，むしろキャリアは，それらに対する個人の働きかけ（work）に焦点を合わせていると，渡辺は言います。だからこそ，キャリア論においては，役割や仕事といった表現がとられることが多いのです。役割や仕事のほうが，個人と環境の相互作用をより的確に表現しているからなのでしょう。

2つ目は，キャリアは「時間的流れ」の中で捉えられるということです。一時点での出来事や行為，あるいは現象をさす言葉でなく，必ず，「時間的流れ」，「時の経過」が内包されています。金井（2002）にもあるように，キャリアはこれまで辿って来た道を振り返って把握されるものです。当然，そこには時間の積み重ねがあるのです。そして，「いま」という一時点を，過去および未来という時間軸のなかの通過点という側面から捉えることになるわけです。

3つ目は，キャリアという概念には「空間的広がり」が内包されているということです。個人の行動は，具体的な空間（環境や場）を舞台として繰り広げられます。決して，何もない状況において個人が行動することはあり得ませんし，行動そのものの意味が失われてしまうでしょう。最初に取り上げた，キャリアは環境との相互作用の結果であるという点と密接に関連しています。個々人の関わる行為，仕事，働き，役割の相互関係性と，それらが繰り広げられる空間的関係性と，さらには空間と時間との関係に焦点があるのです。

最後は，キャリアという概念が，「個別性」または「固有性」という特徴を含んでいるという点です。各種のキャリア論では，自己決定や自己選択，自立

性や主体性が重視されます。これは，個別性（individuality）を認める姿勢の現れと言ってもいいでしょう。キャリアをデザインする，もしくは，マネジメントするといったときに，その主体者は個人であり，個人の自己選択によってキャリアは選び取られていくと考えるのです。それはキャリアが，「個々人の独自の体験」によって特徴づけられ，それゆえにどのキャリアをとってみても，1つとして同じもののないユニークさを伴って現れてくるという点からも明らかでしょう。ただ，こうした特徴が強調されるのは，キャリア論が欧米の研究者によって牽引されているからかもしれません。東洋的，もしくは日本独自のキャリア論が待たれるところです。

2．キャリア理論

　ここでは，主だった研究者のキャリア理論を紹介していきます。まず，組織心理学の生みの親とも言われるシャインについて詳しく取り上げます。次に，多くのキャリア研究者を触発してきたとされるスーパーを取り上げ，その後，日本を代表する研究者として金井の理論について見ていくことにします。

1）エドガー・シャイン（Edgar H. Schein）の理論

　ここでは，主に彼の主著である『キャリア・ダイナミクス』を中心に，シャインの理論について触れていきます。大学で教鞭をとる傍ら，経営コンサルタントとしても企業経営者や従業員と深く接してきたシャインは，主に，企業組織内におけるキャリアを軸として考えています。したがって，組織で働く個人のキャリアを，いかに「開発」すればよいかといった視点が貫かれています。しかし，シャインの「キャリアとは，生涯を通しての人間の生き方・表現である」という定義からもわかるように，決して組織内の個人を，企業や仕事の観点だけから捉えようとはしていません。個人を全体として捉えたうえで，組織のキャリア開発について考えようとしているのです。

　では，個人を全体として捉えるとはどういうことでしょうか。これに関して，シャインはとても興味深いエピソードを自著で紹介しています。MITスローン・スクールの経営者向け10週間コースに参加していた経営幹部に対する授業のなかで，彼が「管理者が部下の最高の管理法を知るには，部下たちの家族状

況の詳細を多少は知っておくことが次第に重要になってくるだろう」と言ったときのことでした。クラスのおよそ3分の1が，猛反対だったというのです。そのときの受講生のコメントは，以下のようなものでした。

　　フレッド，君にはプライバシーの侵害と思えるかもしれないが，率直に言って，部下の一人一人の家族状況を全部知り，彼らがいつでも困難な仕事に取り組める態勢にあるかどうか判断できるようでなければ，自分の会社なんかやっていけやしないよ。家庭に何か問題があるなら，それを知り，僕の前では悩んでいないふりをしなくてすむように，力になってやりたい。

　　もし部下に，家族状況への直接の影響を知らずに遠隔地への転勤やちょっとした出張が必要な仕事を与えようとすれば，僕自身が実際困ることになるだろうし，最悪の場合，彼は家から離されたことに腹を立てて，ひどい仕事をすることになるだろう。

　これらのコメントから明らかなように，人は様々な問題を抱えているものです。仕事中は仕事のことだけを考えろと言われても，その雑念を切り離すことは容易ではありません。しかし，その雑念をなんとかしてやらなければ，その従業員は生産性の高い仕事をしてはくれないでしょう。シャインは，個人の欲求は，労働生活からばかりでなく，仕事・家族・自己成長といった諸問題を含む，全生活空間内の相互作用からも生じると言います。経営者は，その人の「手」だけを雇っているわけではありません。その個人「全体」を雇っているのですから。

　そこでシャインは，管理者が的確な管理を行うためには，こうした個人の複雑な欲求や問題を知ることが大切であり，もっと言えば，どのような時期にどのような問題が生じてくる可能性があるのかを，知っておくことが重要であると示唆しています。こうした問題が無視されることによって，組織における潜在的なコストが高くつくことになるというのです。

第6章 「県庁の星」に学ぶキャリア論　　169

●図表6-1　（男性の）生物社会的サイクルの段階と一般問題

年齢域	直面する一般問題	年齢域	直面する一般問題
青春期から30代初期	1．成人社会への仲間入り 2．様々な成人の役割に対して間に合わせ的に関わる 3．自意識を開発し，それによって配偶者や友達と親しく付き合えるようになる 4．身辺の諸関係の識別力が増す 5．自分自身の人生構造やライフスタイルを確立する	40代	1．再評価の時期で困難も起きうるが，対処が適切ならば幸福や心の平穏を得る時期でもある 2．自分自身の人生目標・価値を定める。以前の役割モデルや同調の圧力に影響されない，より安定した統合と人生構造を手にする 3．一定の閉鎖期間後，外界に対して自己を再開放する 4．わが子を成人と認め，この役割にある子供を受け入れるようになる 5．親の役割を果たした後，配偶者との絆を確立する。あるいは，家庭を解消し，新しい生活の型を始める 6．部下や他の成人に対して自分を役立てるようになる
20代後期から30代中期（転機）	1．30歳の転機が個人にとってどんな特定の意味合いがあるにせよ，これに対処する 2．最初の大きな再評価の時期「自分はなりたいものになっているか」「人生に何を求めるのか」の問題に立ち向かう 3．自分もいつかは死ぬということを初めて認識する		
30代	1．「何物にも束縛されないようになる」―関わり合いを広く深く，また，安定させる 2．時間に限りがあるという事実に妥協する 3．幻想を捨てる 4．精神的および情緒的に40代への準備を行う 5．わが子や親としての役割についての関心を通じて，親となること，あるいはならないことに初めて関心をもつ	50代から引退まで	1．比較的安定した時期だが，「時間切れ」やからだの衰えに関する心配が多い 2．円熟し友好的になり，配偶者，子供，友人を大切にする時期 3．最終的にはありのままの自分を受け入れ，自分の問題を親のせいにしない 4．自分のライフワークと社会への貢献を再検討する 5．社会や地域のより広範な問題への関心が高まり，専門性を失って知恵が増大する
30代後期から40代初期（中年の転機ないし危機）	1．夢と実績や現実との乖離に直面する―青春期のコンフリクトの復活 2．からだの衰えの最初の兆しに気づき，「加齢」と妥協する。自分の死ぬべき運命をよりはっきり認識する	60代から死まで	1．退職に対処する 2．社会的役割および肉体的・精神的機能に変化が起きるために不確かな転機の時期 3．健康と能力の低下，およびそれが生みだす内向性に対処する 4．配偶者の死に適応する 5．子供，友人あるいは制度等の他者への依存に適応する 6．死を迎える準備をする

出典：Schein（1978）

① 個人とライフサイクル

前述のように，発達的な観点で捉えるならば，人間は年を重ねるごとに成長し変化します。その発達や変化をどのように捉えるかで，管理の方法も変わってくることになるでしょう。シャインは個人の発達を，生物学的・社会的な個人の成長，組織内におけるキャリア発達，そして家族との関係における変化といった3つの側面から捉えようとしています。ここでは，特に「生物社会的なライフサイクルの段階と課題」および「キャリア・サイクルの段階と課題」を取り上げることにします。

図表6-1に整理された内容は，主に1970年代に欧米で行われた発達心理学に関する研究を参考にしています。当時の研究は男性を対象としたものが多かったため，男性に偏った内容となっています。また，段階ごとに直面する問題は，社会経済の水準や文化的規範の影響を受けますので，これらの内容が10年後には意味を失うかもしれないとシャインは述べています。しかし，改めて見直してみても，現代の日本においても当てはまるところが多いと考え，取り上げることにしました。

次に取り上げるのは，キャリア・サイクルです。**図表6-2**に整理された内容は，キャリア開発やキャリア発達理論に関する，1950年代から1970年代にかけて蓄積された研究の成果であるとシャインは述べています。それでは，図表6-2を理解するために，シャインによって考えられたいくつかの概念について触れておきましょう。

まず，「外的キャリア」と「内的キャリア」についてです。「外的キャリア」とは，客観的に観察される，その個人の組織内キャリアにおける移動や変化を指しています。シャインはこの外的キャリアをさらに3つに分類します（**図表6-3**）。第1の外的キャリアは，階層上昇もしくは垂直的キャリア成長と呼ばれます。階層化された組織において，メンバーは昇進や昇給を繰り返し経験します。もちろん，どの階層まで出世をするかについては，個人差があります。

第2の外的キャリアは，職能移動つまり水平的キャリア成長です。組織は様々な職能に分化しています。したがって，技術職の従業員が製造に異動したり，製造職の従業員が営業に異動するといった配置転換の行われることがあるわけです。第3の外的キャリアは，組織の中枢への移動です。部内者化とも呼

第6章 「県庁の星」に学ぶキャリア論　　171

●図表6-2　キャリア・サイクルの段階と課題

段階	直面する一般問題	段階	直面する一般問題
成長, 空想探究 (0〜21歳) (役割：学生, 大志を抱く人, 求職者)	1．現実的な職業選択のための基準を開発する 2．職業についての初期の空想を実行可能な現実（的考え）に変える 3．社会経済的水準および他の家庭環境による現実の諸制約を評価する 4．適切な教育ないし訓練を受ける 5．仕事の世界に必要な基本的習慣・技術を開発する	キャリア中期 の危機 (35〜45歳)	1．自分の抱負に照らして自分の歩みの主要な再評価を行い，現状維持か，あるいは新しいより高度な手応えのある仕事に進むかを決める 2．自分のキャリアの抱負を，中年の転機のより一般的な諸側面と対比させて評価する—自己の夢・希望対現実 3．自分の生活全体において，仕事および自分のキャリアがどれほど重要であるべきかを決める 4．他者の助言者になりたいという自分自身の欲求を満たす
＜組織ないし職業への参入＞			
仕事の世界へ のエントリー (16〜25歳) (役割：スカウ トされた新人)	1．労働市場に入る—キャリアの基礎となりうる初めての仕事に就く 2．実行できる正式かつ心理的な契約を，自己の欲求と雇用者のそれが確実に満たされるように協定する 3．組織ないし職業のメンバーになる—一重要な最初の部内者化境界線を通過する	A.非指導者役に あるキャリア後期 (40歳から 引退まで) (役割：重要 メンバー, 個人的貢献者 あるいは経営 メンバー，い い貢献者ある いは役立たず [多くの人々は この段階に 留まる])	1．助言者になる，つまり，他者を動かし，導き，指図し，また，彼らに対して責任を負うになる 2．経験に基づく技術および関心を広げる 3．技術ないし職能のキャリアを追求すると決めれば，技術を深める 4．全般管理者の役割を追求すると決めれば，より広範な責任を引き受ける 5．現状を維持し，キャリアないし仕事以外での成長を求めると決めれば，影響力と手応えの減少を受け入れる
基本訓練 (16〜25歳) (役割：被訓練 者，初心者)	1．仕事およびメンバーシップの現実を知って受けるショックに対処する 2．できるだけ早く効果的なメンバーになる 3．仕事の日課に適応する 4．正規の貢献メンバーとして認められるようになる—一次の部内者化境界線を通過する		
		＜部内者化境界線と階層境界線の通過＞	
キャリア初期 の正社員資格 (17〜30歳) (役割：新しい が正式のメン バー)	1．責任を引き受け，最初の正式な任務に伴う義務を首尾よく果たす 2．昇進あるいは他分野への横断的キャリア成長の土台を築くため，特殊技術と専門知識を開発し示す 3．独立を求める自己の欲求と，従属・依存期間の間の組織の制約・要求とを調和させる 4．当該組織ないし職業に残るか，それとも自己の欲求と組織の制約・機会との間のよりよい調和を求めるか　決める	B.指導者役に あるキャリア 後期 (若くして指導 者役につく者 もいようが， 指導者役は 依然，キャリ ア「後期」と 考えられるだ ろう) (役割：全般管 理者，幹部， 上級パート ナー，社内企 業家，上級ス タッフ)	1．組織の長期的繁栄に自分の技術と才能を役立てる 2．日々の意思決定を行うとか，あるいは綿密に監督するより，むしろ他者の努力を統合し，広く影響を及ぼすようになる 3．主要部下を選抜し開発する 4．幅広い展望，長期の視界を開発し，社会における当該組織の役割の現実的評価を行っていく 5．個人的貢献者あるいは社内企業家の役割にある場合は，アイデアの売り方を学ぶ
正社員資格, キャリア中期 (25歳以後) (役割：正社員 在職権を得た メンバー， 終身メンバー， 監督者， 管理者) (この段階に 留まる人も いよう)	1．専門を選び，それにどれだけ関わるようになるかを決める。あるいは，ジェネラリストおよび/または管理者となる方に向かう 2．技術的に有能であり続け，自分の選択した専門分野（あるいは管理）において学び続ける 3．組織のなかで明確なアイデンティティーを確立し，目立つようになる 4．自分自身の仕事の責任だけでなく，他者のそれも含むより高度な責任を引き受ける 5．当該職業において生産的な人間になる 6．抱負，求めている前進の型，進度を測定するための目標などによって，自分の長期のキャリア計画を開発する	衰えおよび 離脱 (40歳から 引退まで： 衰えの始まる 年齢は人によ り異なる)	1．権力，責任および中心性の水準低下を受け入れるようになる 2．能力とモチベーションの減退にもとづく新しい役割を受け入れ開発するようになる 3．仕事が主ではない生活を送れるようになる
		引退	1．ライフスタイル，役割，生活水準におけるより劇的な変化に適応する 2．蓄積した自分の経験と知恵をさまざまな上級の役割にある他者のために使う

出典：Schein（1978）

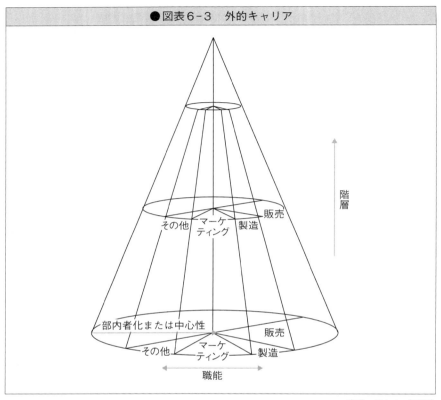

出典：Schein（1978）

ばれています。多くの場合，階層が上昇するのに従い，円の内部へと移動することになります。それで，図表6-3は円錐の形をしているのです。しかし，同じ階層に留まっていても，内円へと移動する場合もあります。職位は上がらないものの，その経験ゆえに信頼され，機密情報などを与えられたりする場合です。

　以上が，外的キャリアの概要です。これに対して内的キャリアは，個人がこうしたキャリアにおいて遭遇し経験する段階と課題を表しています。図表6-2は，この内的キャリアについて整理されたものと考えることができます。なお，図表6-1および6-2において，原著にある「特定の課題」は割愛してい

ます。

②　建設的対処

　これまで，個人が直面するライフサイクル上の課題を，個人の成長とキャリアの側面から見てきました。今回は取り上げていませんが，これに家族との関係という側面からみた課題と合わせ，シャインはこれら3つの交わったところに，その個人の抱える課題があると考えます。もちろん，その影響の度合いは，個人によって，またその時期や状況によって様々に異なるでしょう。

　例えば，昇進の時期に子供が誕生するという経験が重なるような場合には，キャリアの問題と家族の問題がクローズアップされ，さらにはそれらが相互に影響を及ぼしあうことでしょう。小さな子供の世話をして，少しでもパートナーを助けなければならないと思いながらも，ここで昇進のタイミングを逃すわけにはいかないと心に決め，昇進のための準備に専念することを選ぶことになるかもしれません。個人の心理的内部で葛藤が生じるわけです。このように個人の抱える課題は，それほど単純なものではないことが理解できるでしょう。そこでシャインは，こうした人生の課題に対する建設的対処の方法について検討しています。

　建設的対処とは，人生における課題に立ち向かい，連続する人生経験の結果として個人が成長し発達するように，課題をより適切に処理する対応策を開発する過程を指しています。そしてそれは，「問題は何かを診断する」，「自分自身を診断する」，「対応策を選択する」，「対応策の効果を診断する」という4つのステップから成り立っています。

　まずは，最初のステップから見てみることにしましょう。問題を解決するためには，その問題が何かを理解することから始めなくてはなりません。ストレスを引き起こしている状況について理解するわけです。そこでシャインは，課題の原因やそれを解決することの難しさについて判断するように主張しています。課題の原因が領域の1つにあるのか，それともいくつかの領域の相互作用により生まれたものなのかを判断しなければならないのです。

　さらには，その課題がいかに困難であるかを判断しなければなりません。シャインはその判断基準を4つ挙げています。第1に，課題が新たな反応や技

術の学習を，どの程度要求するのか，第2に，課題の対処にどの程度の集中や
エネルギーを要求するのか，第3に，自らの貴重な資質を失ったり否認するこ
とによって，問題がどの程度発生するのか，第4に，社会や重要な準拠集団が，
課題をどの程度個人の価値を証明するテストとして規定するのか，シャインは
これらが4つの判断基準であるとしています。

　次に，2つ目のステップについてです。自分自身を診断するとは，その状況
における自分の資源や感情，欲求について理解することを指しています。自分
自身が問題に直面したとき，どのような対処をするのかについて理解するとい
うことです。ここでシャインは，自らに次のような問いかけをしてみればよい
と述べています。たとえば，課題は自分自身のなかでどんな感情を引き起こす
のか，利用可能な対応策として，選択肢はどのようなものがあるのか，また，
自らの感情が課題解決の障害になるなら，それを抑制できるのかといったこと
に対して自問自答をするのです。

　3番目のステップは，対応策を選択することです。ストレスの多い状況を，
どのように処理すべきかを決めるのです。シャインは新しい対応策の開発には
他者の援助が必要であるとして，同僚との親交を勧めます。そして，まじめな
話し合いを通じてアイデアを得，「小さな適応」を試みるとよいというのです。
例えば，話し合うことが少なくなった夫婦が，話し合いの末，犬を飼って，1
日2度の散歩に出かけることを決めるといったようなことです。散歩という小
さな適応が，二人の会話を促進することになるのは間違いありません。

　最後のステップは，こうした対応策の効果を診断するということです。それ
は目的を達成したか，問題を解決したかということを評価することになります。
もちろん，誤りがある場合には再考する必要が生じるでしょう。しかし，なか
なか自分自身の対処を失敗とは認めたくないものです。シャインは，こうした
態度を克服する方法を見つけ出さなくてはならないと述べています。

③　キャリア・アンカー

　キャリアの拠り所とも言えるこの概念は，シャインが教鞭をとっていたス
ローン経営大学院の同窓生に対する調査から生み出されました。一人一人の同
窓生に対して，キャリア・ヒストリー（キャリアの個人史）を詳しく聞いてい

アンカーの性質	傾　　　向	職業・職種例
●図表6-4　キャリア・アンカー		
技術・専門性	仕事に没頭し，専門性を追求することに価値を見出す傾向	研究技術者，専門職
経営・組織管理性	経営上の課題を効率よく解決したり，昇進し，重い責任をまっとうすることに価値を見出す傾向	社長，経営管理職
自律・独立性	マイペースで仕事ができることや，キャリア選択に制約が少ないことに価値を見出す傾向	中小企業経営者，店長
保障・安定性	雇用や身分が保障されているなど，キャリアの安定に価値を見出す傾向	公務員，教員
企業・創造性	商品，サービスや事業などの開発を好むなど，革新的な活動に価値を見出す傾向	企業家，企画担当，芸術家
社会貢献性	自分が社会の発展や周囲の役に立っていると実感できることに価値を見出す傾向	医者，弁護士，牧師
純粋な挑戦	不可能を可能にしてみせるなど，困難な仕事を克服することに価値を見出す傾向	経営コンサルタント，戦士
生活全体へのバランス性	趣味を楽しむことや家族の要望を大切にし，キャリア全体のバランスをとることに価値を見出す傾向	サラリーマン，フリーター

出典：Schein（1993）

たところ，彼らは，自分に適していない仕事についたとき，自分にもっと適しているなにかに引き戻される，というイメージのことについて話していたと言います。そこで，これを錨にたとえ，キャリア・アンカーと命名したのでした。

　シャインは，キャリア・アンカーがその個人のキャリア選択の指針，つまりキャリア選択を方向づける機能を有していると言います。したがって，個人はこのアンカーを把握しておく必要があるのです。自分が本当にやりたいことを見出すために，また，キャリアにおける重要な選択を迫られたときに，このアンカーは力を発揮するでしょう。個人は重要な選択の度に立ち止まり，このアンカーを見つめ直すことになるのです。キャリア・アンカーは，一種の自己概

念であると言えます。シャインは，この自己概念が3つの要素から成り立っていると考えました。

1つ目は，才能と能力です。自分の強みや弱みということになります。これは，過去における様々な仕事環境での実際の体験に基づくとシャインは考えています。したがって，10年以上の仕事経験がなければ，こうした自己概念は熟成しないのです。2つ目は，動機と欲求です。人生の目標は何か。何を望んでいるのかということです。これらは自己テストや自己診断，もしくは他者からのフィードバックによって明らかにされます。最後に，自らの価値観です。自分がやっていることを判断する主な基準は何かということです。自分の価値観と一致する組織や職務についているか。自分の仕事やキャリアにどのくらい誇りをもっているか，または恥ずかしいと感じているか，といったことが判断基準となります。これらを構成要素として，シャインは8つのキャリア・アンカーを提示しています。最後にそれらを簡単に紹介しておきましょう（**図表6-4**）。

2）ドナルド・スーパー（Donald E. Super）のキャリア論

次に，これまで多くの研究者を触発してきたとされるドナルド・スーパーを取り上げます。スーパーは当時，アメリカ心理学会の最も洗練された学者の一人とされており，特に，人間労働と，パーソナリティにおける人間労働の役割とを，体系的な概念にまで築き上げる仕事において卓越した業績を残したとされます。また，人間の行動が社会的・経済的な文脈のなかで生起するということを正しく認識したうえで，心理学・社会学・経済学の文献を総合し，さらにはそれらのデータを用いて，人間労働と働く者を理解するという試みに見事に成功しているという評価を得ています。

スーパーはキャリアを，「人生のある年齢や場面の様々な役割の組み合わせである」と述べています。彼は，どれか1つの心理学的視点でキャリア発達の理論を構成することは納得できないとして，差異心理学，発達心理学，社会心理学，現象学的心理学といった様々な心理学を土台として自らの理論構築を試みました。以下では，彼の主要な理論について見ていくことにしましょう。

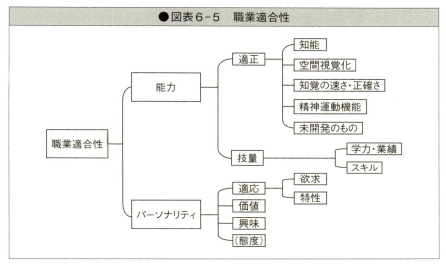

出典：Super（1970）

① 職業適合性

職業適合性（vocational fitness）とは，人と職業の適合性を表す概念です。スーパーは特に職業適合性と表現するとき，それは個人的特徴全部を含み，かつ特定の職務に適応するかどうかの判断のよりどころになる概念であると説明しています（**図表6-5**）。

まず，職業適合性は能力（ability）とパーソナリティ（personality）に分類されます。ここで能力とは，心理学的に厳密な意味をもった能力を意味しています。能力はさらに適性（aptitude）と技量（proficiency）に分類されます。適性は一般的にもよく使用される言葉ですが，心理学的には学習能力の意味に用いられます。したがって，適性というよりは性能と言い換えたほうがわかりやすいかもしれません。学習の可能性であり，「将来何ができるか」とか，「達成されるべき性能」を意味しています。適性は知能，空間視覚化，知覚の速さと正確さ，精神運動機能によって構成されています。その他の因子については未開発とされています。

さて，知能の第1番目の領域は言語的推理であるとスーパーは述べています。言語的推理のテストが，一般に最も妥当性の高い知能テストであるとされてき

● 図表6-6　課題例

```
    Smith and Co. ---------- Smith and Co.
Johnson and Morris ---------- Johnston and Morris
  James C. Brown ---------- James C. Brown
         19367 ---------- 19367
         79842 ---------- 78942
         93784 ---------- 93784
```

出典：Super（1970）

たことからも，それは明らかでしょう。第2番目の領域は数的推理です。これは数的記号の操作を通して表面化するものです。例えば，「1，2，4の次にくる数字を埋めよ」というような問題を解くことによって，その能力の程度が測定されます。3番目の推理能力が抽象的推理です。ここで用いられる記号は，言語的でも数的でもなく，幾何学的な形態記号による抽象的なものです。

　適性の2番目の構成要素は空間視覚化です。形や大きさを判断したり，事物相互間の関係を視覚化したり，事物に対する自分自身の方向を知覚する能力を指しています。空間判断能力とも呼ばれます。適性の3番目の因子は，知覚の速さと正確さです。これは，文字や数字のわずかな差異を，すばやくそして正確に認知する能力を指しています。この種のテストとして最も広く使用されてきたものとして，「ミネソタ書記テスト」が挙げられます。例として**図表6-6**のような課題が取り上げられています。課題は左右同一の対を見つけ出すことです。適性の最後は，精神運動機能です。スーパーは特に手腕の器用さを取り上げています。これは，小さなピンを穴にはめる速さなどで測定されることが多いようです。

　次に技量とは，「現在何ができるか」，つまり現在到達している状態を表している概念です。ただし同じ技量でも，それが運動的技術とか身体的技術，または仕事に現れる場合は技能（skill）と呼ばれ，学校の成績とか技師の知識などを表す場合は学力（achievement）と呼ばれるようです。以上が，能力を構成する因子群ということになります。

　能力と対をなす重要な因子として，パーソナリティが取り上げられています。パーソナリティはさらに適応（adjustment），価値（value），興味（interest），

態度（attitude）に分類されます。適応は欲求（needs）と特性（traits）によって構成され，スーパーは欲求を，仮にそれが存在すれば，有機体の安寧に貢献したはずのなにものかが欠如している状態として定義しています。欲求理論については第1章で詳しく述べていますが，スーパーのこの定義づけは欠乏欲求に当てはまるものといえるでしょう。スーパーはある観点からすれば，欲求は，最も基本的なパーソナリティ概念であるとも述べています。

　次に特性とは，行動の様式または，ある仕方で行為する傾向を指しています。また，特性は，所与の事態における欲求充足のための行為の様式ですので，欲求に由来するとも述べられています。また適応は，社会学辞典などによれば，個体ないし集団が環境に対して適合的な行動や態度をとり，環境との間に調和的な関係を作り出すこととされていますが，スーパーは「行動の一般的な性質であり，行動傾向または特性の布置である」と説明しています。さらに，価値は人が達成すべく追求する目的であり，したがって欲求を充たすべく選択された目的とも言えるとしています。これら欲求や特性，そして価値の具体的内容については研究者によって一様ではなく，峻別が難しいとされています。

　例えば欲求については，第2章で学んだマズローのリストを思い出せばよいでしょう。また，価値については，スーパーによる労働価値目録（**図表6-7**）が参考になります。次に興味について考えてみましょう。興味とは，目的を求める手段・方法としての活動と対象（もの）であるとスーパーは述べています。たとえば，経済的報酬に価値を置く人たちは，事業経営に興味をもちやすく，美的なものに大きな価値を置く人たちは芸術，文学，音楽などに興味をもつ傾向があるということです。

　本来，パーソナリティの因子として挙げられている，欲求，特性，価値，興味は同じラインに並ぶかもしれませんが，欲求と特性は1つの行動に統合され

●図表6-7　労働価値目録				
1．愛他的	2．審美的	3．創造性	4．知的刺激	5．自律
6．達成	7．社会的評価	8．管理	9．経済的報酬	10．安定性
11．環境	12．監督的関係	13．同僚	14．多様性	15．生活様式

出典：Super（1970）

ている場合が多いので「適応」という概念でまとめられているようです。これら4つのうち欲求は生理学的・生物学的に規制されるもので，環境条件による影響・変化が最も少なく，以下，特性，価値，興味という順に変化しやすいとみられています。ここで態度は直接的な経験や条件，対人関係など外的・環境的な影響を最も受けやすいと考えられます。したがって，特定職務との関係を予測する場合，それが短期予測であれば有効ですが，長期予測であればほとんど有効性を発揮しないと言えます。態度がカッコに入れられているのは，その理由からなのです。

②　自己概念理論

　スーパーは，1950年代にパーソナリティ理論のなかで急速に発展した，自己概念の現象学的視点を，職業行動の解釈に応用しようとしました。前述のように彼は，職業適合性を考える場合，個人を興味，価値，欲求といった用語によって捉えようとしていました。しかし，行動の重要な決定因子として重要なものが，他にもあると彼は考えたのです。それが，「個人が自分自身について描く自我像」，すなわち自己概念なのです。

　スーパーは，自己概念を提起した重要な研究者として，ジョージ・ハーバード・ミードを挙げています。ミードは，自己を他人との交渉経験の結果と捉えていました。すなわち，人は他人が自分のことを考えるとおりに，自分を考えるようになるというのです。したがって自己とは，社会的に形成される現象であるとも考えられます。

　たとえば，人は様々なグループの人々と接しています。それは両親である場合もあるでしょうし，友人である場合もあるでしょう。彼らと接する過程でその人は，自らが自分自身に抱く像とは別に，両親や友人がその人に期待し，抱いている像があることを理解するようになります。それもまた，自己概念なのです。その自己概念は，異なるグループごとにあると言えます。したがって，友人に対してはある行動をとり，両親に対しては別の行動を演ずるようになるのです。

　しかしそうは言っても，他者が自らに期待していることを受けとめるのは，あくまでもその人自身でしかありません。結局は，自分自身の判断体系を通し

て，自分が受け入れることのできる用語を用いてしか，彼らの期待を自らの自己概念に統合していくことはできないのです。両親に対してとる行動様式も，両親が自分に対して，こういう自分を期待しているのだろうと解釈，理解した結果といえますが，それは，すでに両親の期待ではなく，その人の判断体系というフィルターを通過した後の両親の期待であるのです。

スーパーはこうした自己概念に対する考え方を，職業的発達に応用しようと考えました。ある研究結果によれば，個人の就職後の満足感は，自分について期待されているものと自己概念がうまく合っているとどれほど感じ得るか，ということに左右されます。すなわち人は，自分自身が有していると考えている諸特徴が，職務要件として求められていると理解されるような職業を選択する傾向にあるというわけです。また，こうも言いかえることができるかもしれません。人は，職業を選択する際に，興味のある職業グループと同化し，そのグループの一員となったときに他者が自らに期待すると想定されるものと，現時点で自らが抱いている自己概念が一致するような職業に就こうとするのです。

さて，スーパーは職業的発達に関する自己概念理論を，「一つの職業における自己実現」として，次のように展開していきます。すなわち，人がある適当な職業において確立するには，自己概念を形成すること，それを職業の名に翻訳すること，およびその自己概念を実現することが重要だというのです。

自己概念の形成過程とは，自己の探索と環境の探索との過程を指しています。それには，自己を他者から区別すること，モデルとするに足る他者と同一視すること，そして現実吟味が含まれます。ここで現実吟味とは，選ばれた社会的役割を，その結果を多少なりとも意識的に評価しながら果たすことを意味しています。

自己概念を職業の名に翻訳することは，同一視，経験および観察という3つの過程のうちの1つ以上の過程を経て起こるものだと，スーパーは述べています。それには，「あの人のようになりたい」という全体的な翻訳も含みます。また，たまたまある役割を与えられて，その課業を遂行しているうちに，思いがけない自己概念を自らのうちに発見するという場合もあるでしょう。

実現の過程とは，行為の過程であると述べられています。個人は，自分の志望職業に就く機会を探してこれを見つけます。そして，その仕事を見つけたと

きに，労働者たる自己自身の概念を固めるのです。

　さて，自己概念の職業への翻訳に関する研究を，１つ取り上げておきましょう。ボーンとスーパーは，あまり興味のもてない職業においてよりも，興味のある職業におけるほうが，自己概念と職業概念の一致度が大きいと考えて調査をしました。調査は，男子学生135名に対して，現実と理想の自己を記述させるというものでした。調査の結果，仮説は支持されたとしています。また，この結果は，職業選択自体が自己と職業に対する認知の類似度の結果であることを示唆しているとも述べられています。

3）金井のキャリア・デザイン論

　最後に，日本を代表するキャリア研究者として金井を取り上げましょう。金井は，キャリアを，長い時間軸から見た仕事生活のパターンや意味付けと定義しています。そしてこの長い仕事生活は，多くの部分で人生と重なり合うともしており，それらを統合することの必要性についても言及をしています。

　金井の理論を特徴づけているのは，この長い仕事生活や人生全体というよりは，その節目に注目をしている点です。近年，キャリア・デザインという表現を目にすることが多くなってきました。キャリア・デザインとは，文字どおり自らのキャリアを計画し，設計するということです。選び取るという表現でもよいかもしれません。

　かつての日本，特に日本企業においては，働く人々のキャリアは，組織に委ねられていたといっても過言ではありません。仕事や職位を自らの自由意思で選び取ることは，ほとんど不可能だったのです。しかし，現代になりその状況が大きく変化してきました。働く人々の価値観が変化してくるにつれて，それに呼応するかのように企業側も，従業員の意思を尊重するような制度や施策を導入するようになってきたのです。自己申告制度と呼ばれるこうした制度は，従業員が自らで仕事を選び，昇進して上位のポジションに就くことを可能にしました。そしてこうした状況のなかで，ますます個人には，組織や他者に自らのキャリアを委ねるのではなく，自らで選び取っていく必要性が生じてきたのです。進学すべき教育機関を選択し，職業を選択し，そして，職種や職位を選択していくといった長いプロセスのなかで，個々人は責任をもって人生を歩ん

でいかなくてはならないということなのです。

しかし，こうした長いプロセス全体を展望し，デザインするのは至難の業と言わざるをえません。そこで金井は，プロセスの節目だけでもしっかりとデザインしようと言います。人生や仕事生活において，重大な節目はそれほど多くあるわけではありません。したがって，節目だけは大いに悩みなさい，ということなのです。

では，節目以外のプロセスではどうすればよいのでしょうか。金井は，それをキャリア・ドリフト期と呼んでいます。ドリフトとは自然に任せる，流されるという意味です。節目でしっかりとデザインできたのであれば，後は流れに身を任せておけばよいというのです。これは，一見，無為無策で消極的な対処と映るかもしれません。しかし，ドリフト期は勢いのある時期でもあり，それを無闇に止めることこそ避けられるべきなのです。むしろ，常にキャリアについて悩み続けているほうが，真の漂流者（キャリア・ドリフターズ）となってしまい，危険だと警鐘を鳴らしています。

また，ドリフト期には大いに楽しめるとも金井は言います。まさにこのドリフト期にこそいろいろな掘り出し物が見つかり，さらにキャリアや人生の幅を広げていくことになるのです。こうした偶然を生かすことの重要性に注目したのがクランボルツです。金井は，クランボルツの「計画された偶然（planned happenstance）」という概念を用いることによって，節目におけるデザインの重要性を説きます。節目でデザインしない場合，ドリフト期に何か大切なものやチャンスに遭遇しても，それに気付かないだろうというのです。デザインがあるからこそ，偶然に気づきそれを生かすことができるのです。計画された偶然の意味合いがそこにあります。

さて，金井のキャリア・デザイン論において，もう1つ重要な概念があります。それがトランジションです。トランジション（transition）とは，移行や転移という意味で用いられる言葉です。まさにキャリアの節目が，重要な移行期もしくは転機であることからすれば，この概念が重視されるのはもっともなことであると思われます。節目をデザインする前に，その節目を理解し，潜り抜けなくてはならないからです。金井はこの概念を，ブリッジズとニコルソンという英米の研究者を参考にして議論を進めています。

ブリッジズは，人生の転機や節目をくぐり抜けるのに苦労している人々を助けてきた臨床心理学者です。ブリッジズによれば，トランジションは終焉（何かが終わる時期），中立圏（混乱や苦悩の時期），開始（新しい始まりの時期）というプロセスを経ます。ここで，私たちは，こうした移行期にあるとき，どうしても開始のほうにばかり目が行きがちです。未来は希望を与えてくれますし，そのほうが自らもポジティブになれます。しかし，ブリッジズはしっかりと喪に服すことを私たちに要求します。つまり，何かが終わったのであれば，それをしっかりと受け止め，自分のなかで折り合いをつけなさいということです。そうでなければ，中途半端な開始になってしまい，節目をくぐったことにはならないのです。ブリッジズは，キャリアというよりは人生の転機について議論をしていますが，キャリア・デザインにも応用可能な議論であろうと思われます。

　一方，ニコルソンが考えるトランジションはサイクルになっています。第1段階は，新しい世界に入る準備の段階，第2段階は，実際にその世界に入っていって，いろいろ新たなことに遭遇する段階，第3段階は，新しい世界に溶け込み順応していく段階，第4段階はその世界に慣れて，落ち着いていく安定化

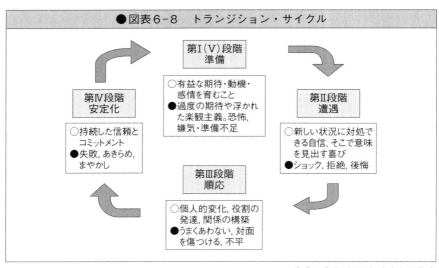

出典：金井（2001）をもとに作成

第6章 「県庁の星」に学ぶキャリア論　　185

の段階です。そしてまた，何か新しい節目にさしかかれば，このサイクルが始まります。我々はこのサイクルを生涯の間，幾度となく経験することになるのです（**図表6-8**）。さらに，このサイクルには善いサイクルと悪いサイクルがあると考えられています。それぞれの段階にうまく適応していった人は，善循環に入っていることになるのですが，逆にうまく適応できなかった人は，悪循環に陥ってしまっている可能性があります。キャリア発達のためには，こうしたサイクルをより深く生き抜くことが大切であると金井は考えています。それが一皮むけた経験となり，さらなる成長へとつながっていくのです。

3．キャリア・プロセスの各段階における様々な概念および研究

1）職業選択

①　7・5・3現象

　人間の発達プロセスにおいて，社会人として認められるために我々は職業を得ることを求められます。近年（2014年現在）の我が国においては，7・5・3現象と呼ばれるように，中学，高校，大学をそれぞれ卒業して就職をした入社3年未満の若手社員のうち，実に，7割，5割，3割の人たちが離職しています。主な原因として，現代若年者の就業観や労働観の変化が挙げられています。自己実現という概念が一般的となり，真に自らのやりたいことをすべきである，もしくは，「本当になりたい自分」になろうとする若者が増えてきたということです。入社してわずかの間に，これは自らが就く仕事ではないと認識し，辞めてしまうのです。ジョブ・ミスマッチングと呼ばれるように，個人の仕事に対する欲求と組織が提供する実際の仕事との間に，離齬が生じているわけです。フリーターと呼ばれる人々が増加しているのも，こうした問題が背景として考えられています。もちろん，苦労して就職した組織を離れることは，個人・組織双方にとって非効率であり，無駄なコストが発生していると言わざるを得ません。したがって，個人の側からすれば，できるだけ無駄のない職業選択をすることが求められます。

② インターンシップ研究

　自らの興味や志向性を知ることは職業選択にとって，とても重要なことです。しかし，それを理解したとしても，実際に仕事に就いてみなければわからないことはたくさんあります。そこで，実際に仕事を経験させるという取り組みが，近年の我が国においても盛んになってきました。それがインターンシップです。インターンシップとは，文部省・通産省・労働省（当時）の三省合意による共同声明によって，「学生が在学中に自らの専攻，将来のキャリアに関連した就業体験を行うこと」と定義されています。4年制大学の場合，3回生が夏季休暇を利用して2週間程度民間企業で働くという形式が一般的です。文部科学省（2006）が平成18年12月に発表した，「大学等における平成17年度インターンシップ実施状況調査」によれば，平成17年度の「単位認定を行う授業科目として実施されているインターンシップ」の実施率は4年制大学で62.5％に上っており，平成8年の17.7％から毎年右肩上がりに推移しています。また，これに伴いインターンシップ体験学生も，4万人を超えるまでに増加しています。

　こうしたなか，インターンシップの効果に関する研究も次第に多くなってきました。例えば筆者たちは，スーパーやクライツの職業成熟度概念を用いて，大学3回生を対象に2回にわたる調査を行い，インターンシップ経験者と未経験者の差異について分析を行っています。ここで職業成熟度とは，発達的に高度化ないし結晶化してくる，職業選択への心理的準備状態を意味しています。分析の結果，職業成熟度の低い学生に対しては，インターンシップが効果的であることが明らかになりました。

　また，近年ではインターンシップの普及に伴い，企業に学生を呼んで話を聞かせるだけの「講座型」や，社員に同行させて仕事を観察させる「同行型」といった形態のインターンシップも多くなってきています。そこでそれらの効果についても探ってみたところ，インターンシップにおいては，実際に就業を体験することのできる「実務型」のみが有効であることも明らかとなりました。

　さらに，スーパーの自己概念形成理論を用いて，インターンシップにおいても自己概念形成が効果的であるかについて分析を行ったところ，インターンシップ体験時に，自己概念を形成しながら取り組んでいた学生の職業成熟度が有意に高くなっていました。これらの結果から，インターンシップ経験は，学

第6章 「県庁の星」に学ぶキャリア論　　187

生の職業意識や成熟度を高め，職業レディネスの状態を促進するということが明らかになったとしています。

2）組織社会化

社会学辞典によれば社会化とは，「個人と他者との相互行為を通して，諸資質を獲得し，その社会（集団）に適合的な行動のパターンを発達させる過程，つまり，人間形成の社会的な過程」と定義づけられています。我々は成長・発達する過程で，家族，学校，国家という様々なレベルにおいて，その社会にとってふさわしい行動様式を身につけていくことを求められます。日本人であれば，挨拶をする際にはお辞儀をします。米国人であれば握手をするでしょう。こうした行動様式は各国の文化を反映したものであり，裏を返せば，我々はそうした文化を内面化しなければならないのです。

現代は，組織の時代であると言われます。経済先進国における就労者の約8割の人々が，いずれかの組織に所属しています。現在は，組織に所属してはいないが，かつては組織に所属していた，または，今後もしかすると組織の世話になるかもしれないという人を合わせれば，その数はもっと増えることでしょう。したがって，ほとんどの現代人が組織へ参加し，その組織において社会化されていくという過程を経験することになるのです。

ここで組織社会化とは，個人が組織の役割を身につけ，組織のメンバーとして参加するために必要な価値や能力，期待される行動そして社会的知識を正しく理解していくプロセス（Louis, 1980）であり，組織の役割における「こつ（ropes）」を教えられ習得していくプロセス（Van Maanen & Schein, 1979）を指しています。もちろん，その組織の文化を内面化していくということでもあります。もし，個人が組織に適応できなければ，それはその個人本人に対しても，組織に対しても悪影響を及ぼすことになります。したがって，組織としては参入者の組織社会化に成功しなければなりません。

これまでの研究では，組織社会化は，個人の組織コミットメントや職務満足，離転職に対する意思や実際の行動および生産性，そして組織目標の達成などに影響を及ぼすのではないかと考えられてきました。本節では，組織社会化にまつわる様々な概念について検討します。

①　予期的社会化と現実ショック

　組織社会化に関する研究は，その対象が組織に参入する前と参入した後に大きく分かれます。組織参入前の社会化を予期的社会化と呼びます。これから所属する集団や組織の規範や行動様式を前もって学習し，内面化することを指しています。社会化の先取りや，将来を見越した社会化とも呼ばれます。予期的社会化の主な内容は，これから参入する組織への期待を形成することです。

　企業から内定を得た学生は，その企業について様々な期待を抱くものです。また，組織に参入した後に与えられる仕事や課題，そしてその遂行方法，さらには職場での人間関係など，様々なことについて予測をするでしょう。この期待や予測が参入後に裏切られることがなければ，その後の個人の組織社会化は，ほぼ順調に推移することが予想されます。しかし，もし期待と現実との間に大きなギャップがあれば，その逆の結果が生じる可能性が高いのです。特に，参入予定者が組織に対して高い期待を抱いているときに，このようなギャップが生じやすくなります。このように，高い期待と現実感とのギャップによってもたらされるショックを，「現実ショック（reality shock）」と呼びます。また，そのときの経験を，「幻滅経験」と呼ぶこともあるようです。

　これまでの研究によれば，現実ショックの影響で離転職行動が増加すると考えられています。また，上司に対する信頼感や，組織コミットメントが低下するという研究結果も報告されています。したがって，組織としては，このような状況を回避することが必要となるでしょう。

②　現実的職務予告

　現実ショックや幻滅経験を回避するために，組織が採用する施策として盛んに研究されているのが，現実的職務予告（realistic job preview：RJP）と呼ばれる参入支援施策です。これは，新人および候補者に対して，これから彼／彼女たちが携わるであろう職務について包み隠さず，つまり良い面についても悪い面についても，正確に情報を提供するという施策を指しています。実際，何も知らない新人や候補者に対して，職務に関する否定的な側面についてまで詳細に説明するのは，その職務に対する新人の意欲を低下させるだけでなく，その新人を離職させてしまうことにもなりかねないため，多いに懸念される行為

ではあります。しかし，あくまでもこの施策の目的は，個人が組織参入以前に抱いている非現実的に高い期待を，抑制することにあるのです。

接種理論と呼ばれる理論があります。生物学における免疫機能と医学における予防接種をベースにした理論であり，ワクチンをイメージしてもらえばよいでしょう。組織参入前の候補者は，組織や職務環境に対してほとんど免疫がありません。そこで，組織の現実に関する情報というワクチンが投与されることによって，非現実的な期待が修正され，その後の現実から受ける衝撃に対して，抵抗力がつくと考えるのです。RJPは，まさにこのワクチンにほかなりません。そしてRJPは，職務満足や組織コミットメントを高めると考えられているのです。

その理由は次のとおりです。第1に，企業が正確な情報を提供することによって，入社を考えている候補者はその職務が自分のニーズと合致しているかどうかをより明確に判断することができるようになるからです。第2に，職務の否定的な側面にまで言及し，入社希望者の期待値を下げることによって，入社後に期待外れだったということがないようにするからです。第3に，職務の否定的な側面について事前に説明しておくことによって，心の準備ができるとともに，将来何か不測の事態が生じたとしても，対処する方法を見出すことが容易になるからです。そして最後に，職務に関する様々な選択肢があったとしても，RJPによってその候補者は受け入れるべきか拒絶するべきかといった判断を，明確にすることができるようになるからです。

③ 組織社会化の過程

様々な思いや夢を抱いて参入してきた新人は，多かれ少なかれ現実ショックを経験しながら，組織への適応プロセスを歩んでいきます。これまでの研究では，こうした組織社会化の過程は，行動変容のプロセスとして捉えられ，様々なステージ・モデルが提唱されてきました。例えば佐々木（2006）は，それらの研究を概観して，修正段階，学習段階，統合段階といったプロセスとしてまとめています。

修正段階とは，身につけている行動や態度の修正がまず要求される段階です。シャインの「氷解（defreezing）」に対応しています。次に学習段階では，新

しい行動や価値・態度のレパートリーが学習されます。これはシャインの「変容（change）」に対応していると言えます。そして最後に，統合段階では，新しい環境との統合が達成していくことになります。この段階はシャインの「再氷結（refreezing）」に対応していると考えられます。現実ショックは修正段階において経験されることになります。

④　組織コミットメント

　組織社会化が促進されると，組織に対する帰属意識が高まることが予想されます。近年，組織に対する帰属意識として，組織コミットメントという概念を用いた研究が数多くなされています。コミットメント（commitment）は，「関与，義務，約束，方針，公約」などと翻訳されることが多く，日本企業においても，日常的に使用されている術語の一つです。心理学研究においてコミットメントは，何らかの対象との心理的距離を表す構成概念として使用されています。したがって，組織コミットメントとは，組織に対する個人の心理的距離を表す概念ということになります。

　組織コミットメントに関する研究は，大きく２つの流れに分類できると思われます。１つは，マウディーズ・スティアーズ・ポーター（1979）に代表される情緒的，もしくは態度的コミットメント研究の流れです。情緒的コミットメントとは，組織コミットメントを組織への情緒的な愛着として捉え，組織の価値や目標の共有，組織に残りたいという願望，組織の代表として努力したいという意欲などによって特徴付けられる，組織への情緒的な愛着として定義づけられるコミットメントです。組織コミットメント研究においてマウディーらが注目されるのは，彼らの開発したOCQ（organizational commitment questionnaires）と呼ばれるコミットメント尺度が，組織コミットメント概念の操作化に一定の成功をおさめたからでしょう。

　もう１つの流れが，ベッカー（1960）のサイドベット（side-bet）理論に基づく，存続的コミットメントあるいは「コストを基礎とした」コミットメントの流れです。サイドベットとは本来的な賭け（投資）に付随して生じ，傍らに積みあがっていく「副次的な賭け」を意味しています。ベッカーは副次的な賭けのほうが本来的な賭けよりも，従業員の行動を制約する条件になると考えま

第6章 「県庁の星」に学ぶキャリア論   191

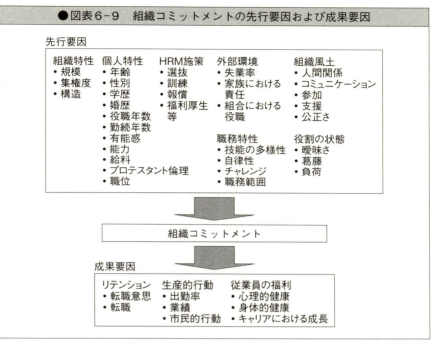

出典：Mathieu & Zajac（1990）とMeyer & Allen（1997）より筆者作成

した。例えば，従業員が組織に対して行う労働行為を本来的な投資とすれば，その直接的なリターンは反対給付としての賃金ということになるでしょう。しかし，労働行為は必然的に組織における人間関係の形成や，企業における特殊スキルの醸成といった副次的な投資を伴うものです。これらは，長く組織に留まれば留まるほど培われるため，他の組織に移動すればそのリターンを得ることができなくなってしまいます。サイドベットの観点によると，従業員は組織を離れた場合に失うものを計算して，組織に留まるか否かを判断します。したがってこのコミットメントは，個人と組織との社会的な取引を通じた合理的な損得計算に注目しているという点で，態度や感情的側面に注目している情緒的コミットメントとは大きく異なっているといえるのです。

ところで，1990年代に入ると，組織コミットメントに関する議論は新たな局面に入り，これまでの2つの流れを統合すると同時に，組織コミットメント論

でこれまで注目されなかった，新たな側面が加わることになります。近年，多くの研究者から支持を受けている，アレンとメイヤー（1990）の愛着的コミットメント（affective），存続的コミットメント（continuance），規範的コミットメント（normative）の３次元モデルです。

　愛着的コミットメントとは，組織に対する愛着によってコミットメントが生じている状態であり，マウディーらに代表される情緒的なコミットメントに対応しています。次に存続的コミットメントは，組織を離れる際のコストの知覚に基づくコミットメントであり，ベッカーに代表される「コストを基礎とした」コミットメントに対応しています。一方，規範的コミットメントとは，理屈抜きに組織にはコミットするものであるという観念に基づいて生じるコミットメントです。アレンとメイヤーの３次元モデルが，規範的コミットメントという新たな次元を，既存のコミットメントに付け加えていることは確かであるものの，これまでの実証研究において，規範的コミットメントが利用されているケースは少なく，組織コミットメントは現実には，情緒的コミットメントと存続的コミットメントに収斂しつつあるというのが実態です。組織コミットメントの先行要因および結果要因については，**図表6-9**に示したとおりです。

⑤　心理的契約

　組織コミットメントや帰属意識と類似の概念として，近年では心理的契約に関する研究も盛んに行われています。心理的契約は，もともと組織心理学者のアージリスやシャインらが1960年代に提唱した概念でした。1980年代の米国で，雇用関係におけるリストラクチャリングが進む中で，雇用関係についての従業員の主観的な理解の変化を分析するために，ルソーという研究者によって再定式化されました。ルソーによれば心理的契約とは，個人と組織との間に交わされる同意に関して，組織によって形成される個人の信念です。

　通常，企業とそれに雇用されている個人との間では，経済的な交換に関する契約が暗黙のうちに交わされていると考えられます。例えば企業においては，組織に対する貢献が認められ，等級が上がれば，それに見合った昇給が得られるようになっています。これはある程度，客観的であると言えます。しかし，こうした交換関係に対する主観的認知は，個々人によって一様ではありません。

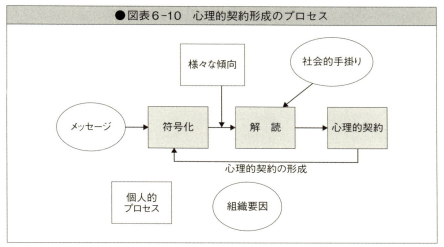

●図表6-10　心理的契約形成のプロセス

出典：Rousseau（1995）

　ある人は，組織に対してこれだけ貢献しているのだから，もっと昇進してもいいはずだと考えるかもしれませんし，別のある人はそれほどには考えないかもしれません。つまり，客観化され得ない側面が多く残されているのです。

　そこでルソーは，ある従業員個人が企業に対して，どのような貢献をし，どのような報酬を得るかといった交換についての双方の合意に関して，企業の働きかけにより形成された明示的もしくは暗黙の約束に基づいた，主観的な理解や信念であると定義したのです。例えば，これまでの日本企業を考えてみましょう。日本企業で働く従業員は，日々の残業や休日を返上してまでの労働によく耐えてきました。それは，それだけ努力をすれば，その見返りとして定年までの雇用を保証してくれるであろうという期待が，従業員側にあるからです。終身雇用はあくまでも慣行に過ぎません。しかし，企業が求める義務を果たせば，企業はしかるべき見返りを従業員に与えなければならないという信念を，従業員側は一方的に抱いてしまっているのです。まさにこれが心理的契約にほかなりません。ルソーは，こうした心理的契約が**図表6-10**のように形成されると考えました。

⑥　エンプロイアビリティ

　これまで見てきたように組織社会化は，組織コミットメントを強め，心理的契約関係を強固なものにすると考えられます。たとえば，組織社会化を促進する施策のなかで最も一般的なものとして，教育訓練を挙げることができます。組織社会化とは，個人が組織の役割を身につけ，組織のメンバーとして参加するために必要な価値や能力，期待される行動，そして社会的知識を正しく理解していくプロセスですから，先輩従業員による教育訓練は何よりもの促進施策となります。

　しかし，これまでの，特に日本企業においては，こうして身につける知識や技能は，そのほとんどが当該企業においてのみ有用とされるような，企業特殊的なものでした。先ほどの，存続的コミットメント概念に照らして考えれば，日本企業の従業員は，こうして身につけた企業特殊的な知識や技能を，これからも所属している企業で活用し続けていかなければ，自らにとっての損失になってしまうというわけです。また，他の企業には転用できない知識や技能ですから，なおさら当該企業に留まらざるを得なくなります。

　ところが2000年頃から，大手日本企業の入社式などで，各企業の経営トップが若き精鋭たちに対して，他社でも通用する能力を身につけるようにと訓示することが多くなってきました。入って来たばかりの社員に，転職を促すかのようなこの訓示の意味するところは何でしょうか。まさにこの頃から，日本においても，エンプロイアビリティ（employability）という概念が論じられるようになってきたのです。

　日本経営者団体連盟は，エンプロイアビリティを「労働移動を可能にする能力」に，「当該企業のなかで発揮され，継続的に雇用されることを可能にする能力」を加えた広い概念として捉えています。もともとは，失業者やこれから就職しようとしている人たちに，雇用され得るために必要な労働能力を身につけさせる，という発想から生まれてきた概念でした。しかし近年では，先ほどの定義にもあるように，労働移動という意味合いが濃くなってきています。こうした考え方は，すでに1980年代の米国において登場しており，キャリア発達の成功には，組織間移動が可能なスキルの発達と，組織内において職務・役割間を移動する柔軟性が必要であることを意味しています。

では，企業が従業員のエンプロイアビリティ向上を推進する背景は何でしょうか。第1に，若年者の労働価値観が変化してきたということが挙げられます。リストラやダウンサイジングで離職を余儀なくされた中堅以上の社員が，企業特殊的なスキルしか身につけてこなかったがゆえに，思いどおりのレベルの企業に転職することができないという現実を，若年者が認識し始めたということです。そのため，企業を選択する側の候補者たちは，汎用性のある知識や技能を学ばせてくれる企業を選ぼうとします。したがって，優秀な人材を確保するためには，企業が先回りして，エンプロイアビリティ向上施策を推進せざるを得ないということになるのです。

第2に，企業側が組織の有効性を高めることのできるような知識や技能を，従業員に対して身につけさせることができなくなってきたということです。市場や技術の変化は激しさを増しています。第3章でもみたように，フォロワーのほうがリーダーよりも優れた技術力を有しているということは，珍しくなくなってきています。年配の従業員が有している知識や技能は陳腐化しており，若手従業員が有している知識や技能のほうが組織にとって有効である場合が多々あるのです。しかし，もしそうだとすれば，企業が画一的な上からの人材育成を施すよりは，むしろ現場に近い末端の従業員に任せて，自由に学ばせたほうが効率的かもしれません。それが，汎用性のある知識および技能の獲得へと従業員を導くことになると考えるのです。

第3に，そのためには，従業員1人ひとりが自立している必要があるということです。企業に対する依存心が強ければ強いほど，姿勢は受動的になり，自らで学ぼうとする意欲は低くなると考えられます。だとすれば，企業としては，従業員を自立させるための働きかけをせざるを得ません。エンプロイアビリティ施策は従業員に対して，これまでの心理的契約が変化しつつあることを示すことになります。企業に対する自己犠牲が雇用保証という見返りになるという契約ではなく，企業に対して自立的である見返りとして，企業だけでなく自らにとっても有益となるような，知識および技能を身につけることが許容されるという契約へと変化しつつあるということなのです。

以上，エンプロイアビリティ概念が登場した背景について考えてみました。エンプロイアビリティは，ジレンマや矛盾を抱えた概念です。汎用性のある知

識や技能を身につけさせることが，企業の生産性を上げることにつながるかもしれないのと同時に，その生産性向上に寄与していた有能な社員を手放すことになるかもしれない，諸刃の剣なのです。エンプロイアビリティが組織社会化をいかに促進していくのかについては，さらなる研究が必要となるでしょう。

映画に学ぶ

1．「県庁の星」に学ぶキャリア論

　それでは映画を見てみることにしましょう。本作の主人公野村は，学生時代を優秀な成績でおさめ，K県庁でも屈指のエリートとして活躍しています。産業政策課は県庁のなかでも花形の部署であり，その仕事ぶりには目を見張るものがあります。映画の前半で見せる野村の行動様式からは，県庁での出世競争に勝ち抜くことが，何よりも重要であるというキャリア観が垣間見られます。つまり，彼にとって県庁において出世の階段を上りつめていくことこそが，彼にとってのキャリアなのです。ですから，結婚はそのキャリアを成功させるための手段に過ぎません。彼自身がそのように考えていたのかはともかく，少なくとも婚約者にはそう映っていたと思われます。野村において，キャリアは限定的に捉えられています。単に出世をするのではなく，回り道することなく，一直線で上りつめていくということでなければ，彼にとっては意味がないようです。現に，二宮との口論のなかで，「こんなことで自分のキャリアに傷をつけたくない」という発言をしています。そもそも，三流スーパーに派遣されたことも，彼にとっては不本意なことなのです。県庁での出世にとって必要なプロセスであると思えばこそ，我慢しているといえるでしょう。そのような意識ですから，当初は，民間企業の知恵を学ぶという本来の目的を忘れ，自らの価値観を押し付けることに終始しています。民間企業での仕事の経験も，その捉え方一つで彼のキャリアを豊かにするということが，当初の彼には理解できなかったのです。

　さて，現在の野村はシャインが示すキャリア・サイクルにおいて，どの段階にいるでしょうか。劇中の様子から察するに，野村は30代半ばといったところでしょうか。まさにシャインが示すように，野村は県庁という組織のなかで明確なアイデンティティーを確立し，目立つようになっていま

した。ところが，人事交流プロジェクトを契機として，彼のキャリアの歯車は音を立ててきしみ始めることになります。キャリア中期の危機が訪れたのです。野村は，学生時代も含めて，これまでの自らの人生において，何一つ誤りがなかったと考えています。県庁における出世も，自らにとっては当然のことであり，何も疑っていませんでした。したがって，県庁で培った価値観や行動様式が自らにとってのすべてであり，さらには，それは県庁の外でも通用すると考えていたのです。まさに井の中の蛙とはこのことです。自分はいつも正しい，間違っていないと考える人間に学ぶことはできません。満天堂に来て当初の野村は，そうした自らの価値観や行動様式を押し付けるだけで，学ぼうとはしていませんでした。ただ，このときすでに，彼の中で何かが変わり始めていたのでしょう。結局，自らの手がけていたルネサンス・プロジェクトが，自分の知らないうちに始動され，自らが必要とされていないということを知ることで，ようやく彼のなかに気づきが芽生えます。婚約解消はそれに追い討ちをかけました。この段階に至って，野村は自らのこれまでや，キャリア観を再評価することになります。前だけを見て猛進してきた男が，初めて立ち止まって振り返ることになったのです。この段階はシャインが示す，生物社会的サイクルにおける中年の転機にも相当するでしょう。野村はまさに，夢と実績や現実との乖離に直面しているのです。

　悔しさと悲しみに打ちひしがれた野村は，立ち直った後，ようやく佐々木の言う，修正段階に入っていきます。組織社会化のプロセスです。新入社員と異なり，こういったケースでの組織社会化は実に困難です。派遣された他のメンバーのなかの一人が問題を起こしていましたが，組織社会化が成功しなかった最悪のケースといえるでしょう。野村は，プロジェクト始動と婚約解消を契機として，自らの行動様式を修正していこうとします。初めは，ともに弁当を作っている他のメンバーに命じるだけであったのが，一緒にさせてほしいと懇願するようになります。一緒に汗を流すようになったのです。また，二宮とデパ地下を散策し，女性パートと侮っていた二宮から，女性の購買心理について学びます。このとき野村は，学習段階に入ったと言えるでしょう。そして，満天堂が危機に陥ったとき，彼は防

第6章 「県庁の星」に学ぶキャリア論　199

災マニュアルを二宮とともに作成します。ここでは，自らの知識やスキル
を用いて満天堂に貢献したい一心で，自然体となって作業に没頭していま
す。このときにはすでに，組織の他のメンバーからも受け入れられるよう
になっており，まさに統合段階に入っていることがうかがえるのです。こ
うして県庁に戻った野村は，組織内部で権力や立場を得るためだけにキャ
リアを歩むのではなく，自分たちにとって最も重要なステイクホルダーで
ある県民に資することを目的としたキャリアを歩み始めました。生活福祉
課への転属，そしてルネサンス・プロジェクトに掛かる予算削減の提案が
そのことをよく表しています。野村のキャリアは幅広く，かつ豊かになっ
たような気がします。

2．「生きる」に学ぶキャリア論

　次に映画「生きる」を参考に，キャリアについて考えてみることにしま
しょう。本作の主人公である渡辺勘治は，30年無欠勤記録を目前に控えた
中年公務員です。市民課という，市役所の窓口ともいえる課の課長をして
います。彼は，以前は意欲的に働いていたようですが，今はその片鱗すら
うかがえないほど無気力です。我々には彼が，フォロワーシップ論で学ん
だ，孤立型フォロワーに陥っているように思われます。来る日も来る日も
膨大な書類に目を通し，ハンコをつくだけの毎日が繰り返されています。
そのハンコについた朱肉をふきとるために，彼が破りとった紙片は，かつ
て彼が意欲的に働いていたことをうかがわせる「事務能率に関する私案」
と書かれた提案書の表紙でした。なんとも象徴的な場面です。早くに奥さ
んを亡くした渡辺の目下の生きがいは，一人息子の光男のようです。しか
し，成人して結婚した息子が，かつてのように父親を頼りにするわけはあ
りません。渡辺は孤独感に苛まれます。そんな渡辺に大きな転機が訪れま
す。自らが胃がんにかかっていることを知るのです。ここで，渡辺ははた
と立ち止まり，これまでを振り返ります。自分はこの30年間，何をやって
きたのだろうと。

　シャインのキャリア・サイクルによれば，渡辺はまさに「引退」の段階
に入っていると考えられます。この段階においては，例えば「仕事が主で

はない生活を送れるようになる」ことが求められます。渡辺も，家族に自分が胃がんであることを伝えて，役所を早期退職し，残りの人生を家族と過ごすということも考えられたはずです。しかし，彼はそうしませんでした。先ほども述べたように，彼は今でこそ孤立型フォロワーに陥っていますが，かつては模範的なフォロワーだったに違いありません。だからこそ，彼はこのままの姿で人生を終わりたくなかったのです。

　しかし，事はそう単純ではありませんでした。当初，渡辺は自らが直面した課題に対して，建設的な対処ができていなかったと言えます。シャインによれば，建設的対処とはまず問題が何かを診断することから始まります。渡辺は，これまで自分は役所で何もしてこなかった，何をやってきたのか思い出せないと言います。そして，役所でこのような無為な仕事を続けてきたのは，息子のためであったと言うのです。つまり，彼は自らの虚しい30年間を，息子のせいにしようとしていたのです。しかし，彼の前に現れた職場の若い女性と話しているうちに，次第に自分が間違っていることに気づいていきます。問題は，息子にあるのではなく，自分にあるのです。役所の複雑極まりない機構のなかで，意欲を失い，真剣に仕事に立ち向かってこなかった自分にあったのです。彼は，職場の女性に尋ねます。「どうして君はそんなに活気があるのか」と。すると彼女は答えます。「ただ働いて食べているだけだ」と。そのとき，渡辺はようやく気づくことになるのです。この瞬間，渡辺は建設的対処の第2ステップである，「自分自身の診断」に成功したとはいえないでしょうか。やはり自分には仕事しかない。自分はそういう人間なのだと，気づいたのではないでしょうか。したがって，彼のとった対応策は，当然仕事に正面から向き合うこととなります。そしてそれは，これまでのようにただ書類に目を通してハンコをつくということではなく，市民の陳情に真摯に耳を傾け，課題を解決するという本来の仕事をするということを意味していました。彼は，この対応策に満足しながら死んでいきました。特殊な例とはいえ，彼は自らが直面する課題に対して建設的に対処できたのです。しかし，このケースで興味深いのは，職場の女性の存在です。ほとんど接触のなかった，しかも自分よりも人生経験の浅い一人の女性の存在が，彼の課題に対する対処に大き

な貢献をしているのです。最も身近な存在である家族や，昔からの同僚ではなく，なぜか彼女なのです。これも計画された偶然の，1ケースなのでしょうか。普段であれば素通りしていたであろう，彼女の存在が，彼に対して重要な気づきをもたらすことになるのですから。キャリア論にはまだまだ研究の余地がありそうです。

第7章

「ウォール街」と「金融腐蝕列島〈呪縛〉」に学ぶ
企業統治・倫理論

　本章では企業統治（コーポレートガバナンス）と企業倫理について考えてみましょう。1990年代以降，日本でも企業統治や企業倫理に対する関心が高まってきました。その理由の１つには，度重なる企業による不祥事があります。法令を遵守できない企業は，市場からの退出を余儀なくされます。自らを律するために，いかにして法令が遵守される体制を整え，そういった文化を根付かせるかが喫緊の課題となってきたのです。この観点は，企業倫理やCSRといった問題にも通じます。

　もう１つの理由は，企業買収の日常化です。一時期わが国でも，ライブドアや村上ファンドといった企業が，世間を騒がせました。従来からわが国では，企業は経営陣をはじめとする従業員のものであるという認識が一般的です。ライブドアがニッポン放送を手中に収めようとしたとき，ニッポン放送のほとんどの社員が，連名で作成した申立書をライブドアに突きつけたのは有名な話です。そこには，「ニッポン放送は我々社員とリスナー（顧客）のものだ」ということが述べられていました。そして，放送について何も知らないライブドアは出て行けとも。

　しかし，ニッポン放送が株式会社である以上，株主が重要なステークホルダーであることもまた事実なのです。こうした意味において，ライブドアは日本の企業社会に対して，改めて株主の存在を知らしめたといえるでしょう。企業は果たして誰のものであるのかという問いかけが，日本の企業社会に投げかけられたのです。

ウォール街（原題：WALL STREET）

☆発売元	FOX
☆監督	オリヴァー・ストーン
☆製作	エドワード・R・プレスマン
☆脚本	スタンリー・ワイザー，オリヴァー・ストーン
☆劇場公開	1987年
☆出演	マイケル・ダグラス，チャーリー・シーン，ダリル・ハンナ
☆あらすじ	一攫千金を夢見る証券マン，バド（C・シーン）。彼は業界を牛耳る大投資家ゲッコー（M・ダグラス）に近づき，パートナーとして仕事をしたいと申し出る。父（M・シーン）の勤める航空会社の情報を流したことによって，ゲッコーとバドは大金を手にすることに。バドはゲッコーに一目置かれるようになるのだが…。

　本章では，まずは映画「ウォール街」を参考にしたいと思います。主人公のバドは，中堅の証券会社スタイナムに勤める若手証券マンです。彼は，投資家として有名なゴードン・ゲッコーのパートナーとして仕事をしたいと考え，ゲッコーのもとを訪れます。その際，バドは自分の父親が勤める航空会社，ブルースター・エアラインの内部情報をゲッコーに与えたことで，ゲッコーからの信任を得ることに成功します。内部情報を流しただけで大金を手にしたバドは，その後ゲッコーの手先として，様々な情報を入手すべく，時には違法なことにも手を染めるようになっていきます。しかし，彼は大金を手にするにつれて，自分らしさを失ってきていることに気づいていくのです。

　本作は米国において，知らない者はいないとまでいわれるとても有名な映画です。特に注意して見てほしいのは，一体企業とは誰のものなのかという点です。ゲッコーは会社を買収してそれを解体し，簡単に切り売りしていきます。そこに勤める従業員のことはお構いなしです。テルダー製紙という会社の株主総会で，彼が行う演説をよく聞いておいてください。ゲッコーの考え方がそこに凝縮されています。ただし，あながち間違っているとも言い切れない部分が

金融腐蝕列島〈呪縛〉

☆発売元	角川書店
☆監督	原田眞人
☆脚本	高杉 良, 鈴木 智, 木下麦太
☆原作	高杉 良
☆劇場公開	1999年
☆出演	役所広司, 椎名桔平, 仲代達矢, 根津甚八, 黒木 瞳 など
☆あらすじ	日本有数の都市銀行ACBの上層部は,総会屋への不正融資疑惑が発覚するなどの事態にもかかわらず,全く危機感をもっていなかった。そんな旧態依然の上層部,そしてその首領の佐々木（仲代達矢）に怒り,銀行の改革に立ちあがる北野（役所広司）らミドル4人組の活躍と苦悩を描く。

あることにも注意が必要です。さて，株主と経営者の間にはどのような関係があり，どのような問題が内在しているのでしょう。また，インサイダー取引や株価操作についても，企業倫理の観点から注目をしてほしいと思います。

　本章では，もう一作品，映画を見てもらいます。「金融腐蝕列島〈呪縛〉」です。先ほどの映画が，米国の金融市場，特に株式市場を描いた作品であるのに対し，本作品は金融市場のメインプレイヤーともいえる銀行を扱った映画になっています。呪縛というサブタイトルは，銀行をはじめとする日本の多くの企業が，ヤミ社会による呪縛に苦しんでいることを意味しています。舞台は日本の大手都市銀行，朝日中央銀行です。略してACB銀行と呼ばれています。このACB銀行は，いわゆる総会屋と呼ばれるヤミ社会のグループに対して，長年にわたり不正な融資を行っていました。それが発覚したことにより，銀行は大パニックに陥ります。東京地検が家宅捜索を行い，経営幹部や関係者の一部が逮捕されるという事態にまで至ったからです。もはや経営幹部たちに任せてはおけないと判断した，一部のミドル（中間管理職層）は銀行の改革に立ち

上がります。しかし，事はそう容易ではありません。腐敗を断ち切るのは至難の業なのです。

本作品で注目してほしいのは，不祥事が発覚したにもかかわらず，安穏としている経営幹部たちの姿勢です。銀行業務上の規律を逸脱しているにもかかわらず，これまで大丈夫だったのだから問題ないであろうという危機感の希薄さは，一体どこからくるのでしょうか。会社の常識は社会の非常識という言葉があるように，井のなかの蛙となった組織内部の人間の感覚は，これほどまでに麻痺してしまうのです。しかし，組織というのは面白いもので，腐敗を浄化しようとする，いわゆる自浄作用が生じてきます。内部告発もその1つといえるでしょう。ただし，本作品でみる限り，検察からの圧力という外圧がなければ，ここまでの改革は不可能だったに違いありません。

さて，もう1つの見所は，劇中繰り広げられる株主総会の場面です。先ほどの映画「ウォール街」で見た株主総会の場面と比較してみてほしいと思います。ずいぶん様子の異なることがわかるでしょう。企業において総会屋対策がどれほど困難であるか，よく見ておいてください。また，株主総会を通じて，総会屋以外にも日米の文化差を感じないでしょうか。この点についても注意しておいてほしいと思います。では次に，企業統治および企業倫理について学びましょう。

1．企業は誰のものか

1）　企業の形態

企業には，経営活動に必要な資源がいくつかあります。企業活動を行うには，土地や建物，設備がなければいけませんし，そこで働いてくれる人も必要です。そして何より，それらを調達するためのお金，つまり貨幣資本が必要となります（これらヒト・モノ・カネを経営の3大資源と呼びます。近年ではここに情報や時間も加えられることがあります）。

さて，この貨幣資本を企業に提供する者を出資者と呼びます。まずここで，こうした出資者の責任負担によって，法的に区分される様々な企業形態について見てみましょう（**図表7-1**）。出資者によって企業が分類されていることが

第7章 「ウォール街」と「金融腐蝕列島〈呪縛〉」に学ぶ企業統治・倫理論　　**207**

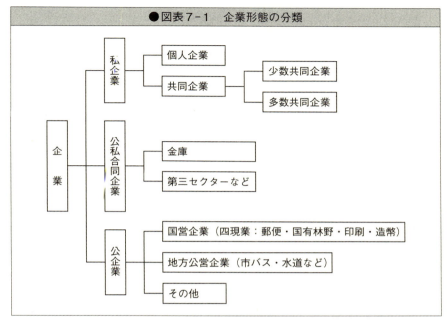

出典：『経営』9頁を一部修正

理解できるでしょう。出資者が民間の私人であれば私企業ですし，政府・地方公共団体であれば，公企業ということになります。また，それらの組み合わせであれば，公私合同企業と呼ばれるのです。なお国営企業については，従来は四現業と呼ばれていましたが，2003年4月1日に郵政公社が発足したことによって，三現業に姿を変えています。

2）　私企業の分類

では次に，私企業について詳しく見てみることにしましょう。2006年5月1日に会社法が施行されてから，新たに設立してよい私企業は，株式会社，合名会社，合資会社，合同会社の4つになりました（**図表7-2**）。会社法施行前には認められていた有限会社が，株式会社に統合されたのです。また，旧制度にはなかった合同会社の設立が可能となりました。この合同会社と合名会社および合資会社は，新たに導入された「持分会社」という上位概念としてまとめら

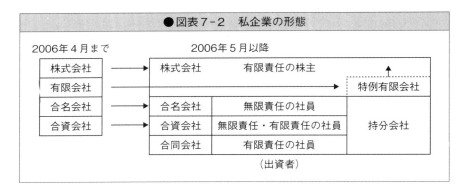

れています。

　旧制度では，株式会社設立に要する最低資本金額は1,000万円，同様に有限会社の場合は300万円とされていました。しかし，現行の制度ではその制限がなくなりました。また，株式会社設立時において必要だった取締役の数は，旧制度では3人以上とされていたのが，現行制度では1人以上に変更されています。そもそも有限会社は小規模な事業を行うための会社類型として考えられていましたが，小規模でも株式会社を選択する者が多いことや，これから新たに企業を起こそうと考えている人たちの要望に応じる目的で，旧来の有限会社に関する規定を大幅に盛り込んだ会社法によって，株式会社を規律することにしたのです。

　合名会社と合資会社は，家族経営などの小規模経営に適した会社類型とされています。両者に大きな差異はありませんが，出資者において違いがあります。合名会社では，出資者全員が無限責任を負いますが，合資会社では無限責任の社員と有限責任の社員が出資者となります。ここで無限責任とは，企業が倒産した場合，出資額だけでなく事業に関係のない私財を投じてまで負わなくてはならない責任を指し，有限責任とは，出資額を限度として負うだけでよい責任のことを意味しています。

　現行制度で新たに認められるようになった合同会社は，「創業の活発化，情報・金融・高度サービス産業の振興，共同研究開発・産学連携等の促進を図るため，出資者の有限責任が確保され，会社の内部関係については組合的規律が適用されるという特徴を有する新たな会社類型」という説明が，法務省によっ

第7章 「ウォール街」と「金融腐蝕列島〈呪縛〉」に学ぶ企業統治・倫理論 **209**

●図表7-3　会社の形態別の法人数（2011年）
（「税務統計から見た法人企業の実態」）

形態	会社数	割合
株式会社	2,483,247	96.3%
合名会社	4,394	0.2%
合資会社	22,099	0.9%
合同会社	16,882	0.7%
その他	51,971	2.0%
合計	2,578,593	100.0%

てなされています。ここで組合的規律とは，原則として社員全員の一致で，定款の変更やその他会社のあり方の決定が行われ，各社員が自ら会社の業務の執行にあたるという規律を指しています。

　ここに，会社の形態別法人数を表にしたものがあります（**図表7-3**）。実に95％以上の法人が株式会社であることが理解できます。まさに現代は，株式会社の時代であるといっても過言ではないのです。次節では，株式会社について詳しく見ることにしましょう。

2．株式会社とは何か

　経済が発展し，拡大してきますと，企業の規模も大きくなってきます。機械や設備も大規模化し，人も含めて大量の資源が必要となってきます。そして当然，それらを調達するために必要な資本量も増大していきます。それを可能にするのが，株式会社であるといえます。ここでは，資本主義の生み出した最大の発明の1つといわれている株式会社について，少し詳しく検討してみることにしましょう。

1）　株式会社とは

　株式会社を一言で表すとすれば，「株主で組織された有限責任会社」となるでしょう。では，株主とは何かと問われれば，それは株式の所有者であり，株

式会社の出資者のことを指しています。また株式会社は，法人として位置づけられています。法人とは，文字どおり法律が作った人のことであり，自然人（個人）と区別されます。つまり，「自然人以外のもので，法律上の権利義務の主体とされているもの」を指しています。さらに，法律用語では，団体としての組織・機構を備えた集団を「社団」と呼び，一定の条件を満たす社団については権利能力を認め，権利義務の主体として扱い，特に「社団法人」と呼びます。すなわち会社とは，営利を目的とする社団法人を指すのだといえます。

さて，株式会社を設立するには，会社法によって定められているように，発起人が定款を作成する必要があります。定款とは，「個々の私法人の組織・活動について定めた根本規則」のことで，それには次のことを記載しなければなりません。①目的，②商号，③本店の所在地，④設立に際して出資される財産の価額またはその最低額，⑤発起人の氏名または名称および住所（第27条）。さらに次のことも必要となります（第28条）。

---

①　金銭以外の財産を出資する者の氏名または名称，当該財産およびその価額ならびにその者に対して割り当てる設立時発行株式の数
②　株式会社の成立後に譲り受けることを約した財産およびその価額ならびにその譲渡人の氏名または名称
③　株式会社の成立により発起人が受ける報酬その他の特別の利益およびその発起人の氏名または名称
④　株式会社の負担する設立に関する費用

株式会社を設立する際は，発起人がこのような定款を作成し，その全員がこれに署名するか，記名押印することが義務づけられているのです。

２）　株式会社の特徴

株式会社の最大の特徴は，株式の存在にあります。株式もしくは株券こそが，この企業形態の根幹なのです。では，この株式を中心に，株式会社の特徴について少し見てみることにしましょう。

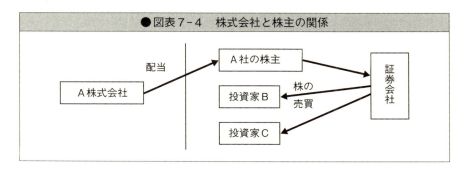

●図表7-4　株式会社と株主の関係

① 資本の証券化

　株式とは企業が発行する出資証券であり，証券とは財産法上の権利・義務に関する記載がされた紙片を指しています。株式会社の場合，多額の資本が必要ですが，それを小口の金額に分割して，個人でも容易に出資できるようにしたのです。これによって，不特定多数の人々から出資を募ることが可能となりました。企業としては，多くの出資者から多額の資金を賄うことができるようになったのです。

② 自由譲渡性

　また，このように資本が証券化し，証券市場を通じて自由に売買が可能となったために，株式は出資者間でのやりとりとなり，会社が出資者に対して出資金をいちいち返金する必要がありません（**図表7-4**）。このことによって，会社は半永久的に安定した経営活動を行うことができることになります。企業はその進化の過程において，規模の拡大および継続性＝ゴーイング・コンサーンを追求しますが，その両者を可能にしているのが，株式制度なのだといえるでしょう。

③ 有限責任

　図表7-2にもありますように，株式会社における出資者の責任は有限です。つまり，会社が倒産した場合，出資金は戻らない恐れはあるものの，私財を投じてまで責任を負う必要はないのです。このために，出資者は安心して出資ができることになります。

3) 株式会社の起源

ではここで少し，株式会社の起源について触れておきましょう。起源はヨーロッパ中世にまで遡ります。15世紀末から始まった大航海時代以来，ヨーロッパでは香辛料を中心とする東洋貿易が盛んに行われていました。はじめは個人，あるいは家族，同族による小規模なものでしたが，そのうち商人仲間が共同出資して無限責任社員となり，あとで利益を分配するという，今でいう合名会社や合資会社にあたる形態へと変化していきます。

しかし，乱立された小さな貿易会社は過当競争を繰り返し，利潤があまり上がらなくなってきたために，事業そのものがリスクに見合うものではなくなってきました。考えてもみてください。当時は帆船の時代です。難破する船も多かったことでしょう。まさに命を懸けた事業だったのです。こうしたリスクに対して無限責任を負うのは，あまりにも負担が大き過ぎるといえます。次第に出資者は減少していきました。これでは，膨大な資金を必要とする貿易事業は成立しません。

そこで英国では，エリザベス1世の特許状を得て，東洋貿易を一手に行う特権を与えられた東インド会社が，1600年に設立されました。その2年後に設立されたのが，国家から同様の特権を与えられ，イギリス東インド会社の10倍の資本額をもつ，オランダ東インド会社でした。オランダ東インド会社は，既存の6つの貿易会社の合併によって設立されましたが，その際，社員の無限責任は解除され，ここに出資者全員が有限責任社員で構成される株式会社が誕生したのです。

4) 所有と経営の分離（株式会社は株主のもの？）

これまで見てきたように，株式会社は莫大な資本の必要性がもたらした，1つの発明品です。そのおかげで，事業の規模を拡大し，安定的に継続させることができるのです。しかし，会社に出資してくれる株主が増えてくるとどうなるのでしょう。規模の小さい株式会社では，株主＝経営者という図式が成り立ちます。しかし，企業の規模が大きくなってくると，所有者の数が増大し（株式が分散し），意思決定が困難となるため，所有者全員で経営を行うことが不

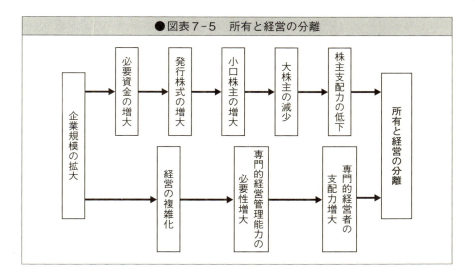

●図表7-5　所有と経営の分離

可能となってきます。また，企業の規模が大きくなると，経営そのものが複雑化し，経営管理に対して高度な専門能力が必要となってきます。そこで，経営の専門家が求められるようになるのです。もちろん，企業のトップも株主の1人ではありますが，その他多くの株主の声を経営に反映させることは難しいといわざるを得ません。こうして，所有と経営が分離することになるのです（**図表7-5**）。

　影響力を行使している状態を「支配」という言葉で表現したとき，前述したような経営者による支配は，具体的にどのような場合を指すのでしょうか。米国の研究者A.A.バーリとG.C.ミーンズは，最大株主の持株比率が20％未満であれば，経営者支配の状態にあると考えました。そこで彼らは，1929年に米国の代表的な企業200社を対象に調査を行い，当時の米国の大企業における44％が，経営者支配の段階に達していると主張したのです。

5） 株主と経営者の関係

　ここで，株主と経営者の関係について考えてみましょう。取り上げたいのは，所有と経営の分離が生じている企業です。

　株主は自らの財産を拠出して，企業に出資しています。それが小額であろう

とも出資者であり、その企業の一部を所有していることに違いはありません。株主の関心は、企業から受け取る配当額や、その企業の株価にあるでしょう。配当とは、株主の出資に比例した企業財産の分配を意味し、一般的には当期利益の分配を意味します。

したがって、株主にすれば配当額は多ければ多いほどよいでしょうし、資産価値という観点からすれば、株価も高ければ高いほうがよいでしょう。しかし、それらはひとえに企業の業績にかかっているのです。企業業績がよくなければ、それらは実現しません。そして、その企業業績は株主本人ではなく、自らの財産管理を委託している経営者の手腕にかかっているのです。

一方、経営者は株主から資金を調達し、つまりは株主の財産管理を受託し、株主に代わって経営を行う立場です。株主が財産管理もしくは経営の依頼人とすれば、経営者はその代理人ということになります。当然、代理人とはいえ、経営者にとっても企業業績を向上させることは重要です。企業業績が上がれば、自らの得る報酬も増えるからです。株主と経営者の利害は、大方一致していると考えられます。

しかし、ある一定のレベルの報酬をすでに得ていれば、それ以上努力しないという場合もあるかもしれません。株主は経営者にもっと頑張ってほしいと思っているのに、経営者のほうはそれほど努力しようとはしないかもしれません。このように、両者の間に利害対立が生じた場合に発生するコストを、一般的にエージェンシー・コストといいます。例えば、経営者がサボらないように監視する場合、その監視のためのコストなどがエージェンシー・コストであるといえます。また、このような依頼人と代理人の関係をエージェンシー関係といいます（**図表7-6**）。

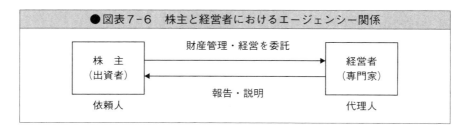

6) 株主総会

これまで見てきたように、株主は経営者に経営活動を委託しているため、いわば蚊帳の外に置かれている状態であるといえます。自らの財産を預けているにもかかわらず、それではまことにこころもとありません。ましてや企業業績が悪化し、配当もなく、株価も下落しているような状況が続けば、さすがに小口の出資者といえども気が気ではないでしょう。そこで、法律によって、経営者は定期的に株主総会を開いて、株主の求めることについて説明することが義務づけられているのです。つまり、こうして株主の権利を保護しているわけです。

ただ株主総会は、本来このように消極的な機能のみを有しているわけではありません。株主総会とは、株主が集まって合議体を構成し、会社の基本的な事項について意思決定を行う、会社の最も重要な機関です。いわば、国家における国会なのです。しかし、繰り返し述べてきたように、企業規模が大きくなり、所有と経営の分離が生じている場合は、株主総会において意思決定を行うこともままなりません。本来の役割とは裏腹に、形骸化しているのが実情なのです。図表7-7を見ればわかるように、7割以上の日本企業において、その株主総会の所要時間はわずかに60分以内なのです。さらに、約20％においてそれは、

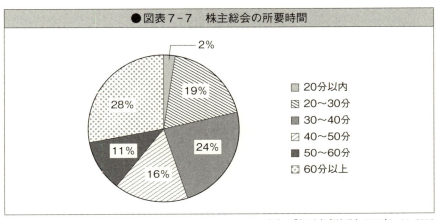

出典：『旬刊商事法務』2013年, No.2016

30分以内であることがわかります。30分で何を話し合い，何を決定することができるのでしょう。

3．企業統治

　株主総会の所要時間を見てもわかるように，株主の影響力が決して大きいとは考えられません。これまで株主は，経営に対して口を出さないのが当たり前であると考えられてきたのです。しかし，近年株主に新たな動きが見られるようになりました。株主行動主義と呼ばれるものです。

　それは，1980年代半ばごろの米国や英国で始まったとされています。その背景には，巨大な資金を運用する機関投資家の存在があります。その典型は，米国のカリフォルニア州公務員退職年金基金や大学教職員退職年金基金，英国のハーミーズ年金管理会社といった公的年金基金です。これらの機関投資家は，資産運用の成績を向上させるため，業績不振企業に対して経営者の交替を求めたり，取締役会の刷新を求めるなど，株主権の行使を背景に，積極的に経営に介入するようになったのです。近年の日本でも，厚生年金基金をはじめとする機関投資家が，ようやく「物言う株主」として目覚め始めたといわれています。

　コーポレートガバナンスの議論は，このころから盛んになってきました。本章の冒頭で述べた，企業買収の日常化もこうした議論を後押ししています。例えば，アパレルメーカーであるワールドが2005年に上場を廃止したとき，究極の買収防衛策と喧伝されたことからも理解できるでしょう。

1）　コーポレートガバナンスとは

　コーポレートガバナンスは，一般に企業統治と訳され，株式会社の経営を規律し監視する仕組みとしての，統治機構を意味する用語として使われています。そうした意味においては，企業統監と呼んだほうが適切ではないかという意見もあるようです。もちろん，コーポレートガバナンスには，監視監督する仕組みをどうするのかということだけではなく，そもそも利害関係者との関係のあり方を，どのように考えるのかということをも含意しています。しかし，どちらかといえば後者の議論は，企業倫理やCSRといった領域で行われることが多いようです。

第7章 「ウォール街」と「金融腐蝕列島〈呪縛〉」に学ぶ企業統治・倫理論　　**217**

　では，コーポレートガバナンスの目的は何でしょうか。それは2つに集約されます。1つは法令遵守です。企業不祥事の発生を抑止する，未然に防止するということが第1の目的です。コンプライアンスの観点であるといえます。もう1つの目的は，企業競争力の向上です。これは株主利益向上を意識したものであるといえます。前述した株主行動主義に対応すべく，ガバナンス体制を抜本的に見直して，経営の効率化を図るわけです。この点は，昨今のCSRに関する議論と呼応していると思われますが，透明で健全なガバナンス体制を採っていることが，市場や社会へのアピールになっているとも考えられます。

　逆にいえば，一定のガバナンス改革が行われていない企業は，十分な企業努力がなされていないと判断され，それが企業価値にマイナスの影響を及ぼすということでもあるのです。つまり，しかるべき体制を整えることが，企業価値を高めるうえでの前提条件であるともいえます。

　前述したワールドでは，コーポレートガバナンスについて次のように考えられています。「ワールドのコーポレートガバナンスに関する基本的な考え方は，企業価値を継続的に向上させていくために，経営の透明性を高め，法令及び社会規範の遵守を前提にした健全で競争力のある経営管理組織及び経営の意思決定の仕組みを構築することであると認識しています。」（廣岡・松山，2007）

　これまで繰り返し述べてきたように，ワールドは上場を廃止しています。従来であればこのような説明は，株主に対してのものであったでしょう。しかし，ワールドがホームページを通じて，自社のガバナンス体制をこのように明らかにしているのは，株主以外のステークホルダー，ひいては社会全体に自らの企業努力を認知してほしいということの表れなのではないでしょうか。

2）　ワールドのガバナンス改革

　ワールドでは上場を廃止する以前から，コーポレートガバナンス改革に取り組んできました。1999年には執行役員制度が導入され，経営と執行の分離が行われています。これは企業経営における意思決定の迅速化や，事業責任の明確化を意図したものだと考えられます。また，2000年にはアドバイザリーボードを，2005年には社外取締役制度を導入しています。これは，第三者の客観的アドバイスを活用すると同時に，社外に対してオープンな姿勢を示し，経営の透

明性を図ろうとする取り組みだと考えられます。

　さらに，最も大きなガバナンス改革として，ワールドは2005年に上場を廃止しました。経営破綻によりやむなく上場を廃止するのではなく，経営陣の意思による政策的な上場廃止であるところが特徴的です。ワールドは，豊富な手元資金を有効活用していないとして，株価が割安なときもありました。それだけ買収されるリスクも高かったといえます。上場廃止が究極の買収防衛策であるといわれる所以です。

　ワールドが採った方法は，経営陣による企業買収（MBO）と呼ばれるものです。株主からTOB（株式公開買い付け）を通じて株式を取得し，経営権を集約するのです。当時のほぼすべての株主がこのTOBに応じたため，ワールドの経営陣は完全に経営権を集約することに成功しました。TOBのために調達した資金は，約2,300億円であったといわれています。

　さて，ワールドの上場廃止は，新たな問題を企業社会に対して投げかけています。それは上場することの意味です。これまで本章で見てきたように，企業の形態が株式会社化してきたのは，小口で不特定でも多数の投資家から資金供与を受け，多額の資金を獲得することができる仕組みとして株式制度が優れているからでした。企業はその資金をさらに拡大するために，株式上場を目指します。そのほうが，より幅広く投資家から資金供給が受けられるからです。また，かつては株式上場していることがその企業のステータスとなり，社会や市場から一定の信頼を得ることにつながっていました。これが上場する第2の意義です。

　しかし，これら2つの意義が近年揺らぎ始めています。上場する意義というよりは，上場し続ける意義といったほうがよいかもしれません。資本力が十分備わっている企業で，それ以上の資金が必要ではない場合，上場し続けている意味はあまりないのかもしれません。また，ワールドのように社会的ステータスが十分にあり，市場からの信頼を勝ち得ている企業が上場し続けることによって，さらにブランドイメージを高めることも考えにくいでしょう。それよりも，買収のリスクをなくすことのほうが重要かもしれません。ワールドが上場を廃止した公式的な目的は，「長期的，持続的な企業価値の最大化を図る」ことです。一部の株主に振り回されることなく，また短期的な利益ばかりを追

第7章 「ウォール街」と「金融腐蝕列島〈呪縛〉」に学ぶ企業統治・倫理論　219

求するのではなく，長期的な視点で経営を行いたいという，ワールドの思いが込められています。これからの企業は様々な要因を勘案しながら，上場の意義について検討していかなければならないのです。

　ただ気になるのは，上場を廃止すると，上場企業に課せられる義務がなくなってしまうことです。それは，情報公開です。情報を公開するということは，常に社会からの監視を受けていることを意味しています。社会からの監視，株主に対する説明責任がなくなったとき，企業は緊張感をもって経営活動を行うことが可能なのでしょうか。

　ワールドのホームページを見ると，経営管理組織体制が掲載されています。先ほども述べましたように，社外取締役が多数置かれ，社外監査役ばかりで構成されている監査役会も設置されています。社会からの監視を漫然と受けるという消極的なガバナンスではなく，自らで社外に対する透明性を高めるという，積極的なガバナンス体制を採っているということでしょう。

　また，それをこのようにホームページで一般社会に対して明らかにしていることも，透明性を高めることにつながっているようです。上場を廃止したとしても，自らを社会に対して開示するような，オープン・システム的なマインドが必要であるということなのです。

4．環境適応

　人間は，社会的な動物だといわれます。私たちは他の人々とともに助け合い，互いの権利を侵害することなく，尊重し合いながら生きていかなければなりません。企業も法的な人格を有している以上，例外ではありません。個々の人間同様企業も，ただ1人でこの世界に存在しているわけではないのです。また，我々人間や企業が尊重しなければならないのは，人間だけではありません。人間以外の他の生命体，ひいては地球そのものをも尊重しなければならないというのが近年の考え方です。これは企業がまさに，オープン・システム（開放体系）であることを意味しています。

　システム論においてオープン・システムとは，クローズド・システム（閉鎖体系）と対比される体系を指しています。クローズド・システムがシステムを環境との相互作用をもたない，自己完結的なものとして捉える概念であるのに

対し，オープン・システムは環境との継続的な相互作用を認めるところにその特徴があります。環境から物，エネルギー，情報などをシステムにインプットし，それを内部で転換し，アウトプットを環境に産出することによって，均衡状態を維持する。そして環境が変化すれば，その変化に適応するために，内部の構造や過程を変化させていくというわけです。要するに，人間も企業も環境のなかにいる以上，その環境に適応しなければ存続することができないということなのです。こうした考え方は経営戦略論の基礎ともなります。企業の目的が長期的な生存であるなら，環境や他者との調和は欠かせません。持続的な成長を考えるのであれば，長期的な視野に立った戦略が必要となるということなのです。

　では企業が適応しなければならない環境とは，何を指しているのでしょうか。まず取り上げなくてはならないのはそのものずばり，自然環境です。わが国において，自然環境が社会的に意識され始めたのは，おそらく1960年代に公害問題が生じたときであると思われます。四日市ぜんそくや水俣病は，空気や水といった，私たちが生きていくうえで欠くことのできない自然環境が，傷つけられたために起こりました。当時，問題の中心は，病に倒れた人々に対する補償や，企業に対する責任などにあり，自然環境そのものにはあまりなかったかもしれません。しかし，米国に追いつけ追い越せとばかりに，ひたすら成長だけを考えていたわが国に，環境との調和を考慮した持続的な成長の重要性を意識させたことは間違いありません。企業は，研究や生産といった経営活動のなかで生じる，有害物質の処理に十分注意する必要があるのです。

　さて，これまで自然環境について考えてきましたが，そもそも環境とは何でしょうか。国語辞典などを紐解くと，環境とはまわりを取り巻く周囲の状態や世界であり，人間あるいは生物を取り囲み，相互に関係し合って直接・間接に影響を与える外界を意味しています。もちろんそうなのですが，しかし，企業が環境と対峙する際に，このような漠然とした定義では，実際の経営活動は難しいでしょう。そこで企業は，適応・調和すべき自らにとって重要な環境を，客観的な環境から切り取らなければならないのです。このような環境を「認知的環境」と呼びます。

　活動主体があくまでも企業であることを考えますと，企業が環境をどのよう

第7章 「ウォール街」と「金融腐蝕列島〈呪縛〉」に学ぶ企業統治・倫理論　　221

に捉えるかが重要になります。環境の主体として，「客観的環境」のなかから有意味な諸条件をとりだし，それらとのあいだに関係のシステムをつくりあげ，主体的なかかわりをもつのです。このようにして捉えられるのが「認知的環境」です。まさに人間が，「客観的環境」に対して下した定義づけの所産であるといえるでしょう。要は，その企業が外の世界をどう捉えるかということなのです。

　ですから，先ほどから取り上げている自然環境にしても，もしその企業が自然や生態系を重視していなければ，自然環境はその企業にとっての「認知的環境」とはいえません。「客観的環境」として外界に存在していても，その企業にとっては意味のない環境になるわけです。

　さて，「認知的環境」には自然環境以外にも，多様な環境を考えることが可能です。規制に縛られた産業であれば，法的な環境が重視されるでしょうし，多くの製造業が技術環境を無視することはできません。そして，経営を実践している企業であれば，何よりも市場環境を忘れるわけにはいきませんし，社会環境も重要な環境の1つです。

　例えば，ここで環境を市場的もしくは経済的に捉えるか，社会的に捉えるかで経営のあり方が大きく異なってきます。経済学の黎明期においては，企業は経済主体であるのだから，その本分である経済活動を存分に遂行することによって社会に貢献すればよいという考え方が支配的でした。したがって，慈善活動のような行為は経済的主体としての本業をないがしろにする行為として，あまり認められていなかったのです。そんな暇と金があるなら，もっと儲けなさいということなのでしょう。

　しかし先ほどから述べているように，近年ではそのような考え方が通らなくなってきました。企業が経済主体であることは事実ですが，同様に社会の一員であることもまた事実なのです。そこで最近では，こうした市場環境や社会環境を構成する利害関係者のことをステークホルダーと呼び，それらステークホルダーに配慮した経営を，ステークホルダー・マネジメントと呼んでいます（**図表7-8**）。

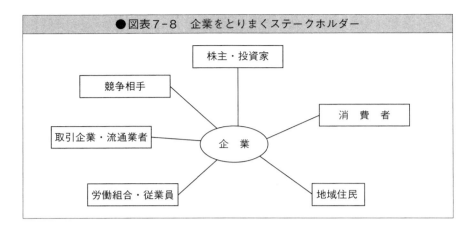

すなわちステークホルダーとは，ある特定の会社の活動によって利益を得たり害を受けたり，もしくはその権利が妨害されたり尊重されたりするグループや個人を指しているといえます。会社の存続に不可欠な人々といったところでしょうか。

またこの図からもわかるように，株主や顧客，そして地域住民などはあくまでも焦点となる企業から見た認知的な利害関係者です。その企業の株主であるAさんが，その企業が出店している店舗の近くに住んでいて，顧客でもあるということは十分ありえる話です。Aさんは，株主・顧客・地域住民の3役をこなしていることになります。裏を返せば，その企業としては，同一人物であっても，その時々の文脈に応じた対応が必要になるということなのです。

5．CSRとは何か

近年では，企業倫理よりも，CSR（Corporate Social Responsibility）といった表現のほうが一般的になってきました。CSRとは，その名のとおり企業の社会的責任と訳されます。前述のように，企業は経済的な環境にのみ適応していれば良いのではなく，一般社会にも適応しなければならないということです。社会の一市民として，社会全体の調和を崩すことなく，その責任を果たさなければならないのです。企業の評価尺度が変化してきた結果ともいえるでしょう。では，CSRにはどのようなものがあるのでしょうか。ここでは「消極的な

第7章 「ウォール街」と「金融腐蝕列島〈呪縛〉」に学ぶ企業統治・倫理論　　223

CSR」と「積極的なCSR」に分けて考えてみることにしましょう。

1）　消極的なCSR：コンプライアンス

　これは最低限，企業が守らなければならない社会的責任を意味しています。受動的なCSRと言い換えてもよいかもしれません。社会が，企業に対して行う要請に対して応えるということです。例えば，コンプライアンス（法令遵守）などが代表的な例でしょう。市民社会のルールを尊重することは，人間社会に住む者として当然のことなのですが，冒頭にも述べたように，守られないことがしばしばあるために，企業によってはこうした倫理憲章や行動規範を定めているのだといえるでしょう。また，企業は前述したそれぞれのステークホルダーとの間の関係を良好に維持するためにも，関係固有のルールを守らなければなりません。次に，各々のステークホルダーとの健全な関係のあり方と，その関係が損なわれた場合に生じてしまった過去の事件について考えてみましょう。

①　株主・投資家との関係

　株式会社の場合，企業の法的な所有者が株主であることは言を待ちません。企業は株主や投資家から資金を調達し，それを元手にして経営を行っています。したがって，企業は公正な利益を上げ，彼らに還元すること，そして資産を保持し，保護することが必要となります。また株主や投資家に対して適時，適正，迅速公平に企業情報を開示し，IR（Investor Relations：企業が株主や投資家に対し，必要な情報を継続して提供する活動のこと）活動を通じて，株主などの投資家とのコミュニケーションを積極的に行っていくことも必要となるでしょう。

　しかし，株価を重視し過ぎるあまり，株主を欺き，最終的には株主の資産価値を損なってしまうという事件が起こりました。エンロン事件です。エンロンは1985年，石油や天然ガスの輸送用パイプラインを管理する2企業が合併して発足した会社でした。その後，米国全体の規制緩和の潮流に乗り，2000年には売上高全米7位にまで急成長を遂げたとされています。ちなみに2000年度の売上高は，1,010億ドル（約13兆円）でした。

エンロンの目は，常にウォール街に向けられていました。株式市場での評価が高まれば，株価は上昇し，一層，資金調達が容易になります。エンロンは新たな事業を矢継ぎ早に展開し始めました。しかし，そこには実態が伴っていなかったのです。エンロンとしては，投資家に自分たちの会社が魅力的な会社と映ればそれで良かったのです。そうすれば株価は上昇し続けたからです。

一方で，負債は増え続けていました。成長していると見せかけるために，エンロンは粉飾決算を重ねていきます。IT不況などのあおりを受けたエンロンは2001年末に破産，負債総額は400億ドル（約5兆円）を超え，米国史上最大の会社破産となってしまいました。

エンロン破産の後，その大株主であったアマルガメーテッド銀行は，他の株主を代表して，エンロン社の経営陣29人に対して，250億ドルの損害賠償を求める訴訟を起こしました。また，エンロン社に対する最大の融資銀行であるJ. P. モルガン・チェース銀行は，21億ドルの損失を受けたとして告訴をしました。このほか，一般株主，従業員などからも数多くの訴訟が起こされています。

② 仕入先・取引業者との関係

たとえメーカーといえども，何もかも一切合切を自前で生産している企業はほとんどありません。業態が何であれ，何らかの取引が他者との間で行われているものです。となれば，こうした業者に対して，あらかじめ同意した取引条件を守るのが最低限のルールであるということになります。またさらには，サプライチェーン上の観点から連携を強化し，技術力の補完，品質の安定，環境保全などをともに達成していくという，パートナーシップを築き上げるのも重要なことでしょう。特に，日本企業は系列的な取引を行うことが多く，長期的な関係を築くことに長じているとされます。ただ，それが裏目に出てしまうこともあるようです。

北海道のある医薬品製造業者が，大手製薬会社・A製薬と下請契約を交わし，工場を新設したのは1996年のことでした。その後その製造業者は，止血剤の製造を行っていました。10年間の製造契約も取り交わし，製造許可を取得したうえで製造・納品を行ってきたのです。にもかかわらず，A製薬は一方的に発注

第7章 「ウォール街」と「金融腐蝕列島〈呪縛〉」に学ぶ企業統治・倫理論　　225

を打ち切り，納品した分の支払いも拒絶したのです。そこでこの業者は，公正
取引委員会に下請代金支払遅延等防止法違反で申し立てを行います。しかし，
公正取引委員会による警告処分が出されたものの，A製薬はそれを不服として
提訴します。結局2年7ヶ月におよぶ裁判の末，2003年にその業者は全面勝訴
を勝ち取っています。A製薬が確信犯であったのかどうかなど，真実について
はわからない部分もありますが，2年7ヶ月にまでおよぶ裁判にかかるコスト
を考えただけでも，健全な関係を維持することがいかに重要であるかというこ
とを教えてくれる事件です。

③　競争相手との関係

　競争相手との間にも，公正な関係が築かれなければなりません。スポーツに
たとえれば，スポーツマンシップということになるでしょう。たとえライバル
とはいえ，正々堂々と競争をしようということです。不公正あるいは非倫理的
手段を用いて，情報を入手するようなことは許されないのです。

　不公正な手段といえば，容易に思いつくのが産業スパイでしょう。最近では，
各企業ともセキュリティーを強化し，部品の仕入先でさえも秘密にするという
徹底ぶりです。さて，産業スパイといえば，1982年のIBM事件が有名でしょう。
日立製作所と三菱電機の社員が，産業スパイで逮捕された事件です。日立社員
が盗もうとしたのは，IBMの超大型機「3081K」に関する文書でした。日立の
神奈川工場に持ち込まれたこの文書の一部がきっかけで，米国FBI（米連邦捜
査局）のおとり捜査を招いてしまったのです。FBIが設けたオトリ会社で取引
をすることになり，そこには三菱電機も誘い込まれました。FBIのオトリ会社
の社長はFBIの捜査官で，元IBMの社員だったのです。取引のための打合せの
模様は，ビデオや録音テープに収められ証拠とされました。そして，取引場所
にきた日立の社員4人と三菱の社員2人が逮捕されたというのがこの事件のあ
らましです。

④　従業員との関係

　従業員も，重要なステークホルダーです。従業員が労働組合を結成していれ
ば，労働組合もステークホルダーといえるでしょう。従業員に対しては，仕事

と報酬をある程度保証し，好ましい労働条件を提供することが必要となります。また，近年ではただ仕事を与えるだけではなく，従業員の意欲や成長をも考慮することが求められます。企業はES（Employee Satisfaction）＝従業員満足に努めなければならないというわけです。ただしかし，それ以前の会社も依然として多いようです。「労働CSR」という表現が目につき始めたのも，そうした現状を受けてのことかもしれません。

　例えば，昨今最も注目されているのがメンタルヘルスの問題です。慢性的な長時間労働が原因でうつ状態になり，最悪の場合は自殺にまで及んでしまうといった問題が後を絶ちません。社会経済生産性本部が行った2006年の調査によれば，この3年間で心の病が増加したと回答した企業の割合は60％を超えています。また，心の病による1ヶ月以上の休業者を抱える企業の割合は，実に75％近くにまでのぼっています。しかし，1990年代に入るまでは，心の病が企業の責任であるという認識はあまり確立されていませんでした。その認識を大きく変えたのが，電通の「過労自殺」事件です。

　大手広告代理店「電通」の社員（当時24歳）が，入社2年目の1991年8月に自殺したことをめぐり，両親が「過度の長時間労働でうつ病になったことが原因」として，同社に約1億6,300万円の損害賠償を求めた訴訟で，最高裁判所は2000年に「恒常的な長時間労働や健康状態の悪化を知りながら，負担軽減措置を取らなかった電通の過失を認めた一，二審の判断は正当」として，過労自殺に会社の賠償責任を認定したのです。この後，同様の裁判が遺族によって起こされ，過労自殺に対する企業責任が次第に確立されていくことになります。

　また長時間労働といえば，残業代未払いも看過できない問題でしょう。例えば，ある大手金融会社B社の事件が思い出されます。2001年にB社の元社員が，サービス残業代の支払いを求めて提訴した事件で，当時大きな話題になりました。これを皮切りに同社社員からの提訴が相次ぎ，30人を超える元社員が名を連ねたのです。ほとんどの男性は午前7時半から午後9時まで仕事をし，月110時間ほどの時間外労働をしていたのにもかかわらず，時間外賃金が25時間分しか支払われていなかったというのです。2003年2月に，請求額全額を支払うなどの内容で和解が成立し，その後B社は，2003年春までの過去2年間にわたる未払いの賃金計約35億円を，従業員と退職者約5千人に対して支払ってい

第7章 「ウォール街」と「金融腐蝕列島〈呪縛〉」に学ぶ企業統治・倫理論　227

ます。

⑤　消費者（クライアント）との関係

　「お客様は神様」の言葉もあるとおり，消費者が最も重要なステークホルダーであるといっても過言ではないでしょう。企業は，顧客・クライアントの要請に合致する高品質の商品，ならびにサービスを提供しなければならないのです。しかし，品質以前に重要なことは，有害で危険な商品を生産・販売しないこと，そして消費者を欺かないことではないでしょうか。

　例えば，雪印食品の偽装牛肉事件がそのことを如実に物語っています。この事件は2001年，いわゆるBSE（牛海綿状脳症，狂牛病）騒動のなかで起こりました。BSE対策のために設けられた在庫牛肉買い取り制度を悪用して，対象外の輸入牛肉も業界団体「日本ハム・ソーセージ工業協同組合」（東京）に買い取らせようと順次共謀し，2001年10月から11月にかけて，関西ミートセンター（兵庫県伊丹市）など3部署で，計約30トンの輸入牛肉を国産に偽装したのです。翌年の1月に偽装が発覚し，その直後に国産牛肉の産地も偽装していたことが発覚します。その翌日に社長は引責辞任し，4月の末に同社は解散，翌月には共謀した5人が逮捕されました。自分たちでコントロールできない環境の大きな変化に翻弄されたとはいえ，やはり消費者を欺くのは許されないことなのです。

　また，対応を誤ったために，大きな金銭的損失を蒙った企業もあります。米国マクドナルドの事件です。1992年ニューメキシコで，ステラという女性がドライブスルーでコーヒーを注文しました。ひざの上に置いていたところ，こぼれて火傷を負ってしまったのです。コーヒーは約77度の熱さでした。彼女は1週間入院し，3週間静養の後，皮膚組織移植手術のため再入院します。そこで彼女はマクドナルドに対して2,000ドルを要求するのですが，マクドナルドの回答は800ドルでした。

　この回答に不満をもった彼女は，マクドナルドが「不当に危険」で「不完全に生産された」コーヒーを販売しているとして訴訟を起し，10万ドルの損害賠償を請求します。10年間にわたって700件にもおよぶ苦情が寄せられていたにもかかわらず，是正措置が講じられてこなかったことが明るみになり，陪審員

は懲罰的損害賠償額として270万ドルを裁定します。それを受けて判事は，その額を64万ドルに下げました。最終的にこのケースは，裁判後の「小ぜり合い」を経て，双方が和解の内容を秘密事項にするということで，法廷外で解決されています。それにしても，2,000ドルの要求が270万ドルにまで跳ね上がってしまうのですから，企業の初期対応がいかに重要であるかがよくわかる事件です。

⑥　地域（コミュニティ）との関係

　近年はIT産業などを中心としたニューエコノミーが登場し，規模の大きい施設などを必要としない企業も多くなってきましたが，それでもやはり企業といえば，工場や店舗など物理的な空間を占める場合が多いものです。工場や店舗のまわりには地域社会が存在します。そういった地域社会の平和や安全を脅かすことなく，協調していくことが必要なことはいうまでもありません。また，グローバル化の進展に伴って，海外に進出するケースが増えてきました。進出先の国の法令や文化を守り，現地の人々との共存を図ることが求められています。

　わが国においてはこれまで，様々な公害問題が起こってきました。これらの問題が自然環境保護や地域との共存を考える契機になったことは紛れもない事実であり，今日のCSRの原点であるといっても過言ではありません。ここでは四日市ぜんそくについて触れておきたいと思います。

　いわゆる「四日市ぜんそく」とは，三重県四日市市で生じた公害問題です。高度経済成長の象徴として建設された石油化学コンビナートが，四日市市に建設されたことから問題は生じます。これらのコンビナートには，十数社の工場や製油所が立ち並んでいました。それらが1960年に本格的に稼動を始めますと，その直後から住民によって騒音やばい煙，振動，悪臭への対策を望む要望が，市に提出されるようになります。そのうち，住民にぜんそく患者が多く見られることとなり，これが「四日市ぜんそく」と呼ばれるようになるのです。1967年9月，公害病認定患者9人が第1コンビナート6社を相手に，これらの企業の排出した亜硫酸ガスがぜんそくの発病要因となったとして，慰謝料と損害賠償の支払いを求めて提訴しました。5年にわたる裁判の結果は，原告の勝訴で

第7章 「ウォール街」と「金融腐蝕列島〈呪縛〉」に学ぶ企業統治・倫理論　　**229**

幕を閉じています。

2）　積極的なCSR：社会貢献

　これまで消極的なCSRについて考えてきました。コンプライアンスの要諦は，他者の権利を侵害しないということに尽きると思います。これは，市民として当然の心構えです。しかし，「当たり前のことを当たり前にする」ことが，実は非常に難しいということも忘れてはなりません。私たちはこの点を踏まえて，さらに積極的なCSRについても考えてみることにしましょう。

　積極的なCSRとは，前にも述べたように，かつては一般的に支持されなかった企業活動です。社会貢献活動が代表的な例ですが，こうした行為は本業である経済活動をおろそかにすると考えられていたのです。企業活動によって得られた利益を，株主への配当や従業員への報酬以外にも分配することは，特に株主にとっては便益の損失として受け取られかねません。たしかに，前述したコンプライアンスは，企業が必ず守らなければならない社会からの要請であるといえますが，社会貢献活動は絶対に必要とまではいえないのかもしれません。ただしかし，駆け出しの企業ならともかく，大きな利益を創出し，社会に対して多大な影響力を有している企業であれば，広く社会に対して，積極的な責任を自覚する必要があることも事実でしょう。西洋社会でいうところの，ノブレス・オブリージュに似た発想が求められるのです。例えば，フィランソロピーと呼ばれる慈善活動や，メセナと呼ばれる文化擁護の活動がそれにあたります。

　創業時から，こうした社会貢献活動を手がけてきた数少ない企業の1つに，サントリーがあります。サントリーの経営理念には，「利益三分主義」という考え方があります。これは「事業によって得た利益は事業へ再投資するのみならず，お客様や社会へ還元すべきである」という考え方を表しています。もともと信仰心のあつかった創業者鳥井信治郎は，陰徳の心を重んじ，学資に困っている学生に，匿名で援助をするような人であったそうです。偶然，送り主が信治郎であることを知り訪ねてきても，信治郎は会わなかったといいます。その他，無料診療所や幼稚園，老人ホームを作るなど，当時から幅広く社会福祉活動を行いました。そうした創業者の精神は今にも伝えられ，サントリーホール，サントリー美術館，サントリーミュージアム（2010年閉館），サントリー

芸術財団，サントリー文化財団といった文化・学術的な施設の設立，ボランティア活動の支援やスポーツイベントの主催など，多彩な生活文化支援活動へと結実しているのです。

　また，これら社会貢献のなかでもユニークなのは，社会貢献の対象として「子ども」に力を入れていることでしょう。ある年のCSRレポートには，次のようにあります。「未来の水のために，未来の水を育むように，次世代を担う子どもたちの健やかな成長を応援します」と。そしてこのような考え方を基本に，サントリーは「キッズ・ドリームプロジェクト」という活動を行っています。スポーツ・音楽・美術・環境など様々な分野において，そのトップレベルで活躍する人々と子どもたちが触れ合う機会や，子どもたち自身で体験・体感する機会を提供することで，次世代を担う子どもたちの夢や，挑戦する気持ちを応援するというのが，このプロジェクトの趣旨のようです。

　前述したように，創業者である鳥井信治郎は人並み以上に信心深く，寄進することを当たり前のように考えていた人でしたので，恵まれない人々を救済するという福祉活動をサントリーの社会貢献と位置づけました。しかし，時代を経るにつれ，日本の社会が豊かさを増してきたため，二代目の佐治敬三社長は，豊かな時代に必要なのは文化であるとして，文化活動に力を入れるようになるのです。そして2010年現在，佐治信忠社長は未来の地球の主役である子どもたちが心身ともに健やかに成長していけるような環境を整えることが大人世代の責務であると考え，子どもの成長を支援する活動をサントリーの社会貢献として位置づけています。歴代の経営者が，時代に応じた社会貢献を担おうとしている姿がよく伝わってきます。

映画に学ぶ

1.「ウォール街」に学ぶ企業統治論

　それではまず，映画「ウォール街」に学びましょう。本作品は，まさに我々の現代資本主義に一石を投じる，オリバー・ストーン監督ならではの名作といえるでしょう。2017年現在の今もなお，世界における貧富の格差は拡大しており，わずか0.01％の富裕層が世界の富のほとんどを所有しているといわれています。また，米国においては，1％の富裕層が米国資産の30％以上を所有しているとして，不満をもった多くの若者たちがウォール街を占拠した事件は，まだ記憶に新しいところです。さらに米国においては，企業内部の状況を見ても，企業トップと一般従業員との間における賃金格差が大きく，社会問題化しつつあります。

　しかし，そもそも資本主義社会とは弱肉強食社会としての側面を有しており，敗者になりたくなければ勝者になるべく努力をするしかないという論理が，まかり通る社会でもあります。本作の主役の１人であるバドも，なんとしてでも勝者になりたいと思っている若者の１人です。お金に対する欲求を強くもっています。だからこそ，ゲッコーに近づいたのです。ゲッコーの考え方は，株主総会での演説からも窺えます。欲は善であり，正しいと彼はいいます。欲こそが資本主義の源なのです。しかしだからといって，何をしてもよいことにはなりません。人間社会にはルールがあります。当然，経済的機能を担っている市場にもルールが存在します。市場原理が弱肉強食の側面をもっているとしても，それは公正なルールに基づいた競争の結果でなければならないのです。バドは罪を犯しはしましたが，最後まで良心を失うことはなかったようです。

　さて，本作品で注目したいのは，テルダー製紙の株主総会におけるクロムウェル社長と，最大株主であるゲッコーとのやりとりです。クロムウェル社長は冒頭，次のように述べます。

「皆さんの会社は，ゴードン・ゲッコーの攻撃に曝されています。テルダー製紙は今，多額の負債を抱え，建て直しに苦慮しているのです。この会社をむしり取り，株主の皆さんに多大の損害を与えようとしている，ゲッコー氏の破廉恥な意図を見抜いてください。全経営陣による建て直しを，支持してくださるようにお願いします。」

　映画を見てわかるように，ゲッコーは自らの利益になると判断すれば，自らが所有している会社を簡単に売り払い，そこに勤める従業員を路頭に迷わせることに少しも躊躇しない冷徹，無慈悲な人間です。したがって社長は，この会社がゲッコーの手に渡ってしまえば，今のような状態で会社が存続することはできないと思っています。そうすれば，当然彼らの経営権も失われてしまいます。というより，解任されてしまうでしょう。それがわかっているため，彼らはゲッコー以外の株主に対して，ゲッコーの手にこの会社が渡らないように訴えているわけです。本論にあったように，株式会社が大規模化することによって，会社を取り巻く状況は複雑になっていきます。会社が大きくなると，所有権をもつ株主の数も増えますので，株主間にも考え方の違いが生まれます。社長の訴えを聞くのか，ゲッコーの演説を支持するのか。株主によってその反応は異なるでしょう。そして，何より所有と経営の分離が顕著になります。株主は，大規模化し複雑化した会社の経営についての知識をもちえず，自分たちが所有している会社の経営を，専門経営者に委ねざるを得なくなってくるのです。そしてそのために，生じるのがエージェンシー問題です。では今度は，ゲッコーの演説に耳を傾けてみましょう。

　「わが国の産業が隆盛を誇った自由市場の時代においては，株主に対する責任というものがありました。カーネギーもメロンも，産業王国を築いた人たちはそのことに確信をもっていました。彼ら自身が大株主だったからです。今日，経営者は会社に利害関係をもっていません。ここにいる全役員の株を合わせても，3％にも満たないのです。クロムウェル社長は一体どこへ100万ドルの給料をつぎこんでいるのか。テルダーではない。彼

の持ち株は1％以下です。会社の所有者は皆さん，そう，株主の皆さんです。ところが皆さんの利益は，ここにいる官僚主義者どもに食い荒らされている。テルダー製紙には現在なんと，33人もの副社長がいます。そしてそれぞれが，20万ドル以上の年収を得ています。2ヶ月かけて，私は彼らが何をしているか調べてみました。しかしいまだにわかりません。確かなことは，テルダーは昨年度，1億1,000万ドルにのぼる赤字を出しましたが，間違いなくその半分は，副社長の間を行き来する書類事務の経費に消えたということです。」

　このスピーチには，米国企業における所有と経営の分離に関する問題が，如実に表現されています。かつては，経営者自身が大株主であったため，経営者は株主に対して責任を果たしてきたとゲッコーは考えています。ところが，テルダーの経営陣は自社株をほとんど有していないため，株主に対する責任をないがしろにしていると彼はいうのです。自分のものでもない会社の所有者のために，誰が真剣に働くかということです。ここに，エージェンシー問題が垣間見えてきます。経営陣は他人の資金で賄われている会社なのだから，適当に経営をしていても自分たちは痛くもかゆくもない，と考えてしまうわけです。モラル・ハザードが起こってしまうのです。そして，ゲッコーが指摘している副社長間を飛び交う書類事務の経費は，まさにエージェンシー・コストということになります。したがってゲッコーは，ある意味においては，株主として正当な主張を述べていることになります。株式会社の所有者が誰であって，誰の利益が最も考慮されなければならないのかを，改めて説いているわけです。会社は誰のものかという問いに対する議論が，この場面に集約されているといっていいでしょう。ゲッコーは専門経営者から株主へと，会社の支配権を移動させようと考えているのです。ではこの点について，次の映画ではどのように描かれているでしょうか。

2.「金融腐蝕列島〈呪縛〉」に学ぶ企業倫理論

　それでは次に，映画「金融腐蝕列島〈呪縛〉」に学ぶことにしましょう。

劇中の株主総会の場面に，まずは注目してください。先ほどの「ウォール街」と異なり，少し会場が暗く，緊迫したムードが漂っていることがわかります。朝日中央銀行という不祥事を起こした銀行が，経営陣を刷新した後に初めて開催する株主総会という設定です。「定款12条の定めにより，私が議長を務めさせていただきます」という中山頭取の発声を機に，株主総会がスタートします。

　冒頭から，これは「ウォール街」とかなり違うぞ，と感じるでしょう。先ほどの「ウォール街」では，短いシーンではあったものの，社長と株主とのやりとりが整然と行われている様子が描かれていました。しかし，この「金融腐蝕列島」では，冒頭から怒号が飛び交い，早くも騒然とした雰囲気に包まれています。そして，どうやら罵声を浴びせているのは，一部の特定の株主であることが理解できます。「189番株主」は，そのなかでも一番目立った存在です。彼らこそが，いわゆる「総会屋」なのです。

　総会屋とは，会社の株式を取得して，直接・間接に金品の供与を強要し，会社が応じれば株主総会において，一般株主の発言を抑えて会社側の議事の進行に協力し，会社が応じない場合には，逆に嫌がらせをしたり議場を混乱させることを生業にしている者たちのことです。これまで日本の企業社会では，この総会屋との癒着が度々問題にされてきました。この映画に登場する朝日中央銀行も，これまでのところずっと総会屋との付き合いを続けてきたわけです。しかし，総会屋への不正融資が発覚したことを機に，総会屋との関係を断ち切ろうとしたため，嫌がらせに来られているのです。一般株主の発言が妨害され，正常に進行していないことがみてとれます。

　ではここで少し，「790番株主」の意見に耳を傾けてみることにしましょう。最初，中山頭取はこの株主に対しても拒絶的姿勢を示し，質問をさせないようにしていましたが，北野に「790番株主は一般株主なので，中央マイクでしゃべってもらいましょう」と促され，それに応じる場面です。

「開かれた株主総会ということですけれども，それはつまり論議を尽くす場ということであって，株主が不満やら自分の主張を延々と述べる場ではありません。また議長が絶えず質問は簡潔にと促しますけれども，それ

第7章 「ウォール街」と「金融腐蝕列島〈呪縛〉」に学ぶ企業統治・倫理論　235

も間違いだ。論議を尽くすことに慣れていない双方が，角突き合わせて，まあ実に情けないやりとりを行っておりますが，この銀行が一歩前進したということは，認めないわけにはいきませんね。天下りもたすきがけも総会屋も，日本株式会社がとりこんでいた膿が今，掃除をされているんだから…。ミドルランクのミドルエイジが頑張っている。実に気持ちがいい。」

　この台詞から，これまで日本企業において，株主総会がいかに機能してこなかったかが窺えるでしょう。突然「開かれた総会」を謳ったところで，株主・経営陣双方が議論に慣れていないため，最初からうまくいくわけがないのです。「シャンシャン総会」という表現がありますが，総会屋の働きもあって，これまで日本企業は極めて短い時間で「シャンシャン」と総会を終わらせてきました。そういう意味では，ただでさえ株主総会は機能しない傾向にあるのに，日本の場合は米国以上にその傾向が強まることになります。

　また，「金融腐蝕列島」における株主総会のシーンを見て，もう１つ気づいてほしいことがあります。株主は朝日中央銀行の所有者についてどのように考えているのでしょう。映画「ウォール街」では，テルダー製紙の社長は「あなた方の会社」と明言していました。しかし，「金融腐蝕列島」では，そのような表現は見受けられません。ある株主は，「おたくでは」という表現を用いていました。これは暗に，「あなたの会社では」ということを意味しています。一方それに対して中山頭取は，何度も「私どもでは」という表現をしています。これも暗に，「私たちの会社では」ということを意味しているのではないでしょうか。また，別のシーンでは，「この会社」という表現も見られました。しかし，株主が「我々の会社」といったり，経営陣が「皆さんの会社」とはいっていないのです。

　ここにも，日本企業社会の特異性が現れているといえるでしょう。今まで見てきたように，法的には，株式会社は株主のものであるといえます。しかし日本には，一般的な感覚としてそういった企業観はないようです。つまり日本では，会社は株主のものというよりは会社組織で実際に働いている人たちのもの，つまりは従業員のためのものと考えられているのです。

株主総会でひな壇に座っている経営陣は，その会社の取締役です。会社法では，これら取締役の選任および解任は，株主総会での決議事項と定められています。本来ひな壇に座っている経営陣は，フロアにいる株主によって選ばれた人たちのはずです。しかし，映画のなかのやりとりからは，両者の間にそのような関係があるようには感じられません。何かしらのよそよそしさがあります。これは，法的には株主による選任とされながらも，実質的には株主ではなく，会社組織が取締役を選び，株主は追認しているだけというのが現状であるためです。日本企業において，取締役は従業員にとって出世コースのゴールとして位置づけられており，取締役と従業員の関係は密接です。この点が，欧米の企業と大きく異なっているのです。

　ですから，「ウォール街」のクロムウェル社長には，テルダー製紙が本当のところは自分たち経営陣のものであるという意識が強くあると思われますが，中山頭取には，自らも含めた従業員すべてのものであるという意識が強くあるように思われるのです。いずれにせよ，どちらの映画も，株主が真の所有者であることを，常に意識しておく必要があることを私たちに教えてくれています。また，株主は自らの所有する企業だという自覚をもって，しっかりと監視しなければならないのでしょう。経営を委ねているとはいっても，チェックを怠ると企業倫理は維持されないのです。

　さて，ACB銀行は，小田島グループに対する不正融資を続けることで，銀行業務に支障をきたすことなく，これまで円滑に業務を遂行してきました。しかし，法を犯してまでの，もしくはそれがいいすぎであるとするなら，企業倫理を逸脱してまでの経営は，やはり長くは続かないということなのでしょう。企業は社会に対して開かれています。企業がひとり，閉鎖したシステムとしてあるわけではありません。ですから当然企業を取り巻く社会のルールを守らなくてはならないのです。「会社の常識，社会の非常識」に陥ってはいけないのです。「スーパーの女」で，花子がいっていたことを思い出します。リパックの廃止を訴えるなかで，花子は，「こんなことをしていたら，長い目で見てお店のために良くないのではないか」といっていました。ACB銀行にも，同じことがいえるでしょう。結局，後からつけが回ってくるのです。「正直が一番」ということなのです。

● 参考文献

第 1 章

井原久光『テキスト経営学［増補版］』ミネルヴァ書房，2000年。

占部都美編『経営学辞典』中央経済社，1980年。

野中郁次郎『経営管理』日経文庫，1980年。

Crainer, S., *The management century*, Jossey-Bass, Inc., a John Wiley & Sons, Inc. Company, 2000.（岸本義之・黒岩健一郎訳『マネジメントの世紀』東洋経済新報社，2000年）

Fayol, H., *Administration industrielle et generale*, Edit presentee par P. Morin, Dunod, 1979.（山本安次郎訳『産業ならびに一般の管理』ダイヤモンド社，1985年）

José Ortega y Gasset, *La rebelión de las masas*, Espasa-Calpe, 1972.（寺田和夫訳『大衆の反逆』中央公論新社，2002年）

Koontz, H. & O'Donnell, C. J., *Management: a systems and contingency analysis of managerial functions*, McGraw-Hill, 1976.（大坪檀訳『経営管理の基礎』マグロウヒル好学社，1979年）

Taylor, F. W., *The principles of scientific management*, Harper, 1911.（上野陽一訳『科学的管理法の原理』産業能率大学出版部，1969年）

第 2 章

井出　亘「第 1 章　仕事への動機付け」外島　裕・田中堅一郎編『産業・組織心理学エッセンシャルズ』ナカニシヤ出版，2004年。

伊藤健一『労務論講義［増補版］』晃洋書房，1996年。

稲葉元吉『経営［新訂版］』実教出版，2003年。

井原久光『テキスト経営学［増補版］』ミネルヴァ書房，2000年。

占部都美編『経営学辞典』中央経済社，1980年。

大橋昭一・竹林浩志『ホーソン実験の研究：人間尊重的経営の源流を探る』同文舘出版，2008年。

進藤勝美『ホーソン・リサーチと人間関係論』産業能率短期大学出版部，1978年。

田尾雅夫『モチベーション入門』日本経済新聞社，1993年。

田尾雅夫『組織の心理学［新版］』有斐閣，1999年。

水谷雅一『人間管理革命』講談社，1969年。

宮城音弥編『岩波心理学小辞典』岩波書店，1979年。

森　五郎・松島静雄『日本労務管理の現代化』東京大学出版会，1977年。

渡辺　峻『企業組織の労働と管理』中央経済社，1995年。

Crainer, S., *The management century*, Jossey-Bass, Inc., a John Wiley & Sons, Inc. Company, 2000.（岸本義之・黒岩健一郎訳『マネジメントの世紀』東洋経済新報社，2000年）

Deci, E. L., Effects of externally mediated rewards on intrinsic motivation, *Journal of Personality and Social Psychology,* 18(1), 1971, 105-115.

Herzberg, F., *Work and the nature of man*, The World Publishing Company, 1966.（北野利信訳『仕事と人間性』東洋経済新報社，1978年）

Maslow, A., H., *Motivation and personality*（*Second Edition*), Harper & Row, Publishers, Inc., 1970.（小口忠彦訳『改訂新版　人間性の心理学』産能大学出版部，1987年）

Mayor, E., *The human problems of an industrial civilization*, MacMillan, 1933.（村本栄一訳『産業文明における人間問題』日本能率協会，1951年）

McGregor, D., *The human side of enterprise*, McGraw-Hill Inc., 1960.（高橋達男訳『企業の人間的側面［新版］』産能大学出版部，1970年）

Roethlisberger, F. J., *Management and morale*, Harvard University Press, 1941.（野田一夫・川村欣也訳『経営と勤労意欲』ダイヤモンド社，1954年）

Roethlisberger, F. J. & Dickson, W. J., *Management and the worker*, Harvard University Press, 1939.

Schaufeli, W. B. & Dijkstra, P., *Engaged at work*, Thema, uitgeverij van Schouten & Nelissen, 2010.（島津明人・佐藤美奈子訳『ワーク・エンゲイジメント入門』星和書店，2012年）

Taylor, F. W., *The principles of scientific management*, Harper, 1911.（上野陽一訳『科学的管理法の原理』産業能率大学出版部，1969年）

第3章

荒井千暁『こんな上司が部下を追いつめる：産業医のファイルから』文春文庫，2008年。

上田　泰『組織行動研究の展開』白桃書房，2003年。

占部都美編『経営学辞典』中央経済社，1980年。

太田　肇『なぜ日本企業は勝てなくなったのか：個を活かす「分化」の組織論』新潮選書，2017年。

奥林康司「フラット型組織の現代的意義」，奥林康司・平野光俊編『フラット型組織の人事制度』中央経済社，2004年，1-17.

小野善生「リーダーシップの幻想に関する研究の発展と展望」関西大学商学論集，57(3)，2012年，49-66.

カップ，ロッシェル『日本企業の社員は，なぜこんなにもモチベーションが低いのか？』クロスメディア・パブリッシング，2015年。

金井壽宏『リーダーシップ入門』日経文庫，2005年。

国際産業関係研究所『国際産研』36，2017年。

白石久喜「フラット化による管理人数の拡大が従業員の能力開発に及ぼす影響―管理人数の拡大に潜む長期リスクを探る―」『Works Review』5，2010，114-125.

田尾雅夫『組織の心理学［新版］』有斐閣，1999年。

樋口弘和『理想の上司は，なぜ苦しいのか：管理職の壁を越えるための教科書』ちくま新書，2012年。

三隅二不二『リーダーシップ行動の科学』有斐閣，1984年。

山口裕幸「電子コミュニケーション・システムの導入が組織の創造的情報処理過程に与える影響」『電気通信普及財団研究調査報告書』，15，2000，72-79.

労働政策・研修機構『労働政策研究報告書（128）：仕事特性・個人特性と労働時間』2011年。

Bass, B. M., *Leadership and performance beyond expectation*, Free Press, 1985.

Conger, J. A. & Kanungo, R. N., (Eds.). *Charismatic Leadership: the elusive factor in organizational effectiveness*. Jossey-Bass, 1988.

Den Hatog, D. N., House, R. J., Hanges, P. J., Ruiz-Quintanilla, S. A. & Dorfman, P. W., "Culture specific and cross-culturally generalizable implicit leadership theories: are attributes of charismatic/transformational leadership universally endorsed?," *Leadership Quarterly*, 99(10), 1999. 219-256.

Einarsen, S., Aasland, M. S. & Skogstad, A., "Destructive leadership behavior: A definition and conceptual model", *The Leadership Quarterly*, 18, 2007, 207-216.

Fiedler, F. E., *A theory of leadership effectiveness*, McGraw-Hill, 1967.（山田雄一訳『新しい管理者像の探究』産業能率大学出版部，1970年）

Graen, G. & Schiemann, W., Leader-member agreement: A vertical dyad linkage approach, *Journal of Applied Psychology*, 63, 1978, 206-212.

Hersey, P. & Blanchard, K. H., *Management of organizational behavior : utilizing human resources*, Prentice-Hall, 1977.（山本成二・水野基・成田攻訳『行動科学の展開』日本生産性本部，1978年）

Herzberg, F., Mausner, B. & Snyderman, B. B., *The Motivation to Work*, Wiley, 1959.（西川一廉訳『作業動機の心理学』日本安全衛生協会，1966年）

House, R. J., A path goal theory of leader effectiveness, *Administrative Science Quarterly*, 19, 1974, 321-338.

Kelley, H. H., *Attribution in Social Interaction*, General Learning Press, 1971.

Kelley, R. E., *The power of followership*, Doubleday, 1992.（牧野昇監訳『指導力革

命：リーダーシップからフォロワーシップへ』プレジデント社，1993年）

Meindl, J. R., Ehrlich, S. B., & Dukerich, J. M., "The romance of leadership," *Administrative Science Quarterly*, 30, 1985, 78-102.

Pfeffer, J., "The ambiguity of leadership", *Academy of Management Review*, 2, 1977, 104-112.

Robbins, S. P., *Essentials of organizational behavior*, Prentice-Hall, 1997.（高木晴夫監訳『組織行動のマネジメント』ダイヤモンド社，1997年）

Weber, M., "Soziologie der herrschaft," Wirtschaft und gesellschaft: Grundriss der verstehenden soziologie, Johannes Winckelmann Hg., 5, Aufl., Tübingen: J. C. B. Mohr, 1956, 541-868.（世良晃志郎訳『支配の社会学Ⅰ』創文社，1960年）

第4章

石山四郎・小柳道男編『松下幸之助経営回想録』ダイヤモンド‐タイム社，1974年。

伊丹敬之『経営戦略の論理［第3版］』日本経済新聞社，2003年。

伊丹敬之・加護野忠男『ゼミナール　経営学入門』日本経済新聞社，1993年。

稲葉元吉『経営［新訂版］』実教出版，2003年。

井原久光『テキスト経営学［増補版］』ミネルヴァ書房，2000年。

占部都美編『経営学辞典』中央経済社，1980年。

柴田悟一・中橋國藏編『経営管理の理論と実際［新版］』東京経済情報出版，2003年。

松下幸之助『私の行き方考え方』PHP文庫，1986年。

Duncan, R. B., "Characteristics of perceived environments and perceived environmental uncertainty," *Administrative Science Quarterly*, 17, 1972, 313-327.

Quinn, R. E. & Cameron, K. S., "Organizational life and shifting criteria of effectiveness," *Management Science*, 29, 1983, 33-51.

第5章

伊丹敬之・加護野忠男『ゼミナール　経営学入門』日本経済新聞社，1993年。

井原久光『テキスト経営学［増補版］』ミネルヴァ書房，2000年。

占部都美編『経営学辞典』中央経済社，1980年。

柴田悟一・中橋國藏編『経営管理の理論と実際［新版］』東京経済情報出版，2003年。

Ansoff, H. I., *Corporate strategy*, McGraw-Hill, 1965.（広田寿亮訳『企業戦略論』産業能率短期大学出版部，1969年）

Chandler, A. D., *Strategy and structure*, MIT Press, 1962.（三菱経済研究所訳『経営戦略と経営組織』実業之日本社，1967年）

Kotler, P. & Keller, K. L., *Marketing management*, 12th ed., Pearson Prentice Hall, 2006.（月谷真紀訳『コトラー＆ケラーのマーケティング・マネジメント』ピア

ソン・エデュケーション，2008年）

Porter, M. E., *Competitive strategy*, Free Press, 1980. （土岐　坤・中辻萬治・服部照夫訳『競争の戦略［新訂］』ダイヤモンド社，1995年）

第6章

金井壽宏「キャリア・トランジション論の展開：節目のキャリア・デザインの理論的・実践的基礎」『国民経済雑誌』184(6)，2001年，43-66。

金井壽宏『働く人のためのキャリア・デザイン』PHP新書，2002年。

川喜多喬「キャリアという言葉の歴史から考える」『文部科学省通信』，115，2005年，22-23。

佐々木政司「新入社員の幻滅経験がその後の組織社会科に及ぼす効果」『一宮女子短期大学紀要』45，2006年，55-62。

渡辺三枝子編『新版　キャリアの心理学：キャリア支援への発達的アプローチ』ナカニシヤ出版，2007年。

Arthur, M. B., Hall, D. T. & Lawrence, B. S. (Eds.), *Handbook of career theory*, Cambridge University Press, 1989.

Becker, H. S., "Notes on the concept of commitment," *American Journal of Sociology*, 66, 1960, 32-40.

Herr, E. L. & Cramer, S., *Career guidance and counseling through the life span: Systematic approach*, Harpner Collins College, 1996.

Mathieu, J. E. & Zajac, D. M., "A review and meta-analysis of the antecedents, correlates, and consequences of organizational commitment," *Psychological Bulletin*, 108, 1990, 171-194.

Meyer, J. P. & Allen, N. J., *Commitment in the workplace: Theory, research, and application*, Sage Publications, 1997.

Mowday, R. T., Steers, R. M., & Porter, L. W., "The measurement of organizational commitment," *Journal of Vocational Behavior*, 14, 1979, 224-247.

Rousseau, D. M., *Psychological contracts in organizations : understanding written and unwritten agreements*, Thousand Oaks : SAGE Publications, 1995.

Schein, E. H., *Career dynamics: matching individual and organizational needs*, Addison-Wesley Pub. Co., 1978. （二村敏子・三善勝代訳『キャリア・ダイナミクス』白桃書房，1991年）

Schein, E. H., *Career anchors: discovering your real values*, Pfeiffer & Co., 1993. （金井壽宏訳『キャリア・アンカー：自分のほんとうの勝ちを発見しよう』白桃書房，2003年）

Super, D. E., *The psychology of careers: an introduction to vocational development*,

Harper & Row, 1957.（日本職業指導学会訳『職業生活の心理学』誠信書房，1960年。）

Super, D. E. & Bohn, Jr., M. J., *Occupational Psychology*, Wadsworth, 1970.（藤本喜八・大沢武志訳『職業の心理』ダイヤモンド社，1973年）

Van Maanen, J., & Schein, E., "Toward a theory of organizational socialization," *Research in Organizational Behavior*, 1, 1979, 209-264.

第7章

井窪保彦・佐長　功・田口和幸編『実務　企業統治・コンプライアンス講義［改訂増補版］』民事法研究会，2006年。

伊丹敬之・加護野忠男『ゼミナール　経営学入門』日本経済新聞社，1993年。

稲葉元吉『経営［新訂版］』実教出版，2003年。

井原久光『テキスト経営学［増補版］』ミネルヴァ書房，2000年。

占部都美編『経営学辞典』中央経済社，1980年。

岡本享二『CSR入門：企業の社会的責任とは何か』日経文庫，2004年。

飫冨順久・辛島　睦・小林和子・柴垣和夫・出見世信之・平田光弘『コーポレート・ガバナンスとCSR』中央経済社，2006年。

岸田雅雄『ゼミナール会社法入門［第5版］』日本経済新聞社，2003年。

国税庁税務課編『税務統計から見た法人企業の実態』2011年。

商事法務研究会『旬刊商事法務　NO.1715』2013年。

友岡　賛『株式会社とは何か』講談社現代新書，1999年。

廣岡久生・松山一紀『ケースで学ぶ経営管理』中央経済社，2007年。

宮坂純一『ステイクホルダー・マネジメント：現代企業とビジネス・エシックス』晃洋書房，2000年。

● 索　引

A〜Z

CSR ······ 216, 217, 222, 223, 226, 228, 229, 230
ES ·· 226
IR ··· 223
LMX理論 ·· 82
LPC尺度 ···································· 77, 78, 119
MBO ·· 218
MBWA ·· 65
M行動 ··· 75
PM理論 ··· 75
PPM ··· 150
P行動 ··· 75
SL理論 ·· 78
SWOT分析 ··· 148
TOB（株式公開買い付け）····························· 218
T型フォード ·· 6, 7
VDL理論 ·· 82
X理論 ··· 48
Y理論 ·································· 47, 48, 57

あ　行

アダムス, J.S. ··· 55
アンゾフ, H.I. ···················· 116, 138, 143
アンダーマイニング ·· 57
インターンシップ ··· ······································· 186
ヴィジョナリー・リーダーシップ ················· 85
ヴェーバー, M ····························· 109, 110
内集団（in-group）··· 83
衛生要因 ······································· 51, 66
エージェンシー・コスト ····················· 214, 233
エージェンシー関係 ······································· 214
エージェンシー問題 ···························· 232, 233
エンプロイアビリティ ···································· 194
オープン・システム ······································· 219
オープン・システム（論）········ 114, 115, 137

オープン・ポリシー ······························· 160
オープン戦略 ························· 159, 160
オルテガ・イ・ガセット, J. ······················· 5
温情的専制型 ·· 74

か　行

会社法 ······························· 207, 210
外的キャリア ··· 170
開放体系 ··· 115
科学的管理法 ····· 7, 8, 9, 17, 18, 28, 29, 30, 43,
48, 60
金井壽宏 ··· 182
株式会社 ····· 207, 208, 209, 211, 212, 216, 223,
232
株主行動主義 ······················· 216, 217
株主総会 ··········· 206, 215, 216, 231, 234, 236
カリスマ ··· 84
カリスマ型リーダーシップ（論）······· 84, 86
環境分析 ··· 148
カンパニー制 ··· 125
官僚制 ······························· 112, 113, 127
官僚制組織 ················· 109, 110, 126, 128
機械人モデル（仮説）············· 29, 30
企業戦略 ··· 139
企業統治 ··· 216
企業ドメイン ··· 142
企業文化 ··· 155
企業文化論 ··· 84
企業倫理 ······························· 216, 222
期待理論 ·························· 52, 56, 80
キャリア・アンカー ····································· 174
キャリア・サイクル ····································· 170
キャリア・デザイン ····································· 182
キャリア・ドリフト ····································· 183
キャリア開発 ··· 170
キャリア発達理論 ··· 170

競争戦略（論）‥‥‥‥‥‥ 150, 151, 158
競争優位（性）‥‥‥‥ 142, 148, 154, 161
協働‥‥‥‥‥ 107, 108, 109, 114, 130
クランボルツ‥‥‥‥‥‥‥‥‥‥ 183
クリーク（派閥）‥‥‥‥‥‥‥‥‥ 37
グレン, G.‥‥‥‥‥‥‥‥‥‥‥‥ 82
クローズド・システム‥‥‥ 114, 115, 219
クローズド・ポリシー‥‥‥‥‥‥‥ 160
クローズド戦略‥‥‥‥‥‥‥ 159, 160
経営管理の原則‥‥‥‥‥ 20, 21, 22, 63
経営理念‥‥‥‥‥‥‥‥‥‥‥‥ 144
計画された偶然‥‥‥‥‥‥‥‥‥ 183
経済人モデル（仮説）‥‥‥ 28, 29, 30, 39
経路目標理論‥‥‥‥‥‥‥‥‥‥ 80
欠乏欲求‥‥‥‥‥‥‥‥‥‥‥‥ 45
権限委譲‥‥‥‥‥‥‥‥‥‥‥‥ 16
現実ショック‥‥‥‥‥‥‥‥‥‥ 188
現実的職務予告‥‥‥‥‥‥‥‥‥ 188
幻滅経験‥‥‥‥‥‥‥‥‥‥‥‥ 188
コア・コンピタンス‥‥‥‥‥‥‥ 155
公害問題‥‥‥‥‥‥‥‥‥‥ 220, 228
交換型リーダーシップ‥‥‥‥‥‥‥ 84
公企業‥‥‥‥‥‥‥‥‥‥‥‥‥ 207
合資会社‥‥‥‥‥‥‥‥ 207, 208, 212
公式組織‥‥‥‥‥‥‥‥ 36, 38, 40, 64
公私合同企業‥‥‥‥‥‥‥‥‥‥ 207
構造づくり‥‥‥‥‥‥‥‥‥‥‥ 73
合同会社‥‥‥‥‥‥‥‥‥‥ 207, 208
行動科学‥‥‥‥‥‥‥‥‥ 41, 42, 43
行動主義心理学‥‥‥‥‥‥‥‥‥ 43
行動理論‥‥‥‥‥‥‥‥‥‥‥‥ 73
公平理論‥‥‥‥‥‥‥‥‥‥‥‥ 55
合名会社‥‥‥‥‥‥‥‥ 207, 208, 212
コーポレート・アイデンティティ‥‥‥ 143
コーポレートガバナンス‥‥‥‥ 216, 217
コスト・リーダーシップ戦略‥‥‥ 151, 158
コンプライアンス‥‥‥‥‥ 217, 223, 229

さ 行

サイドベット（side-bet）理論‥‥‥‥ 190

作業研究‥‥‥‥‥‥‥‥‥‥‥‥ 9
差別化‥‥‥‥‥‥‥‥‥ 151, 153, 158
差別的出来高給（制度）‥‥‥‥‥ 9, 29
参加の集団型‥‥‥‥‥‥‥‥‥‥ 75
3C分析‥‥‥‥‥‥‥‥‥‥‥‥ 148
時間研究‥‥‥‥‥‥‥‥‥‥‥‥ 9
私企業‥‥‥‥‥‥‥‥‥‥‥‥‥ 207
事業（競争）戦略‥‥‥‥‥‥ 139, 150
事業ドメイン制‥‥‥‥‥‥‥‥‥ 125
事業部制（組織）‥‥‥ 120, 121, 122, 123, 124,
125, 131, 140
自己決定性‥‥‥‥‥‥‥‥‥‥‥ 57
自己効力感‥‥‥‥‥‥‥‥‥‥‥ 54
自己実現‥‥‥‥‥‥‥‥ 43, 44, 45, 66
自己実現人モデル‥‥‥‥‥‥‥‥ 41
7・5・3現象‥‥‥‥‥‥‥‥‥ 185
シナジー（相乗）効果‥‥‥‥‥‥‥ 125
シャイン‥‥‥‥‥‥‥‥‥‥‥‥ 167
社会人モデル‥‥‥‥‥‥‥ 30, 39, 62
社団‥‥‥‥‥‥‥‥‥‥‥‥‥‥ 210
社団法人‥‥‥‥‥‥‥‥‥‥‥‥ 210
社内報‥‥‥‥‥‥‥‥‥‥‥‥‥ 41
従業員志向型‥‥‥‥‥‥‥‥‥‥ 74
集中戦略‥‥‥‥‥‥‥‥‥‥ 152, 153
熟達指向性‥‥‥‥‥‥‥‥‥‥‥ 56
出資者‥‥‥‥ 206, 208, 210, 211, 212, 214
状況的リーダーシップ論‥‥‥‥‥‥ 78
条件適合（コンティンジェンシー）理論
‥‥‥‥‥‥‥‥‥ 76, 79, 117, 118
商品差別化戦略‥‥‥‥‥‥ 151, 153, 159
職業適合性‥‥‥‥‥‥‥‥‥‥‥ 177
職能戦略‥‥‥‥‥‥‥‥‥‥‥‥ 139
職能別部門（組織）‥‥‥ 114, 120, 124, 125, 132
職場懇談会‥‥‥‥‥‥‥‥‥‥‥ 39
心理的契約‥‥‥‥‥‥‥‥‥‥‥ 192
スーパー, D.‥‥‥‥‥‥‥‥‥‥ 176
ステークホルダー‥‥‥‥‥‥ 221, 222
生産志向型‥‥‥‥‥‥‥‥‥‥‥ 74
精神分析学‥‥‥‥‥‥‥‥‥‥‥ 43
成長ベクトル‥‥‥‥‥‥‥‥‥‥ 143

索　引　**245**

成長欲求 ························· 45, 49
セクショナリズム ·········· 108, 125, 127, 129
セグメント ·································· 152
先行者の優位性（first-mover advantage）
 ································· 151, 158
総会屋 ············ 205, 206, 234, 235
相談型 ···································· 75
組織コミットメント ··················· 190
組織社会化 ····························· 187
組織的怠業 ············ 8, 18, 29, 38, 48
組織のフラット化 ······················ 89
組織文化 ·························· 85, 102
組織文化論 ····························· 84
外集団（out-group） ·················· 83

た　行

多角化（戦略）······· 123, 139, 140, 142, 149
チャップリン, C. ················ 24, 60, 61
チャンドラー, A.D. ·········· 116, 119, 138
提案制度 ·································· 40
定款 ····································· 210
低コスト戦略 ····················· 151, 153
テイラー, F.W. ···· 7, 8, 9, 17, 18, 29, 30, 38, 43, 48
デシ, E. ·································· 57
デジュール・スタンダード ··············· 160
デファクト・スタンダード ··············· 160
動因 ·································· 27, 28
動機付け―衛生理論 ················ 50, 65
動機付け要因 ····················· 51, 66
統合と自己統制による管理 ············· 49
動作研究 ··································· 9
特性理論 ·························· 72, 86
独善的専制型 ···························· 74
独立採算制 ····················· 125, 132
ドメイン ································· 143
ドラッカー, P. ···················· 49, 53
トランジション ·························· 183

な　行

内的キャリア ···························· 170
内発的動機付け ····················· 57, 81
内部告発（行動）······················· 206
内容理論 ·································· 57
縄張り意識 ························ 108, 127
ニッチ（隙間）····················· 111, 152
日本的経営論 ···························· 84
2 要因理論 ······························ 50
人間学的心理学 ························· 43
人間関係管理 ························ 39, 65
人間性心理学 ···························· 43
認知的環境 ····························· 220
ネットワーク外部性 ················ 161, 162

は　行

バース, B.M. ···························· 84
ハーズバーグ, F. ·············· 49, 51, 65, 66
バーナード, C.I. ········ 106, 115, 117, 137
バーニー, J.W. ·························· 155
バーンズ, B. ···························· 84
配慮 ····································· 73
ハウス, R.J. ···························· 80
範囲の経済 ····························· 140
非公式組織 ·············· 35, 36, 38, 39, 63
非指示的面接 ···························· 33
ビジネス・システム ········· 155, 157, 158
標的市場 ································· 153
ファヨール, H. ·························· 10
フィードラー, F.E. ········· 76, 77, 78, 119
フィランソロピー ······················ 229
フォード, H. ·················· 6, 28, 29, 60
ブラックボックス技術 ·················· 154
プラハラドとハメル ···················· 155
ブルーム, V.H. ················· 52, 53, 56
プレイング・マネジャー ················· 91
フロイト, J. ····························· 43
プロダクト・ポートフォリオ・マネジメント
 （PPM）································ 149

プロトタイプ ……………………………… 86
分業 ……………………………………… 108
分社制 …………………………………… 125
閉鎖体系 ………………………………… 115
変革型リーダー ………………………… 103
変革型リーダーシップ論 …………… 84, 101
ホーソン工場 ……………………… 30, 39
ホーソン実験 ……………………… 40, 42
ポーター, M.E. ………………………… 151
本部制 …………………………………… 125

ま 行

マグレガー, D. …………………… 47, 48, 57
マズロー, A.H. ……………… 43, 44, 47, 49
ミード, G.H. …………………………… 180
見えざる資産 …………………………… 142
無限責任 …………………………… 208, 212
メイヨー, E. ……………… 31, 33, 34, 37
命令一元化の原則 ………………… 12, 21
メセナ …………………………………… 229
メンタルヘルス ………………………… 226
目標管理 ………………………………… 49
目標設定理論 …………………………… 54
持分会社 ………………………………… 207
モチベーション …… 26, 27, 28, 53, 55, 62, 80
モラール（士気） ………………… 35, 38, 63
モラールサーベイ ……………………… 40

モラル・ハザード ……………………… 233

や 行

誘因 ………………………………… 27, 28
有限会社 …………………………… 207, 208
有限責任 …………………………… 208, 212
予期的社会化 …………………………… 188
欲求階層論 ………………………… 43, 47
欲求理論 …………………………… 43, 47

ら 行

ライフ・サイクル理論 ………………… 78
リーダー・プロトタイプ（論） ……… 86, 88
リーダーシップ …… 67, 69, 72, 76, 78, 79, 99,
　　　　　　　　　　　　　　　　100, 101
リーダーシップ行動 ……………… 73, 74
リッカート, R. ………………… 74, 75, 100
例外原理 …………………………… 16, 22
レイサム, G ……………………………… 53
レクリエーション ……………………… 41
レスリスバーガー, F.G. ……………… 38
労働組合 ……………………………… 1, 2, 17
労働疎外 …………………………… 30, 61
ローラー, E.E. ………………………… 53
ローレンスとローシュ ………… 116, 118
ロック, E.A. …………………………… 53

［著者略歴］

松山一紀（まつやま　かずき）

1966年　奈良県生まれ
1990年　京都大学教育学部教育心理学科卒業（臨床心理学専攻）
　　　　松下電器産業㈱ビデオ関連事業部人事部勤務を経て
2003年　京都大学大学院経済学研究科博士後期課程単位取得退学
2004年　経済学博士（京都大学）
現　在　近畿大学経営学部キャリア・マネジメント学科教授
専　門　戦略的人的資源管理論，組織行動論

主要著書
『経営戦略と人的資源管理』白桃書房，2005年。
『ケースで学ぶ経営管理』（共著）中央経済社，2007年。
『企業変革の人材マネジメント』（共編著）ナカニシヤ出版，2008年。
『組織行動とキャリアの心理学入門』大学教育出版，2009年。
『日本人労働者の帰属意識』ミネルヴァ書房，2014年。
『戦略的人的資源管理論』白桃書房，2015年。
『次世代型組織へのフォロワーシップ論：リーダーシップ主義からの脱却』ミネルヴァ書房，2018年。

映画に学ぶ経営管理論（第3版）

2014年 7 月 1 日　第 1 版第 1 刷発行	
2016年 1 月15日　第 1 版第 3 刷発行	
2017年 1 月25日　第 2 版第 1 刷発行	
2019年 1 月30日　第 2 版第 3 刷発行	
2019年11月 1 日　第 3 版第 1 刷発行	

著　者　松　山　一　紀
発行者　山　本　　　継
発行所　㈱中央経済社
発売元　㈱中央経済グループ
　　　　パブリッシング

〒101-0051　東京都千代田区神田神保町1-31-2
電話　03 (3293) 3371(編集代表)
　　　03 (3293) 3381(営業代表)
http://www.chuokeizai.co.jp/
印刷／昭和情報プロセス㈱
製本／誠　製　本　㈱

© 2019
Printed in Japan

＊頁の「欠落」や「順序違い」などがありましたらお取り替えいた
　しますので発売元までご送付ください。（送料小社負担）
ISBN978-4-502-32711-7　C3034

JCOPY〈出版者著作権管理機構委託出版物〉本書を無断で複写複製（コピー）することは，
著作権法上の例外を除き，禁じられています。本書をコピーされる場合は事前に出版者著
作権管理機構（JCOPY）の許諾を受けてください。
　JCOPY〈http://www.jcopy.or.jp　eメール：info@jcopy.or.jp〉

ベーシック＋プラス
Basic Plus

学びにプラス！
成長にプラス！
ベーシック＋で
はじめよう！

いま新しい時代を切り開く基礎力と応用力を兼ね備えた人材が求められています。
このシリーズは，各学問分野の基本的な知識や標準的な考え方を学ぶことにプラスして，一人ひとりが主体的に思考し，行動できるような「学び」をサポートしています。

ベーシック＋専用HP

教員向けサポートも充実！

中央経済社